U0672297

新文化视野下的人民历史

拉斐尔·萨缪尔史学思想解读

贺五一 / 著

社会科学文献出版社
SOCIAL SCIENCES ACADEMIC PRESS (CHINA)

安徽财经大学著作出版基金资助出版

内容摘要

拉斐尔·萨缪尔是英国马克思主义史学家中一个比较有特点的学者。和 E.P. 汤普森一样，他最初是一名社会史学家，从经济与社会的角度研究历史，尔后从社会史学家向文化史学家转型，从文化的角度来研究历史，尤其是研究下层民众的历史。他一生致力于史学民主化、大众化的事业，以他为主所发起的历史工场运动就是一场史学民主化运动，在英国产生了相当大的影响，他的学术思想也是围绕史学民主化这个中心展开的。然而，就在 E.P. 汤普森、霍布斯鲍姆等英国马克思主义史学家蜚声于中国的世界史学界时，拉斐尔·萨缪尔的名字却很少被人提及。这是笔者从事这项研究的一个重要原因。

本书共分三个部分。第一部分是引言，主要介绍拉斐尔·萨缪尔的生平和他所生活的时代的政治和学术背景，以及国内外对拉斐尔·萨缪尔史学思想研究的现状。

第二部分是本书的主干，着重于较系统地介绍拉斐尔·萨缪尔的史学思想。该部分又分为三章，每一章又细分为若干节。该部分论述的主要内容有：第一，拉斐尔·萨缪尔的史学大众化思想。拉斐尔·萨缪尔通过对记忆以及大众记忆的论述，提出了历史研究要重视非官方知识的主张。这种重视非官方知识观点的提出，打破了长期以来传统的政治精英史对历史的垄断，将历史研究的视角对准那些没有文献记载的下层民众。通过将广大的民众视为史学研究中“看不见的手”，拉斐尔·萨缪尔将那些史学的幕后工作者推到了前台，赋予他们在史学研究中的重要地位，同时也就意味着史学研究是大众的事业，史学成果也是众多人努力的结果。在此基础上，他还提出了人民的历史的主张，号召史学家都来研究人民的历史。最后，他还将他的主张付诸实践，这就是历史工场运动。通过这个运动，他打破了历史学家对历史研究的垄断，激发了民众学习和研究历史的积极性。

第二，史学本体论。在该论中，拉斐尔·萨缪尔扩大了史料的范围，将视觉图像、神话也纳入重要的史料范畴之中，并对档案文献的真实性提出了质疑，指出历史中的虚构和艺术成分。在此基础上，他提出历史是混杂的观点，就是说，历史是融合了过去与现在、记忆与神话、书面记载与口头传说的混合物。

第三，对英国民族性的考察。拉斐尔·萨缪尔认为，民族和民族主义都是虚构的，是神话，是想象的共同体。他对古代的民族以及激发民族情感的因素进行考察，揭示了民族的若干特征。此外，他在对“四个民族”的历史观以及英国的民族性进行考察后，认为统一的英国民族公共认同正在丧失，“四个民族”历史观是这种认同丧失的客观反映，英国人的爱国主义情感已经退却，转向多元文化主义以及对私人生活和平凡的追求。

第三部分是结语，主要探讨了拉斐尔·萨缪尔的史学方法及其特点。笔者认为，拉斐尔·萨缪尔的学术思想浸润于他所生活的社会政治以及学术背景之中，社会政治生活为他的研究提供了素材；他的研究方法则获益于史学从经济社会史向新文化史的转型，在研究中，他大量采用了新文化史学的方法，这种方法为他更好地研究下层民众的历史帮助甚大。

关键词： 拉斐尔·萨缪尔；人民的历史；新文化史；史学民主化

Abstract

Raphael Samuel is a scholar with his own characteristics among British Marxist historians. Just as E. P. Thompson, Raphael Samuel firstly served as a social historian, mainly conducting history research from the perspective of economy and society, then he transformed from a social historian to a new cultural historian, implementing history research, especially the history of lower mass people, from the angle of culture. His lifetime was devoted to democratizing and popularizing historiography, and the History Workshop Movement launched in his initiation is a movement of democratizing historiography, which exerted momentous influence in Britain. His academic thinking is also developed around the core of democratizing historiography. However, just when some British Marxist historians like E. P. Thompson and Hobsbawn became overwhelmingly famous among Chinese academic circle of world history, Raphael Samuel was scarcely mentioned, which is an important reason of my conducting research of Raphael Samuel.

This research paper consists of three parts. The first part is an exordium which is a brief account of Raphael Samuel's life story, the political and academic background in which he lived and a short introduction of present situation of Raphael Samuel's historical thinking study at home and abroad.

The second part is the main body, focusing on systematically introducing Raphael Samuel's historical thinking. This part is comprised of three chapters with each chapter subdivided into several sections. The main contents of this part are the followings.

Firstly, Raphael Samuel's thinking of popularizing historiography. By expounding memory and popular memory, Raphael Samuel advocated the importance of unofficial knowledge in history study, with his advocacy of unofficial knowledge, the monopoly of long-standing traditional political elite's history was undermined, and the attention was directed at those lower mass people whose history had not registered in the documents and statistics. Through regarding the mass people as the "invisible hands", he pushed those who work behind the curtain to the front stage and endowed them with honorable status in the study of history, which is indicative of that historiography is the cause of the general mass people and the historical achievement is the result of mass endeavor. Based on this he further proposed people's history and called on historians to study people's history. Finally, he put his proposition into practice, thus coming out of History Workshop Movement.

Secondly, the ontology of historiography. In this argumentation, Raphael Samuel enlarged the scope of historical resources, including visual image and myth into the category of historical resources, and posed suspicion on the authenticity of documents by pointing out the fictitious and artistic components of history. On such basis, he put forward the argument that history is hybrid, that is, history is the compounding of past and present, memory and myth, written records and oral traditions.

Thirdly, the survey of British national identity. Raphael Samuel's point was that nation and nationalism were all fictions, myths and imagination of communities. He reviewed ancient nations and the important factors of exciting national sentiment and brought to light the features of nations. Furthermore, after examining the idea of "four nations" history and British nationality, he pointed out that the unified British public identity were fading, the idea of "four nations" history was the objective reflection of this identity declining, the patriotism of British people was retreating, in place of which multiculturalism and the pursuit of private life and ordinariness were upsurging.

The third part is conclusion, in which the author tries to explore the methodology and its features of Raphael Samuel's history study. The author argues that Raphael Samuel's academic thinking was infused with the social, political and academic background in which he lived, it was the social and political life that provided him with materials, and his methods of research benefited from the transformation of historiography from economic-social history to new cultural history. In his research, he adopted a host of methods of new cultural historiography which greatly furnished his study of the history of lower mass people.

Keywords: Raphael Samuel; people's history; new cultural history; democratization of historiography

序　言

沈　汉

贺五一同志的《新文化视野下的人民历史——拉斐尔·萨缪尔史学思想解读》一书出版，在国内第一次全面地向学界介绍了英国新左派史学家拉斐尔·萨缪尔的史学思想和活动，是一件很有意义的事情。

拉斐尔·萨缪尔是一个值得关注的有特色的当代重要的左翼史学家。他是英国上个世纪60年代形成的“新左派”第一代群体中重要的成员。他和E. P. 汤普森等先后发起创办了《大学与左派评论》和《新左派评论》。这批英国社会主义左翼人士在苏共二十大以后，通过批判斯大林主义和自己的政治实践活动，开创了社会主义思想、史学和文化运动的新方向。在离开《新左派评论》编辑部以后，拉斐尔·萨缪尔独树一帜，创办了《历史工场杂志》，以腊斯金学院为据点，开创了推动民众史学的新方向。

英国新左派群体中的不少人士在我国已有介绍，许多人的著作译成中文出版，在国内已广为人知。唯有关于拉斐尔·萨缪尔的介绍和研究迄今仍甚少。我本人于1985年1月初曾去伦敦东区拉斐尔·萨缪尔家中拜访过这位学者，拉斐尔·萨缪尔直率的谈话和简陋的住所都给我留下很深的印象。同年，拉斐尔·萨缪尔介绍英国口碑史学家保罗·汤普森到南京大学来访问，我们请他作了报告。如今，星斗推移，英国新左派众星大多陨落，但这一代人的活动在史学史上占有重要的地位，他们的活动是值得追忆的。

贺五一同志的论著以拉斐尔·萨缪尔作为研究题目。他在写作中，和英国东伦敦大学劳工史研究中心、拉斐尔·萨缪尔的遗孀以及了解拉斐尔的人士建立了联系，几乎穷尽了拉斐尔·萨缪尔的著述和资料，阅读了各期《历史工场杂志》。他在阅读史料的基础上，花费很大精力理清了拉斐尔的历史思想线索，再加以概括提炼，写成了这部论著。

该书肯定了拉斐尔·萨缪尔提出的在历史研究中要重视非官方知识的主张，将历史研究的视角对准那些没有历史文献记载的下层民众；肯定了拉斐尔·萨缪尔主张人民史学，倡导史学家都来研究人民历史的主张；赞扬了拉斐尔·萨缪尔通过组织历史工场运动，把他的主张付诸实践，打破历史研究仅由历史学家垄断，并激发民众学习和研究历史的积极性的主张。

作者肯定了拉斐尔·萨缪尔扩大了史料范围，把视觉图像、神话都纳入史料范围的论点，以及历史是融合了过去和现在、记忆和神话、书面记载与口头传说的混合物的论点。

作者认为，拉斐尔·萨缪尔的历史工场运动体现了他认为历史学术始终处于制作过程中，永远没有终极的完美的追求精神，很好地展现了拉斐尔·萨缪尔的精神状态。

这些论点的提出，揭示了拉斐尔·萨缪尔史学思想的精华和本质，反映了贺五一同志的分析和洞察能力。

贺五一这部论著详细地研究了拉斐尔·萨缪尔的生平、思想和活动，资料翔实，概括有条理，理论分析深刻，结构合理，文字精练，达到很高的水平。该书填补了国内研究的空白，值得称赞。

2012 年除夕于新德里

目　录

引　言

也许一般人会认为，要研究某个人的思想，这个人必定是著作等身。如果按专著多少这个标准来衡量学者成就的话，那么拉斐尔·萨缪尔算不上是一位杰出且著名的学者，他差不多60岁时才开始独力撰写一生中唯一的专著《记忆的戏台》（*Theatres of Memory*）。然而，“作为一名职业历史学家，拉斐尔·萨缪尔是非常著名的公众人物，这从他去世后讣告的数量之多可以得到证明”。[①] 他去世后，很多人在报刊上发表文章对他进行悼念。比尔·施瓦兹（Bill Schwarz）在《卫报》（*The Guardian*）上发表文章，称他是“我们共同记忆的保持者”；[②] 默文·琼斯（Mervyn Jones）在《时代》（*The Times*）杂志上发表文章，称“拉斐尔·萨缪尔的去世是1993年继E. P. 汤普森去世后历史学界的又一重大损失”；[③] 马丁·凯托（Martin Kettle）在《卫报》中称他的去世是“一个时代的死亡”；[④] 阿伦·霍金斯（Alun Howkins）在《红辣椒》（*Red Pepper*）上称他是“人民的历史学

---

① Dave Russell, “Raphael Samuel, History Workshop and the value of democratic scholarship”, *Popular Music*, Volume 16/2, Cambridge University Press, 1997, p. 217.

② Bill Schwarz, “The Keeper of Our Shared Memory”, *The Guardian*, 10 December 1996.

③ Mervyn Jones, “Obituary”, *The Times*, 11 December 1996.

④ Martin Kettle, “Death of an Era”, *The Guardian*, 21 December 1996.

家”;[①] 约翰·吉根（John Keegan）在《每日电讯》上发表文章称他是“战后英国最著名的历史学家之一”;[②] 斯图亚特·霍尔（Stuart Hall）在《新左派评论》上称他是“他那个时代最杰出、最具创造性的知识分子之一”。[③] 其实，拉斐尔·萨缪尔虽然生前没有出版多少专著，但他发表了大量的论文和讲话。根据皮特·克劳斯编辑的拉斐尔·萨缪尔的出版物和讲话稿的目录，在1953～1996年，拉斐尔·萨缪尔在各类报刊上发表的论文达160多篇；1972～1997年，他在各种会议、讲习班以及广播电台的节目中发表学术谈话30多次。[④] 不过，作为一名备受人们敬重和喜爱的历史学家，拉斐尔·萨缪尔的名声并不是建立在著作的丰产上，而是建立在思想的创造性和独特性上，建立在他几乎终生为之奋斗的史学民主化的事业上。正如约翰·吉根（John Keegan）所评价的那样，“从政治左翼的立场出发，牢固地立足于学科的边缘，他为英国历史的研究和写作开创了新的道路”。[⑤]

拉斐尔·萨缪尔的全名叫拉斐尔·埃尔坎·萨缪尔（Raphael Elkan Samuel），他在1934年12月26日出生于英国一个普通的犹太家庭。他的父母都是犹太人，父亲巴尼特·萨缪尔（Barnett Samuel）是位律师，母亲明娜·基尔（Minna Keal）是位作曲家。在拉斐尔·萨缪尔还是一个6岁的孩子时，他的父母就离异了，小拉斐尔·萨缪尔由母亲抚养。拉斐尔·萨缪尔的童年最初是在汉普斯特德（Hampstead）的郊区度过的，后来他们又搬

---

① Alun Howkins, “The People's Historian”, *Red Pepper*, February 1997.

② John Keegan, “Obituary”, *The Daily Telegraph*, 12 December 1996.

③ Stuart Hall, “Obituary”, *New Left Review*, January, February 1997.

④ 关于拉斐尔·萨缪尔的主要成果的目录，请参阅 Raphael Samuel, *The Lost World of British Communism*, Verso, 2006, pp. 221－244 的附录。

⑤ John Keegan, “Obituary”, *The Daily Telegraph*, 12 December 1996.

到议会山（Parliament Hill）附近。那时，他的母亲既是一名钢琴教师，又是当时伦敦东区一个专门经营犹太文化书籍的商店的家族——夏皮罗·瓦伦丁家族的经济合伙人，同时也是一个共产主义活动分子，平时工作十分忙碌。在大部分时间里，小拉斐尔都是和舅舅、舅妈待在一起，是舅舅、舅妈给了他第二个家。

拉斐尔·萨缪尔的舅舅艾布拉姆斯基（Chimen Abramsky）是一位犹太学者、书籍收藏家和社会主义历史学家。就是在舅舅的熏陶下，小拉斐尔对政治和历史产生了兴趣。陆续在几个不怎么正规的学校学习后，1945 年，11 岁的拉斐尔·萨缪尔进入当时比较进步的国王阿尔弗雷德学校（King Alfred's School）学习。

由于母亲和舅舅都是共产主义者，拉斐尔·萨缪尔从小就对共产主义产生了好感。他经常阅读《工人日报足球年刊》（*the Daily Worker Football Annual*），学习用俄语唱《拖拉机之歌》，他看的第一部电影是描述 1905 年俄国革命时儿童们的英雄行为的电影。随着法西斯主义在欧洲兴起和随后爆发的第二次世界大战，许多犹太人投身于共产主义运动中，这更对他的思想倾向产生了影响。作为一个十来岁的少年，他就参加了进步的游行，并帮助散发传单。20 世纪 40 年代，拉斐尔·萨缪尔已经成为一名学生共产党员。在 40 年代晚期，仍然年幼的他加入了当时有名的、由年长些的学生组成的组织——共产党历史学家小组，就是在这个组织里，他结识了后来成为著名历史学家的克里斯托弗·希尔、埃里克·霍布斯鲍姆以及 E. P. 汤普森。①

在历史老师约翰·汉弗德的激励下，拉斐尔·萨缪尔获得了牛津大学贝里奥学院（Balliol College，Oxford）的奖学金，并于 1952 年进入该校学习。就在那里，他遇到了学校的政治学教师、

① Bill Schwarz，"Keeper of Our Shared Memory"，*The Guardian*，10 December 1996.

后来终生的挚友、左翼历史学家克里斯托弗·希尔，在希尔的悉心指导下，拉斐尔·萨缪尔学习历史。在大学学习期间，拉斐尔·萨缪尔不仅成绩优秀，曾赢得第一名的好成绩，而且在政治上也十分活跃。1953 年时，他所在的学院都知道他是牛津大学共产党组织中的一名骨干成员。他那时是共产党的忠实信徒，当得知斯大林去世的消息后，他甚至流出了泪水。[①]

然而，1956 年历史上所发生的三件大事对拉斐尔·萨缪尔的思想震动很大。第一件大事是英国、法国、以色列密谋入侵苏伊士运河。这使他认识到帝国主义时代还没有结束，从而开始对英国的民族主义以及爱国主义问题进行思考，为他后来的民族主义问题研究并编辑出版三卷本著作《爱国主义：英国民族认同的建构与解构》（*Patriotism: The Making and Unmaking of British National Identity*）奠定了基础。相对于第一件大事，第二、第三件大事对拉斐尔·萨缪尔的震动更大，那就是 1956 年 2 月召开的苏共二十大上赫鲁晓夫的秘密报告，以及随后苏联军队对匈牙利起义的血腥镇压。后两个事件的后果之一是使英国共产党陷入危机中，包括霍尔、汤普森在内的许多党员宣布退党。这时，拉斐尔·萨缪尔也退出了英国共产党。后来，拉斐尔·萨缪尔对英国的共产主义运动进行反思，写成了长篇大作《英国共产主义的失落》，连续发表在 1985 年、1986 年和 1987 年的《新左派评论》期刊上。后果之二是促生了英国历史上的新左派以及由新左派知识分子所发动的新左派运动。拉斐尔·萨缪尔是新左派中的一员，也是新左派运动中的积极分子。

英国的新左派是与英国工党在政治上有很大距离的政治派别。他们仍把资本主义、帝国主义和各国反动派视为自己的敌人；他们对工党在议会内部进行活动的路线表示异议，认为现有

---

① John Keegan, "Obituary", *The Daily Telegraph*, 12 December 1996.

的资本主义政治机制实际上已完全排除了真正的民主制；他们把工党的议会主义道路称为“权力机构的自由主义”，认为工党已背叛了工人阶级的事业。在他们看来，欧洲的社会民主党和英国工党采取的社会主义原则，是使资本主义仍然保持其统治地位，其政府的作用只是保证民众的顺从，而不希望与经济体制发生冲突。所以，英国的新左派不信任投票箱，对议会政治十分不满，他们把苏共和紧跟苏共的英国共产党视为官僚制的、非民主的、非革命的政党组织。同时，英国新左派关注越南战争、古巴革命和中国的“文化大革命”。他们认为，古巴和中国的革命不同于苏联从上层进行革命的模式，前者强调普通人民日常生活的变革，它表明工人阶级已经控制了他们自己的生活，使自己的意识和眼光超出了剥削阶级施加的狭隘的限制。他们赞美古巴和越南的革命战争，认为这两国的革命战争有意义之处就在于提供了一种游击战争的模式，它对于长期被认为是文明化生活模式然而却是残酷的不道德的当代资本主义社会构成一种威胁和恐吓。在富于浪漫色彩的青年革命者眼中，游击战是一种自主的非官僚的革命的斗争形式，游击队员是理想的未被异化的人。[①] 应该说，拉斐尔·萨缪尔是新左派思想的营建者之一；同时，新左派的思想观念对他后来的思想和行动产生了重大影响。拉斐尔·萨缪尔虽然脱离了英国共产党，但这并不表明他失去了共产主义信念，在英国共产党之外，他仍然积极地从事左翼运动，并在运动中表现出少有的创造性。1957 年春，他和社会学家斯图亚特·霍尔等人一道创办了《大学与左派评论》(*Universities and Left Review*)杂志，成为最初的四位编委之一；其他三位编委是斯图亚特·霍尔、加布里埃尔·皮尔逊（Gabriel Pearson）、查尔斯·泰勒

---

① 沈汉、黄凤祝：《反叛的一代——20 世纪 60 年代西方学生运动》，甘肃人民出版社，2002，第 163 ~ 164 页。

(Charles Taylor)。这是一份独立的左翼知识分子的刊物，其发行量达8000份之多，[①] 在这种刊物与在1960年由汤普森创办的《新理性者》(*New Reasoner*) 合并为《新左派评论》(*New Left Review*) 之前，拉斐尔·萨缪尔是"它的引擎、它的政治发动力和策划人"。[②] 或许是为了扩大《大学与左派评论》的影响，他还建议将刊物的读者们召集到伦敦听著名的波兰社会主义者伊萨克·多伊彻 (Isaac Deutscher) 的讲学。这件事被斯图亚特·霍尔看成是左派俱乐部运动的开端。[③] 为了给《大学与左派评论》杂志提供资金支持，同时也为了给左翼俱乐部的成员提供集会的场所，让左翼知识分子商讨左翼的现在与未来，拉斐尔·萨缪尔还提议买下并经营位于伦敦梭霍区 (Soho) 卡莱尔大街 (Carlisle Street) 7号的咖啡馆。据霍尔回忆，当时杂志的编委们在泰勒家中进行投票时，大都反对这个建议，但最终被拉斐尔·萨缪尔的热情所打动，同意经营这个咖啡馆。[④] 他们将这个咖啡馆改名为"游击队"，这或许是出于对古巴和越南游击战争的由衷的敬意和喜爱。

也许是出于对苏联共产党以及英国共产党僵化的官僚体制弊端和危害性的深刻认识，拉斐尔·萨缪尔特别憎恶官方的东西，喜欢非官方的东西。他的这种政治方面的喜好也潜移默化到历史研究中。他反对传统史学对国家、政治、精英史研究的取向，强调非官方的知识的重要性；主张研究下层人民的历史，积极推行史学民主化运动。牛津大学腊斯金学院 (Ruskin College) 为他的这种史学追求提供了一个实验场，他对政治的热情也由此转向对历史的研究和教学方面。1962年，在好友克里斯托弗·希尔

---

① 沈汉、黄凤祝：《反叛的一代——20世纪60年代西方学生运动》，第161页。

② Stuart Hall, "Obituary", *New Left Review*, January, February 1997.

③ Stuart Hall, "Obituary", *New Left Review*, January, February 1997.

④ Stuart Hall, "Obituary", *New Left Review*, January, February 1997.

的帮助下，拉斐尔·萨缪尔在腊斯金学院得到了一份教职，教授社会学，1967 年后转教社会史，此后，他一直在这里从事教学工作，直到 1996 年去世。在腊斯金学院从事教学期间是拉斐尔·萨缪尔推行史学民主化的重要时期。腊斯金学院是一个由工会捐助的学院，它是一所专门用来培训没有上过大学的工人的学院。这里的工人学生来自各行各业，有矿工、农业工人、海员等，他们大都文化素质较差。对于这样的学生，拉斐尔·萨缪尔从来没有蔑视和放弃。据他的学生约翰·普雷斯科特（John Prescott）回忆，“他不仅知道这些学生在想什么，而且还要将这些想法释放出来，变成书面的和口头的论述。在他身上没有一丝傲慢。在教学期间，他既是学生也是教师，他向你学习，你也向他学习，他对其他人的经历非常感兴趣”。[①] 拉斐尔·萨缪尔倡导和实践一种新的大众的历史观，这种民主的历史观将普通民众的日常生活放在大的甚至是总体的英国民族历史的核心位置进行考察。在教学过程中，拉斐尔·萨缪尔打破史学专业的界限，鼓励学生利用原始资料进行历史研究，用写自己经历的方式来撰写历史。他特别重视口述史的研究，在离开牛津大学后的一段时间里，他曾在伦敦东区一个名为“比德·威尔莫特和迈克尔·扬”的社区研究小组从事采访工作。这段工作经历为他以后从事社会史研究中的口述技术研究奠定了基础。他大量利用那时对伦敦东区的罪犯阿瑟·哈丁（Arthur Harding）的采访材料，写成了著作《东端的黑社会》（*East End Underworld*）。

在 1967 年，拉斐尔·萨缪尔以腊斯金学院为基地，发起了历史工场运动，这场最初是为了抵制腊斯金学院的考试制度的行动，后来发展成为全国范围内的史学民主化运动。这场运动的主力军是腊斯金学院的学生，通过集会、讲学、研讨会、发行小册

---

① John Prescott, “Genuine Love For Others”, *The Guardian*, 11 December 1996.

子等多种形式，研究历史问题，传播历史知识，吸引了海内外各行各业民众的参加，产生了深远的影响。1976 年，拉斐尔·萨缪尔还和一些朋友、同事以及学生一起创办了《历史工场杂志》（*History Workshop Journal*），以进一步推进历史工场运动。直到 1996 年他去世时为止，他一直是这个杂志的主要的编辑。该刊物的创办人中，有三位曾是他的学生，他们是萨莉·亚历山大（Sally Alexander）、阿伦·霍金斯（Alun Howkins）和斯丹·西普利（Stan Shipley）。

1994 年，拉斐尔·萨缪尔唯一独自撰写的著作《记忆的戏台》的第一卷出版。他原计划将该书写成三卷，第一卷的副标题是“当代文化中的过去与现在”，主要论述历史作为环境变化、技术革新以及知识的生产和传播的民主化的结果是如何被重新构思和重写的；第二卷的副标题是“海岛的故事”，所要考察的是不同时期人们关于民族的过去迥然不同的看法，这些看法又因观察的角度——城镇或者乡村、中心或者边缘、国家或者市民社会——的不同而不同；他拟定的第三卷的副标题是“记忆工作”，所要考察的是那些具有纪念意义的艺术品以及这些艺术品是如何表现进步观念、失落感以及落后的魅力的。拉斐尔·萨缪尔打算将这部著作写成开放的文本，让不同的读者以不同的方式阅读，并用于不同的目的。[①] 遗憾的是，当第二卷还没有完成时，可怕的癌症夺去了他的生命。第二卷经过他的妻子以及朋友的整理于 1998 年出版。《记忆的戏台》第一卷和第二卷一出版就收到良好的反响。坎迪亚·迈克威廉（Candia McWilliam）在《卫报》上发表文章称：这部书为我们“提供了关于过去以及过去是如何影响我们社会的全面的、有希望的看法”；斯特凡·柯里尼（Stefan Collini）称：这部书是“萨缪尔十分惊人的历史和

① Raphael Samuel, *Theatres of Memory*, Volume Ⅰ, Verso, 1994, pp. x – xi.

文化视野的展示”；大卫·埃德加（David Edgar）认为：这部著作“极为精彩”。

拉斐尔·萨缪尔的思想是时代的产物，他的史学思想的形成是与他所生活的那个时代的政治和学术环境分不开的。

在政治方面，拉斐尔·萨缪尔生活在一个政治动荡的年代。1956年，英国伙同法国、以色列出兵埃及，企图强占苏伊士运河，受到国际舆论的强烈谴责，遭到可耻的失败。英国人的民族自信心遭到打击。同年，苏共二十大召开，苏共中央第一书记赫鲁晓夫所作的秘密报告，将斯大林的个人崇拜及其严重后果揭露出来，这对于欧美各国共产党人和社会主义国家仿佛是一场大地震。[①] 紧接着，波兰的波兹南和匈牙利的布达佩斯相继发生罢工、游行示威和骚乱，对于这些骚乱，苏联予以出兵镇压，这更引起了欧洲一些共产党人的议论。这些给英国共产党造成沉重的打击，大批党员纷纷脱离英共，英共党组织处于分崩离析之中，英国的共产主义运动发生危机。就在这场1956年的危机中，英国的新左派产生，并沿着一条前所未有的道路一直持续到20世纪70年代中后期。[②] 此外，50年代末在英国还发生了由一批著名的进步知识分子和政治家所领导、吸引众多年轻人参与的核裁军运动。它同新左派运动遥相呼应、相互吸收，核裁军运动吸收新左派运动关于英国退出北大西洋公约组织和采取积极的“中立主义”的立场，而新左派运动则把核裁军视为自己的政治斗争要达到的一个目标。[③] 进入60年代，国际国内形势的变化更是风起云涌，一场几乎席卷整个西方世界的学生运动给西方文明带来了

---

① 沈汉、黄凤祝：《反叛的一代——20世纪60年代西方学生运动》，甘肃人民出版社，2002，第14页。

② Lin Chun, *The British New Left*, Edingburgh University Press Ltd, 1993, p. xiii.

③ 沈汉、黄凤祝：《反叛的一代——20世纪60年代西方学生运动》，甘肃人民出版社，2002，第154页。

剧烈的冲击。这场空前的运动所挑战的对象主要是西方资本主义文化，因此，有学者将这一时期称为“文化反叛的60年代”。[①] 当历史的车轮进入70～80年代时，英国的社会政治生活同样是波澜起伏，从60年代中期开始的北爱尔兰种族与宗教冲突愈演愈烈，因为新的移民法所表现出来的对国内少数种族以及外来种族人群的歧视引发了新的民族矛盾和种族歧视，这些矛盾和冲突给英国统一的民族性打上了一个大大的问号。此时，一场对阿根廷的马尔维纳斯群岛（福克兰群岛）之战，在延续了撒切尔夫人政治生命的同时，也似乎唤回了英国人久已沉睡的民族自豪感。

在史学方面，战后西方历史学经历了两次重大的变化。第一次是50年代中期以来的“新史学”向以兰克史学为代表的传统史学发起挑战，其研究重心由宪政史逐渐向经济—社会史转变，从而成为史学研究的主流。这一时期的主要史学流派有法国的年鉴学派、英国的马克思主义历史学派、美国的社会科学史学派，其中年鉴学派的影响最大。在劳伦斯·斯通看来，这三种史学派别的新颖之处并不在于使用了新的史料，而在于其新的解释模式或者新的方法，即马克思主义的经济解释模式、法国的生态—人口学模式以及美国的“计量经济学”方法。[②] 除斯通所说的解释模式上的新颖之外，社会史学的另一新颖之处“在于突出社会中普通人集团在历史中举足轻重的作用，写出‘底层的历史’或‘自下向上看的历史’”。[③] 这在英国的马克思主义历史学派中表现得最为突出。这个学派把劳动群众看做是历史过程基本的和积极的参与者和创造者。他们不但在经济和社会领域内，而且在政治

---

① 许平、朱晓罕：《一场改变了一切的虚假的革命》，上海人民出版社，2004，序言第5页。

② 陈恒、耿相新：《新史学第四辑：新文化史》，大象出版社，2005，第10页。

③ 徐浩、侯建新：《当代西方史学流派》，中国人民大学出版社，1996，第188页。

和精神领域都作为一支基本力量参与了整个历史过程的创造。[①] 以上三个历史学派都被称为“科学化的历史”派别。[②] 它们都信仰“科学的”历史学，认为历史的基础是经济和社会，政治和文化只是某种超结构。然而，这样的新史学的结果却是与人们希望的大相径庭，它们弄倒了读者的胃口，历史著作变得越来越枯燥，最后成为少数几个专家之间的私下讨论。而且，尽管专家们力图抽去自己的主观因素，他们还是没能发现一种客观的、精确的、真实的历史。[③] 这样的结果连职业历史学家也不很满意。[④]

在对经济—社会史的一片讨伐声中，从 80 年代早期起，西方的历史学开始了战后的第二次转变，即经济—社会史向文化史的转变。这种转变并不表明年鉴学派和马克思主义学派失去了影响，而是这两派都将注意力逐渐地转向一种“文化的解释”。也许为了将这种文化取向的历史与 19 世纪末 20 世纪初由布克哈特、赫伊津哈等人所倡导的文化史区别开来，学术界将其定名为“新文化史”。历史学家彼得·伯克称其为“新社会文化史”。[⑤] 在笔者看来，彼得·伯克的定名是十分准确的，因为这种新的历史研究取向其实就是主要用文化的视角和方法来观察和研究社会历史。其好处之一是，在一定程度上摆脱档案缺乏或文字史料不足给历史研究带来的困境，为更大限度地扩大历史研究范围奠定基础，从而使历史研究更加深入、更加细微。因为相比单纯的政治、经济或者军事视角来说，文化的视角更加宏大，可以说几乎

---

① 徐浩、侯建新：《当代西方史学流派》，第 288 页。

② 陈恒、耿相新：《新史学第四辑：新文化史》，第 10 页。

③ 刘为：《当代西方史学转向文化史的最新趋势》，《史学理论研究》1992 年第 1 期，第 156 页。

④ 杨豫、李霞、舒小昀：《新文化史学的兴起》，《史学理论研究》2000 年第 1 期，第 144 页。

⑤ 彼得·伯克：《西方新社会文化史》，《历史教学问题》2000 年第 4 期，第 25 页。

是无所不包。由于国内学界普遍将这种新的历史研究取向称为“新文化史”，因此笔者也采用“新文化史”这个名称。新文化史在研究方法、思维角度以及解释模式等方面不仅与经济—社会史不同，它与“旧”的文化史也不一样。新文化史探讨方向的焦点是人类的心智，文化史研究者的任务就是往法律、文学、科学、艺术的底下挖掘，以寻找人们借以传达自己的价值和真理的密码、线索、暗示、手势、姿态。① 它在研究方法上，大量借鉴了人类学、心理学、民俗学、符号学等学科的理论和方法，通过对语言、符号、仪式等文化象征的分析，解释其中文化的内涵与意义。新文化史在法国以勒高夫等第三代和第四代年鉴学派的历史学家为代表，在英国则以 E. P. 汤普森为代表。在其脍炙人口的著作《英国工人阶级的形成》中，汤普森一改当时社会史研究中常见的诸如用计量方法统计工人的工资收入。他把工人阶级的生活状况折算成可度量的标准进行比较的做法，将 19 世纪英国工人阶级的态度和意识作为研究对象，研究其文化的构成，从而实现了对马克思的以经济基础—上层建筑解释模式为特点的经济决定论的突破。

应该说，社会政治生活的变迁和史学学术的转型都对拉斐尔·萨缪尔的史学思想的形成产生影响。社会政治生活的变化为他提供新的研究素材和资源，史学向新文化史的转型给他提供了新的研究角度和学术滋养。斯大林专制主义所表现出来的弊端不仅使他认识到政治生活民主化的重要性，也使他认识到史学民主化的紧迫性；新左派运动为他进行资本主义批判提供了新的武器；声势浩大的学生运动所表现出来的反西方文化的力量使他看到了文化的生命力；苏伊士运河战争、北爱尔兰问题、移民问题以及马尔维纳斯群岛（福克兰群岛）战争等使他对政客们所鼓吹的民族主义和爱国主义的神话进行反思。对于这一切，旧的经

① 周兵：《西方文化史的兴起与走向》，《河北学刊》2004 年第 6 期，第 151 页。

济—社会史学已无法提供足够的智力与方法论的支持，必须用新的方法从新的角度进行研究，新文化史就提供了这种方法和角度。

拉斐尔·萨缪尔是英国新左派的宿将，[①] 是英国马克思主义史学家中重要的一员。对于他的史学思想，国内外学界有一些零星的研究。据笔者所掌握的资料来看，国外学界对拉斐尔·萨缪尔思想的研究大致可分为三部分。第一部分是史学家论著中的个别章节或段落，如格奥尔格·伊格尔斯著的《二十世纪的历史学：从科学的客观性到后现代的挑战》、约翰·托什著的《史学导论》、Harvey J. Kaye 所著的《英国的马克思主义史学家》、Lin Chun 所著的《英国的新左派》。约翰·托什著的《史学导论》在多处引述拉斐尔·萨缪尔的话来论证自己的观点。Harvey J. Kaye 所著的《英国的马克思主义史学家》、Lin Chun 所著的《英国的新左派》则是偶尔提及拉斐尔·萨缪尔，且只有寥寥数语。相比较而言，格奥尔格·伊格尔斯著的《二十世纪的历史学：从科学的客观性到后现代的挑战》涉及拉斐尔·萨缪尔的内容要多一些。在该书的第七章中，伊格尔斯虽然对拉斐尔·萨缪尔本人的情况及其史学思想描述得并不多，但肯定了拉斐尔·萨缪尔对学术性的社会史所作出的重要贡献，并用了较大的篇幅介绍并评述了拉斐尔·萨缪尔主创的《历史工场杂志》以及他所发起的“历史工场运动”。他认为：《历史工场杂志》与其他历史学杂志的区别并不在于它那社会主义的献身精神，“而是在于它声称有意要突破专业历史学的狭隘限制，以期‘接触并服务广大的民主的读者群，而不是学术贵族的封闭的小圈子’”。[②] 不过，伊格尔斯认为这份杂志在沟通专业历史学家和非学者之间的

① 沈汉：《纪念英国左翼史学家拉斐尔·萨缪尔》，《史学理论研究》1998 年第 1 期，第 141 页。

② 伊格尔斯：《二十世纪的历史学》，辽宁教育出版社，2003，第 102 页。

差距方面并不很成功，而且认为对该杂志在历史学中的地位不应评价过高；但他肯定了“这份杂志在其扩展学科疆界这一目的方面获得了成功”，[①] 并且承认了历史工场运动的影响。伊格尔斯指出，历史工场作为一场运动，它受到许多地方的模仿，尤其是联邦德国和瑞典。而且，英国的《社会史》杂志、美国的《社会史杂志》和《激进史学评论》、意大利的《历史学季刊》等都受到《历史工场杂志》的影响，将焦点从体制方面转移到要把广大居民的现实生活经验置于历史兴趣的中心地位。[②]

第二部分是一些学者对拉斐尔·萨缪尔所编或者所撰写的著作的书评。这些书评大多对拉斐尔·萨缪尔及其作品给予高度的肯定和赞扬。比如，约翰·霍普金斯大学的朱迪斯·瓦尔科维茨（Judith R. Walkowitz）在评论拉斐尔·萨缪尔的专著《记忆的戏台》第一卷《当代文化中的过去与现在》时称：“当代英国的历史学家要加倍感谢已故的拉斐尔·萨缪尔：他是研究工业革命和伦敦东端的杰出的历史学家，而且是出色的、在学术圈之外进行历史研究的发起人。该书是关于历史与记忆的两卷本著作中的第一卷，它支持历史成为一种民主的实践，一种社会知识的形式。这和他长期以来所从事的人民的历史以及劳工的社会史的活动是一致的，而这种劳工社会史的从业者是投身于其中的大众百姓。”[③] 并认为：“该书是一个鼓舞人心的、具有创新精神的历史学家的不朽的纪念品”。[④] 朴次茅斯大学的肯尼

---

① 伊格尔斯：《二十世纪的历史学》，辽宁教育出版社，2003，第106页。

② 伊格尔斯：《二十世纪的历史学》，辽宁教育出版社，2003，第106～107页。

③ Judith R. Walkowitz, “Book Review: Raphael Samuel, Theatres of Memory. Volume 1, Past and Present in Contemporary Culture. New York: Verso. 1994”, *American Historical Review*, Vol. 103, No. 1, p. 182.

④ Judith R. Walkowitz, “Book Review: Raphael Samuel, Theatres of Memory. Volume 1, Past and Present in Contemporary Culture. New York: Verso. 1994”, *American Historical Review*, Vol. 103, No. 1, p. 183.

思·伦恩（Kenneth Lunn）在评论《记忆的戏台》第二卷《海岛的故事》时指出："拉斐尔·萨缪尔对历史研究产生了影响，并将它提升到超越传统学科限制的层次，这是毫无疑问的"；[①] 并说："该书在极大程度上使我们想起他的工作以及他以首屈一指的智力和严谨态度挑战传统方法和观念的能力"。[②] 同样，哥伦比亚大学的罗纳德·格里（Ronald J. Grele）在评价《记忆的戏台》第二卷时也给予高度的肯定，称该书"是一部思想丰富且出色的作品，它是由一个杰出的历史思想家所撰写的，是这个历史思想家对历史在文化中的作用这个问题终生进行思考的最后结晶"。[③] 但也有学者在肯定拉斐尔·萨缪尔工作成绩的同时提出了批评和质疑。比如，赫尔大学的杰弗里·克罗西克（Geoffrey Crossick）评论拉斐尔·萨缪尔主编的文集《矿工、采石工和盐业工人》时认为，历史工场"最好的一面在于其积极致力于探索大众经历的细节和气氛，其最坏的一面是其不愿超越这些细节去进行细致的历史分析。在编辑者自己的文章中，细节、奇闻逸事以及对劳动过程的描述都是非常精彩的，但是它们累积在一起不是在支持而是在抗拒分析和归纳。读者被沉浸在细节中，好像忽略个别案例就是对人类过去的真实不公正一样"。[④] 他还指出：

---

① Kenneth Lunn, "Book Reviews: Theatres of Memory, Vol. 2: Island Stories: Unravelling Britain. By Raphael Samuel, ed. by Alison Light, Sally Alexander, and Gareth Stedman Jones", *Journal of American History*, Vol. 86, No. 4, p. 1734.

② Kenneth Lunn, "Book Reviews: Theatres of Memory, Vol. 2: Island Stories: Unravelling Britain. By Raphael Samuel, ed. by Alison Light, Sally Alexander, and Gareth Stedman Jones", *Journal of American History*, Vol. 86, No. 4, p. 1735.

③ Ronald J. Grele, "Book Reviews: Island Stories: Unravelling Britain. Theatres of Memory, Volume Ⅱ by Raphael Samuel. London: Verso, 1998", *Public Historians*, Vol. 21, No. 2, p. 133.

④ Geoffrey Crossick, "Book Review: Miners, Quarrymen and Saltworkers. Edited by Raphael Samuel. History Workshop Series, number 2. London and Boston: Routledge & Kegan Paul, 1977", *Journal of Modern History*, Vol. 50, No. 4, p. 746.

“缺乏分析的视角以及远离经验的材料，仍然是这个系列以及许多历史工场运动作品的危险”。[①] 总的来说，书评中的赞扬声多于批评声。

第三部分是介绍拉斐尔·萨缪尔的短文，以及在拉斐尔·萨缪尔去世后，他的生前好友、熟人、同事等发表到报刊上的关于他的回忆录。如 Bill Schwartz 发表在英国刊物《卫报》上的“Keeper of Our Shared Memory”（我们共同记忆的保持者），Ben Pilmott 发表在《新政治家》上的“Socialism Mourns a Historian of Intellect and Humanity”（社会主义对一个才华出众且富有仁爱之心的历史学家的哀悼），Stuart Hall 发表在《新左派评论》上的关于拉斐尔·萨缪尔的回忆录。这些短文和回忆录中不乏对拉斐尔·萨缪尔的溢美之词。从笔者所掌握的国外的资料来看，国外学术界缺乏对拉斐尔·萨缪尔系统全面的研究。同时，笔者从拉斐尔·萨缪尔历史中心（Raphael Samuel History Centre）网站上了解到，有关于他的原始档案也刚刚建立起来；而且在与拉斐尔·萨缪尔的妻子艾莉森·莱特（Alison Light）以及他生前的好友的交流中得知，目前也没有人对他进行系统的研究。

在国内，学者们对英国马克思主义史学的研究比较感兴趣，然而，学界关注较多的往往是早期的主流的英国马克思主义史学家，如 E. P. 汤普森、霍布斯鲍姆等人，对于他们著作的翻译、思想的介绍和研究相对较多；而对后期的、活跃在学术圈外的拉斐尔·萨缪尔的介绍和研究却较少。根据笔者所掌握的资料来看，国内学者对拉斐尔·萨缪尔的介绍和研究仅限于个别著作和文章。比如，徐浩、侯建新在其合著的《当代西方史学流

---

① Geoffrey Crossick, “Book Review: Miners, Quarrymen and Saltworkers. Edited by Raphael Samuel. History Workshop Series, number 2. London and Boston: Routledge & Kegan Paul, 1977”, *Journal of Modern History*, Vol. 50, No. 4, p. 747.

派》的第七章第三节中，用一个段落的篇幅对拉斐尔·萨缪尔及其发起的历史工场运动作了简短的介绍，并指出，“历史工场运动的宗旨是想把英国马克思主义史学家的传统与观点同研究劳工史的工人史学家的传统结合起来。该运动直接受到英国马克思主义史学家的影响，拉斐尔·萨缪尔是《历史工场杂志》的领导人”。[①] 沈汉在其《纪念英国左翼史学家拉菲尔·萨缪尔》的文章中，讲述了他本人在访英期间和拉斐尔·萨缪尔交往的情况，并对拉斐尔·萨缪尔的生平、学术活动及其思想进行了介绍。沈汉先生认为，从拉斐尔·萨缪尔的政治社会观来说，及至晚年，他都是迷恋“民众主义”，尽管他在后期在理论观念上发生了很大的变化，但他仍是英国下层工人忠实的历史学家。[②] 可以说，沈汉先生的这篇文章是目前国内学界对拉斐尔·萨缪尔介绍最为详细的文章。然而，对于拉斐尔·萨缪尔这样一个具有丰富思想的历史学家的研究，仅一篇文章的介绍是远远不够的，需要对他的思想进行系统全面的研究。

拉斐尔·萨缪尔是英国马克思主义史学后期的重要人物，他的史学思想在一定程度上代表了英国马克思主义史学的后期发展方向。通过对他的史学思想的个案研究，可以让我们对英国马克思主义史学的后期发展情况有一定程度的了解。在众多英国马克思主义史学家中，拉斐尔·萨缪尔是比较有特点的。他最大的特点就是坚定地站在学术圈的外围捍卫和践行英国马克思主义史学的“从底层向上看”的传统，并将这个传统推到一个新的高度。他虽然战斗在学术圈的外围，但并不代表他的史学思想不具有专业的学术水平；相反，他的知识相当丰富，思想也非常深邃，这

---

① 徐浩、侯建新：《当代西方史学流派》，中国人民大学出版社，1996，第287页。

② 沈汉：《纪念英国左翼史学家拉斐尔·萨缪尔》，《史学理论研究》1998年第1期，第143页。

一点可以从本书开头笔者所列举的学者们对他的赞扬中得到证明。随着史学研究的不断深入，以及史学民主化、大众化的不断推进，学术圈外的史学活动和思想也会引起人们的注意，那些被忽略的方面也会逐渐成为人们所关注的焦点。这样，拉斐尔·萨缪尔史学思想的价值会越来越显现出来。相对于主流史学而言，拉斐尔·萨缪尔所关注的问题也许并不起眼，其思想或许和主流史学格格不入，然而，在笔者看来，它们却是对主流史学的必要的纠正和补充。

本书坚持马克思主义的基本立场、观点和方法，以拉斐尔·萨缪尔一生的史学思想和活动为主线，并将他的史学思想和活动置于英国乃至国际的政治、经济及学术背景中进行考察，通过对档案材料以及其他史料的挖掘和分析，力图比较准确地勾勒和阐释拉斐尔·萨缪尔史学思想的内容和特点。

第一章 历史学的民主化

第一节 记忆与历史

众所周知，记忆是心理学家的研究领域，历史学家一般很少涉及。但随着历史学的发展，史学研究范围的不断扩大，同时也由于口述史学的兴起，记忆也逐渐成为历史学家研究的内容，而且“西方近来对记忆的研究十分偏好，甚至大有用记忆取代历史的倾向”。[①] 笔者认为，这种现象的出现一方面由于历史学上的后现代主义对历史文献的质疑，使得历史学家寻找新的资料来源，记忆就是其中的来源之一。正如有的学者说的那样，尽管人的记忆“一定有很多谬误，但无法否认，人的记忆也有真实的一面”。[②] 这样，历史学家从记忆中挖掘真实的过去成为可能。另一方面，由于历史研究对象的下移，即从对政治、军事和精英人物史的研究转向对下层劳动大众日常生活史的研究，使史料成为一个问题。一般来说，下层民众的日常生活不像官方档案那样有较为详细的记录，于是当事人的回忆和口述材料成为社会史学家研究的重要资料来源。拉斐尔·萨缪尔作为一名社会史学家，长期从事口述史学的研究与实践，深知记忆对历史研究的重要性。他的《东端的黑社会》（*East End Underworld*）就是根据伦

① 王晴佳、古伟瀛：《后现代与历史学》，山东大学出版社，2003，第147页。

② 王晴佳、古伟瀛：《后现代与历史学》，山东大学出版社，2003，第142页。

敦东端的一个名叫阿瑟·哈丁（Arthur Harding）的流氓混混的口述记录写成的。他将他的唯一的专著也定名为《记忆的戏台》（*Theatres of Memory*）。

在拉斐尔·萨缪尔看来，记忆是重要的，对记忆重要性的认知从远古时代就开始了。在古希腊人的心目中，记忆是人类思维的先决条件，记忆女神摩涅莫辛涅（Mnemosyne）也是智慧女神，是掌管文艺、音乐、天文等的缪斯女神（the muses）之母。归根到底，记忆是各种艺术和科学的先驱。同样，记忆术，这种据称是由古希腊诗人开俄斯岛的西蒙尼德斯（Simonides of Ceos）所发明的记忆科学，是学习过程的基础。亚里士多德赋予了它在思维训练过程中崇高的地位，他将记忆分为有意识的记忆和无意识的记忆两种，称前者为记忆力（mneme），它是一种自动浮现出来的记忆；称后者为回忆（anamnesis），这是一种有目的的记忆。到了古罗马时代，人们对记忆同样重视。第一位记忆历史学家弗兰西斯·叶芝（Frances Yates）所说的“记忆的艺术”被罗马人全盘接受下来。和早期的西塞罗一样，罗马帝国晚期的圣奥古斯丁认为记忆是教育学之母、思想的起源。在其著名的著作《忏悔录》中，他将记忆比作“巨大的厅”或者“宫殿”。在这个大厅或者宫殿中，“藏着从感官得来的无数的想象之宝”，“也贮着从原有想象经增减改削而构成的想象，和一切我嘱它保管而还没有淹没的东西”。“我们需要它们的时候，它们即可从神秘的隙缝里应声而出”。① 此后，记忆的艺术在中世纪的经院哲学家那里得到复兴。到文艺复兴时期，记忆术被推到了崇高的地位，它被看成是艺术和科学的看不见的根基。②

不过，拉斐尔·萨缪尔认为，今天人们在精神分析、口述历

① 圣奥古斯丁：《忏悔录》，时代文艺出版社，2000，第186～187页。

② Raphael Samuel, *Theatres of Memory*, Volume 1, Verso, 1994, p. vii.

史以及“遗产”中所实践的“记忆的艺术”，是诗歌和绘画方面的浪漫主义运动的产物，而不是古希腊的记忆术或者文艺复兴时期科学发展的结果。在他看来，华兹华斯（Wordsworth）、司各特（Scott）、米什莱（Jules Michelet）、E. P. 汤普森以及“动手做”（hands-on）[①] 的博物馆展览都对这种记忆的艺术的产生作出过贡献。华兹华斯的诗篇《丁登寺》（*Lines Written above Tintern Abbey*）中的“瞬间”（spots of time），或者是他描述顿悟的文章中所表露的纪念性的激情，和蔷薇十字会员（Rosicrucian）[②] 的雄辩或者炼金术士的肖像画相比，更与记忆术有关。司各特的《英格兰边区歌谣集》（*Mindtrelsy of the Scottish Borders*），以及他以威弗里（Waverley）之名所创作的小说《密德洛西恩监狱》（*Heart of Midlothian*），都是十分重要的文本，它们（尤其是后者）将民间的语言以及民间的方法引入历史学家叙述的中心。19 世纪 40 年代由法国社会浪漫主义历史学家米什莱（Jules Michelet）所提出的“复活主义”（resurrectionism）历史观，其目的是要表达那些失语人群（the voiceless）的心声，重提那些被人遗忘的死者（fallen dead）。E. P. 汤普森的历史观使那些失败者免于后代的“巨大的屈尊”（enormous condescension）。那些“动手做”的博物馆的展览用电子动画（animatronics）模拟过去的声音和场景，并将实物道具（material artefact）或者遗物变成“活的历史”（living history）的展示。[③]

在拉斐尔·萨缪尔看来，古代的人们所练习的记忆的艺术是

---

① “动手做”是近年来国外颇为流行的教育理念。这个理念的目的在于让学生以科学的方法学习知识，尤其强调对学生的学习方法、思维方法、学习态度的培养。它强调学生主动学习，提出听过会忘记、看过能记住、做过才能学会的观点。

② 蔷薇十字会员也叫炼金占星术士，是十七八世纪一些秘密社团的成员，自称会玄术。

③ Raphael Samuel, *Theatres of Memory*, Volume 1, Verso, 1994, pp. vii – viii.

一种图片的艺术，其侧重点不在于语言，而在于图像。这种艺术将视觉视为首要的因素，把形象化的事物放在首位。如果要保持记忆或者重新找回记忆，必须借助于外部的符号，也就是说：眼见为实，耳听为虚。在中世纪，视觉的作用更为人们所重视。那时，不识字的人通过在脑海里对图像进行系统的回忆来记忆圣经。那时，像朝圣者的证章或者是代表家族血统的纹章这样的徽章十分流行。拉斐尔·萨缪尔认为，图像对中世纪人们的记忆的重要性还可以从玛丽·卡拉瑟斯（Mary Carruthers）的话中反映出来。玛丽·卡拉瑟斯在一部有趣的著作中说，带有插图的手抄本、教堂的彩色玻璃窗户以及教堂的滴水嘴之所以能完好无损地存在，首先是因为其记忆上的用途，教堂就是通过这种“联觉”（synaesthesia）的方式，使其宗教宣传更为有效。①

拉斐尔·萨缪尔指出，在古希腊人西蒙尼德斯（Simonides）的记忆术中，场所和影像是同时性的，它们都是记忆的核心内容。他认为，这种记忆方式与浪漫生态学中的风景的人格化无关，也同构成现代认同政治和不断增多的关于“根”（roots）的文学基础的地域归属感没有联系。这种记忆术所采用的是在脑海里绘图的方式，用空间而不是时间作为重要的标志物，用符号来代表理想的品质。具体来说，记忆的场所是用石棺和神祠来表现出来的，这些石棺和神祠是最早进行历史记录的地方。在拉斐尔·萨缪尔看来，记忆中的景物对西方中世纪的基督徒来说是十分重要的，辽阔的成网状分布的朝圣路线以及像洞穴、泉眼和山脉那样的界标，都十分方便地成为纪念与顶礼膜拜的圣物。这样，宗教地理学就被世俗化为国家的工具，在民族国家的形成以及殖民扩张的地缘政治的建构中起到十分重要的作用。②

---

① Raphael Samuel, *Theatres of Memory*, Volume 1, Verso, 1994, p. viii.

② Raphael Samuel, *Theatres of Memory*, Volume 1, Verso 1994, p. viii.

拉斐尔·萨缪尔认为，在弗兰西斯·叶芝所描述的文艺复兴时期的“记忆的戏台”中，宗教几何学取代了宗教地理学，回忆的行为被概念化为一种登上星辰的行为。在神秘的犹太秘学的玄学传统中，戏台被像金字塔一样一层层地垒建起来，以便让人们捕捉从星际往下流动的气流，用这些气流来增进人们的健康。这种玄学揭示了俗界和超验领域之间的默契。如同占卜用的塔罗纸牌（Tarot cards）那样，这种方形的或者圆形的塔对那些占星术士来说是至关重要的，因为纸牌持有者的开化程度取决于他的眼界，他们登得越高，那么就看得越远。在拉斐尔·萨缪尔看来，朱里奥·卡米诺（Giulio Camillo）① 所设计建造的记忆之宫是文艺复兴时期最著名的记忆的戏台，它同样也提供了一个像叶芝所说的那样的“从高处，从星辰上，甚至是从超世的智慧的源头来观察世界以及事物本质的视角”。②

拉斐尔·萨缪尔认为，和文艺复兴时期的“记忆的戏台”相比，浪漫主义的“记忆的戏台”是属于内省性的，它不是登上高处，而是追寻内心的感悟；它对宇宙不感兴趣，而是将注意力集中于家庭和个人。其思维或者记忆场所中的景物就像华兹华斯（Wordsworth）的诗《不朽的征兆》（*Intimations of Immortality*）中的景物那样，是童年时期的家。浪漫主义是建立在时间的废墟之上的，它的记忆的观念以失去感觉为基础，将记忆从科学中剥离出来，放入直觉和本能的领域。它不是将心灵（mind）描绘

---

① 朱里奥·卡米诺是16世纪欧洲最著名的思想家之一，他构造了以“7”为基数的类似阶梯状剧院的“记忆之宫”。这个虚拟的宫殿7排7列，由49个房间组成，每个房间绘有各种图像和符号，对应虚拟的居住者，房间横竖之间都有一定意义的关联性。数字7是西方的神数，根据西方传统，它标志着与人世息息相关的7大星体，依次为月亮、水星、金星、太阳、火星、木星和土星。朱里奥·卡米诺依照隐秘的占星术原理，设计出由49个房间组成的神秘宫殿。这一神秘学说被欧洲的君主王公们拿来钻研。

② Raphael Samuel, *Theatres of Memory*, Volume 1, Verso, 1994, p. ix.

成一个瞭望塔，而是描绘成一个迷宫，一个充满了人造的走廊和秘密通道的神秘的地方。①

拉斐尔·萨缪尔指出，在浪漫主义那里，记忆与历史是对立的。按照20世纪社会学家莫里斯·哈布瓦赫（Maurice Halbwachs）的说法，前者是原始的、本能的行为，而后者是自觉的行为；前者自然地进入人的大脑，后者是分析与思考的产物。这样，记忆就被看成是主观的，是情感的玩物，它反复无常，充满激情。而历史至少在理论上说是客观的，以抽象的推理为导引，用实证的方式来证明新的发现。记忆只能就具体的形象发挥作用，而历史具有高度的抽象能力；记忆在时间上是歪曲的，而历史是线性的、进步的。当记忆消失时，历史就开始了。法国历史学家勒高夫（Jacques Le Goff）在《历史与记忆》中说："正如过去不是历史，而是历史的对象一样，记忆也不是历史，而是历史的对象之一以及历史发展的最初阶段。"②

和当代人种志学者的观点一样，拉斐尔·萨缪尔认为，记忆绝不仅是一个被动的容器，或者是一个贮存系统，也不是一个过去的图像的储藏库，而是一种积极的建构力量（shaping force）。在他看来，记忆是动态的，也就是说，记忆所设法忘记的东西和其所记的东西同样重要，这样，记忆就与历史思维发生了联系，而不是对历史具有否定作用的他者。拉斐尔·萨缪尔认为，亚里士多德所说的回忆这种有意识的记忆行为，是一种类似于历史学家的回忆的智力活动，它也有一个引用、模仿、借用、吸收的过程，同样，它也是一种建构知识的方式。③

拉斐尔·萨缪尔还认为，记忆是受一定的历史条件限制的，

---

① Raphael Samuel, *Theatres of Memory*, Volume 1, Verso, 1994, p. ix.

② Raphael Samuel, *Theatres of Memory*, Volume 1, Verso, 1994, p. ix.

③ Raphael Samuel, *Theatres of Memory*, Volume 1, Verso, 1994, p. x.

它随机应变，不断改变着颜色和形状；它不是以永恒的传统形式流传下来，而是一代又一代地变化着；它带有经验的痕迹，被打上了时代主要志趣的烙印。和历史一样，记忆本身就是不断修正的，表面上静止不变，实质上却反复无常。①

在拉斐尔·萨缪尔看来，历史涉及一系列删除、校勘、融合的过程，非常类似于弗洛伊德所说的“屏蔽记忆”（screen memory）。在这一过程中，无意识的思维（unconcious mind）通过分离、压缩、置换以及投射，将事件从一个时间寄存器转换到另一个时间寄存器，并把思维物化为图像。一方面，历史将原本以整体形式呈现出来的事件进行分割，从这里摘录下一段描述性的细节，又从那里抽取一幅难忘的场景；另一方面，历史又进行融合，将原本是不同的事件连成一个整体，综合不同种类的信息，对不同类别的经历进行对比。它以梦念（dream-thought）的方式复活已被忘却一半的故事，将片段接续起来，归整杂乱不堪的材料，从而创造出远比事实更为清晰的景象。②

总之，在拉斐尔·萨缪尔看来，历史是一种有机的知识形式。其来源十分庞杂，其中不仅包括真实生活的经历，而且包括记忆和神话、幻想和欲望；不仅有按年代顺序编纂的关于过去的文献记录，也有永恒的“传统”。历史会随着环境的变化、恢复技术的创新，以及知识的生产和传播的民主化而不断地得到重写和再概念化（reconceptualize）。③ 通过对历史与记忆之间关系的论述，拉斐尔·萨缪尔赋予了记忆以与历史相似的特性，从而破除了历史与记忆之间的绝对界限，拂去了笼罩在历史头上的那种神秘感，实现了历史的去魅化，让记忆这种几乎人人都具备的能

---

① Raphael Samuel, *Theatres of Memory*, Volume 1, Verso, 1994, p. X.

② Raphael Samuel, *Theatres of Memory*, Volume 1, Verso, 1994, p. X.

③ Raphael Samuel, *Theatres of Memory*, Volume 1, Verso, 1994, p. X.

力与似乎高深莫测的专业的历史研究活动在地位上等同起来。这样，记忆与历史就趋于平等，记忆与历史的地位平等也就意味着民众与专业历史学家的平等，这就为他所主张的史学民主化、大众化提供了依据。

第二节 大众的记忆

在研究记忆与历史的关系之后，拉斐尔·萨缪尔研究的重点转向大众的记忆。他之所以研究大众的记忆是与近些年来历史学界出现的一些问题有关。

在他看来，历史研究中的问题之一是其研究的封闭性。他一针见血地指出历史研究中的怪象：在职业历史学家的笔下，历史是以一种秘传的知识形式呈现出来的。他们迷恋于以档案为基础的研究，而这种现象自从兰克的史学革命之后就开始了。当他们对历史问题进行争论时，分歧往往出现在那些晦涩难懂的问题上，如加冕典礼的措辞，皇室肖像的年代测定，或者是农作物的产量与农民的结婚率之间的关系。对这些问题的论述往往充斥着繁杂的脚注，使试图读懂其著作的读者陷于简写、缩略以及符号的谜团之中。①

拉斐尔·萨缪尔指出的第二个问题是历史学科的近亲繁殖、内省现象和宗派主义风气。学术著作只提交给圈子相当狭小的同行阅读。在从事论文写作时，疑问往往来自内部。年轻的研究人员通常得到的建议是去填补“空白”，或者对一家之言发起挑战，他们的注意力往往受时尚的导引，他们或许能发现新的研究方法，或许能找到未被前人利用的材料。但不管是哪一种形式，拉斐尔·萨缪尔认为，他们都将只是在现有的探究框架内从事研

① Raphael Samuel, *Theatres of Memory*, Volume 1, Verso, 1994, p. 3.

究，并对这种研究框架的局限性听之任之。这样，历史成为判断其自身重要性的尺度和价值标准。在拉斐尔·萨缪尔看来，最近25年来历史研究课题的条块分割以及分支学科的大量繁殖，造成大批新专业的产生，每个专业都有其小团体和宗派。他们为了将学术研究引入迄今尚未探究的领域，为了拓展以前“隐藏在历史背后的”学科空间，比如说，妇女的历史、“民间”医药，或者是神秘学等，往往把知识据为己有，将他们封锁在学术出版物和研讨班的圈子之内。这样就造成历史学科的宗派主义。[①]

在拉斐尔·萨缪尔看来，历史学科的封闭性和宗派主义所造成的恶果之一就是制造学术混乱，而学术刊物在这方面表现得特别突出，成为混乱之源。一些少壮派学术激进分子，轮番使用偶像化和妖魔化的手段，将老一辈的学术权威从尊位上拉下来。学术界也经常上演仇父恋母情结的闹剧。往往一本出版物一下子就能将一个新手变成学术权威，甚至在短短的一年时间内，那些新手的文章就被冠以“开创性”、“意义重大”或者是“一流”等美誉。在拉斐尔·萨缪尔看来，学术上争斗和竞技场上的格杀没有什么两样，学术竞争者之间一会儿互相间小心翼翼地周旋，一会儿又主动出击进行绝杀。同时，研讨会也助长了学术上的混乱局面。在这些研讨会上，学术上的冲突简直就是充满血腥的游戏，紧接这种冲突之后就是各自的沉默，屏气息声。此外，拉斐尔·萨缪尔认为，另一个在学术界不正常的现象是别号（surname）的使用。一些别号对初入行的人来说闻所未闻，却作为简化了的概念在你来我往的争论中反复使用，好像它们是家喻户晓的词汇。[②]

---

① Raphael Samuel, *Theatres of Memory*, Volume 1, Verso, 1994, p. 3.

② Raphael Samuel, *Theatres of Memory*, Volume 1, Verso, 1994, p. 4.

拉斐尔·萨缪尔认为，史学界的封闭性和宗派主义所造成的恶果之二是专业史学工作者对非专业史学工作者的歧视。拉斐尔·萨缪尔称这种歧视为“谁是历史学家，谁不是历史学家的部落意识”。（tribal sense）传记作者被专业史学工作者排除在史学工作者的圈子之外，要么是因为他们的主题属于文学范畴，要么是因为他们的作品是叙述性而非分析性的。如果从具有贬义的“论”（ism）字的使用频率来看，那些古文物收藏家也被打入另册，尽管他们在伊丽莎白时代晚期英格兰倡导的新学（New Learning）以及在盎格鲁撒克逊历史的“发现”（discovey）中，在以史料为基础的研究方面是先驱者。乡土史学家（local historian）也由于他们的乡土观念被降为史学界的劣等公民。口述历史更是遭到专业史家的质疑，口述历史被指责为采用幼稚的经验主义的方式来让事实自己说话。[①]

在指出史学界存在的这些不良现象之后，拉斐尔·萨缪尔进而对这些现象进行了分析。他认为，在这些现象背后隐含的是这样一种未能言明的假设（assumption），即知识是从上往下渗透的，这种假设实质上就是知识结构的等级观念。拉斐尔·萨缪尔为我们描述了这种金字塔式的知识结构：位于结构顶端的是那些精选的少数，他们引领着技术新潮，发掘新的文献资料，提出引人注目的设想；他们是埃尔顿（G. R. Elton）教授所说的“真实”历史的研究者，是历史专业中的重量级人物；他们用训练有素的思维来归整看起来杂乱无章的史料；他们的观点被写成学术论文，在学术刊物上发表，并在学术专著中得到进一步的阐述。居于知识的第二层级的是教科书，这些书籍将上一层的研究成果传授给学生大众。再下一层是那些兴趣爱好者，他们被嘲讽为“业余的脑科医生”（amateur brain surgeons）。这些人中地位最高

① Raphael Samuel, *Theatres of Memory*, Volume 1, Verso, 1994, p. 4.

的要算古文物研究者，他们从事着单调乏味的无关紧要的史料的搜集工作，待遇最差的要数那些神话故事的散播者。尽管这些人在专业史学家看来地位不高，但在拉斐尔·萨缪尔看来，他们的工作却十分重要，他们搜集原始史料，比如抄写教区登记册，发掘考古资料，这些原始史料是严肃的历史得以构建的基础。然而，因为他们只是真相的发掘者，因此被斥为见识短浅。徘徊在知识的金字塔边缘的地位更低的是那些兼职人员，他们中有评论员（commentator）和通讯员（communicator），这些人将当前学术上的争议向公众作断章取义的报道。至于那些历史传奇文学的作者以及“七星瓢虫”（Ladybird）书籍的插图画家，尽管他们会引起历史研究所茶室里聊客们的注意，然而他们却好像是外星人一样不为大众所知。[①]

拉斐尔·萨缪尔认为，造成上述现象的原因是一种森严的知识建构的等级观念在作祟。这种知识等级观念有如下特点：其一，它只注重研究工作，却忽视生存的条件，将大批在基层从事知识研究的工作者、女仆以及抄写员置之度外。而在拉斐尔·萨缪尔看来，这些人在任何时候都是不可或缺的，他们在历史作品中往往会“像幽灵般出现”（ghostly presence）。[②] 其二，它将一些有用的史学知识拒之门外。在这些知识中，首先遭到忽视的是16世纪的古墓搜寻（barrow-hunting）以及今天的家庭重建这样一些自己动手（do-it-yourself）的复原项目，尽管这样的项目导引了历史研究与写作的新的方向，并为具有历史思维的人开辟了一片史学探索的新天地。就教育方面来说，它限制了那些其他学科的边缘知识的进入。其次遭到忽视的是儿童戏剧（children’s theatricals）。在这些戏剧中，儿童扮演某个历史人物，如模仿纳

---

① Raphael Samuel, *Theatres of Memory*, Volume 1, Verso, 1994, pp. 4 – 5.

② Raphael Samuel, *Theatres of Memory*, Volume 1, Verso, 1994, p. 5.

尔逊勋爵（Lord Nelson）眯着眼从望远镜中远眺的动作，或者是装扮成郡长的样子。拉斐尔·萨缪尔认为，在这种表演过程中，儿童不知不觉地免费获取了历史知识。遭到忽略的第三个部分是在传统史学中具有重要价值的口述传统（oral tradition）。这种传统来自下层，这是历史的最底层，在这里，记忆与神话相互交织，想象与真实并行。拉斐尔·萨缪尔认为，这种形式的知识的特点是杂乱无章、零零碎碎，就像儿童在操场上互相学习的谚语和笑话那样，或者是像那些用来将断裂的故事接续起来的记忆不详的事件那样。尽管这种知识和各种传奇故事一样也经常写在小册子或者原版的编年史书中，但它的来源主要是口头传说而不是书面材料。①

鉴于专业史学的狭窄性、封闭性以及宗派主义趋向，拉斐尔·萨缪尔提出了研究大众的记忆的主张。拉斐尔·萨缪尔给我们描述了大众记忆的特点：从表面上看，大众记忆是书写的历史的对立物，它避免使用确定的概念，所采用的内容是预兆、怪事、迹象。它是按家系中的“代”（generations）来计算时间变化，而不是用世纪、时期或者10年期来计算。它没有时间的变化感，而是像神话故事那样将事情发生的时间确定为“过去的美好时光”（good old days），或者是“很久以前”（once upon a time）。它没有学究式的“原因”和“结果”，也没有学者所追寻的起源和转折点，只有“如今”（now）和“那时”（then）、“过去”（past）和“现在”（present）、新式的和老式的这样一些粗线条的对照。就历史的细节而言，大众记忆所偏爱的是那些古怪的、耸人听闻的人和事，而不是那些具有典型的、常规的人和事，神物和奇迹、滑稽和荒唐的故事都是其不可或缺的内容。比如，乔治三世（George Ⅲ）之所以被记得是因为他发了疯；爱

① Raphael Samuel, *Theatres of Memory*, Volume 1, Verso, 1994, pp. 5 - 6.

德华七世（Edward Ⅶ）之被记得是因为他有情妇；亨利八世（Henry Ⅷ）之被记得是因为他结了六次婚，并处死了他讨厌的妻子；等等。在拉斐尔·萨缪尔看来，那些在普通人心中留下深刻印象的事件不是“循序渐进的过程”（gradual process），而是充满恐怖和苦难的时代所发生的事件，它们是以大风暴、地震或者民变作为时间的断限。①

拉斐尔·萨缪尔之所以提出研究大众的记忆的主张，因为在他看来，历史的专业化并非历来就有的，而是19世纪以后的事；在此之前，历史学习并不总是以专业学习的形式表现出来，它往往是其他知识的学习与训练过程中附带的组成部分。拉斐尔·萨缪尔将这样的学习方式所获得的历史知识称为“非官方的知识”（unofficial knowledge）。他认为，在19世纪90年代以前，分科教育还只是特例，而没有成为制度。那时，为了测验学生的记忆力，学校才教授少量的历史知识，并进行测试。教学内容也只是英国君主的家谱表，还有一些“常识性的知识”（general knowledge），如国旗的起源、著名画家的姓名及其所在年代，等等。尽管在主日学校以及圣经课本中会系统地讲述宗教的历史，但世俗的历史知识是在其他知识的学习和训练过程中获得的。在童年早期，儿童学习历史课本是为了识字，历史课本是一种识字书。如1885年的《英国历史故事书》（*Story Book of English History*）中，在讲到英格兰和苏格兰之间的“联合法案”那一章时，将“爱丁堡”（Edinburgh）、“纽卡斯尔”（Newcastle）以及卡莱尔（Carlisle）列入生字表中，并将“联－合”（u-nion）、“平－等”（e-qual）二字挑出来既作为生词学习，也作为朗诵词进行朗读，当然也必不可少地对“国会”一词的定义进行解释（国家的立法与统治机构）。对年龄大一点的孩子来说，历史是作为范文被

① Raphael Samuel, *Theatres of Memory*, Volume 1, Verso, 1994, p. 6.

摘抄，伯克（Burke）、查塔姆（Chatham）、坎宁（Canning）或者西塞罗（Cicero）的演讲稿是演说中的珍品；历史歌谣，或者叙事诗，是进行阅读和朗诵的主要精神食粮，给课堂带来了浪漫的气息；即使如《英国历史问答》（*Catechism of English History*）这样工具化程度非常强的入门书，其每一部分也是以歌谣起首的。①

除了19世纪以前的学校课堂教学中作为附带内容传授的历史知识外，拉斐尔·萨缪尔还提到了另一种非正式的历史学习方式，就是有固定套路的历史辩论（set-piece historical debate）。在他看来，这种辩论是人们在道德和政治辩论中经常使用的手段，它表明了历史在19世纪的讲台演讲中的重要性。作为一种引人注目的演讲方式，或者说教育资源，这种历史辩论形式早在19世纪20年代就已经开始形成。如在1829年，牛津大学学生俱乐部（Oxford Union）就将历史作为公开辩论的主题，辩论的话题为："是查理的独裁还是那个时代的民主精神导致了克伦威尔领导的革命?" 1861年6月，伯明翰的工人激进分子在位于航行街（Navigation Street）希望与铁锚酒家（Hope and Anchor Inn）的辩论协会辩论这样的主题："亨利八世的改革是宗教改革还是政治改革，抑或是一种淫荡之举?" 当查理·阿曼（Charles Oman）还是个年轻的学生的时候，他在温彻斯特学校（Winchester School）的辩论协会上，首次为处决苏格兰的玛丽女王（Mary Queen of Scots）之举进行辩护："我认为玛丽女王之死对于欧洲的新教事业是绝对必要的。" 他的另一次慷慨陈词是："法国大革命的益处远远大于其不良影响。"②

可以看出，拉斐尔·萨缪尔对19世纪后的历史专业化存有

① Raphael Samuel, *Theatres of Memory*, Volume 1, Verso, 1994, pp. 6 – 7.

② Raphael Samuel, *Theatres of Memory*, Volume 1, Verso, 1994, pp. 7 – 8.

异议，对历史专业化所带来的封闭、狭隘、专制以及条块分割等现象尤其反感。在他看来，历史并非历史学家的专利，也不是像后现代主义者所说的那样是历史学家的“发明”；它是一种社会的知识形式，在任何情况下，它都是无数人共同劳动的结果。因此，在任何关于历史学的讨论中所提出的观点，就不应该是某个学者个人的成果，也不是相互对立的历史解释学派的成果，而是活动与实践的集合体，这个集合体不仅包含着历史的观念，而且也展现了过去与现在之间的辩证关系。从这个意义上，拉斐尔·萨缪尔认为，与其像海登·怀特（Hayden White）在其著作《元历史》（*Metahistory*），以及斯蒂芬·巴恩（Stephen Bann）在其著作《历史的发明》（*The Inventions of History*）中所作的那样，对文本进行解读，即仔细阅读一定数量人们经常翻阅的书，还不如对读者群进行研究，或者按文学批评中的“接受理论”（reception theory）[①] 对读者的接受过程进行研究；更为重要的是，要理解当历史知识从一种学习环节向另一种学习环节转换时所发生的想象的错位，比如，在文学经典被改编成电影剧本过程中，文字被翻译成影像时所发生的想象错位。[②]

① 接受理论是20世纪60年代兴起于联邦德国的文学理论，其代表人物有伊塞尔和汉斯赫伯特尧斯等。该理论把研究的重点放在读者的接受上，强调文本与读者之间的关系，从而使文学研究的倾向发生了由过去以作者—文本关系为中心转移到以文本—读者关系为中心的根本性变化。这种理论强调文学作品是一个过程，它包括两部分：从作者到作品的创作过程和从作品到读者的接受过程。该理论认为，作品文本只包含意义潜势，包含被各种期待视野对象化的可能性。不同时代对特定文学文本的理解，总是受该时代读者的期待视野的影响和制约，不同时代读者期待视野的变迁，会导致不同时代的读者对同一文学文本的理解、阐释和评价产生差异，正是这种差异，使一代读者与前代文学作品发生“对话”，使读者自身的期待视野获得对象化。每一时代的读者都是依据自己的期待视野使作品意义现实化。同一时代的读者，对同一文学文本的理解会因其期待视野的差异而有所不同，即使同一个读者，也会因其期待视野的变化，而对同一文学文本产生不同的理解和感悟。

② Raphael Samuel, *Theatres of Memory*, Volume 1, Verso, 1994, p. 8.

在拉斐尔·萨缪尔那里，大众的记忆是不同于专业历史的非官方的知识，是历史的重要组成部分。和专业历史研究相比，研究大众的记忆需要不同的证据材料和不同的研究方法。既然如此，那么怎样研究大众的记忆呢？或者说，哪些是属于大众记忆的内容呢？拉斐尔·萨缪尔为我们提供了几种方法，或者说提供了几种大众记忆的材料来源。

来源之一是充满了家族知识（family lore）的自传，包括那些儿童时代在祖父母膝下所听到的故事、传奇以及歌曲。他举了17世纪的古文物研究者约翰·奥布里（John Aubrey）的例子。奥布里曾声称，他能够用从他的保姆那儿学到的歌谣编一部起自诺曼征服的连续的英格兰的历史，而将他“早期的对古文物的强烈爱好”归因于受祖父的影响。他祖父是“旧时代”（old time）的人，仍然一副伊丽莎白时代的打扮。奥布里在自我描述中说，他从小就喜欢把老人作为活的历史来和他们交谈。①

来源之二是地方志（local lore）。拉斐尔·萨缪尔认为，公共历史（public history）的资料可以通过研究民间仪式（civic ritual）、街道的命名、文学或者政治雕像（political statuary）获得。然而，就研究非官方的知识以及大众记忆而言，他建议最好先从研究风景的特性（peculiarities of landscape）入手。比如，森林是精灵的常去之所；山洞是走私犯的巢穴；就像废弃的城堡和庙宇一样，每一块直立的石头都有一段传奇的故事；像空荡的房子一样，枯萎的树常常被看成是鬼怪出没的地方；等等。拉斐尔·萨缪尔告诫研究者，在研究这类知识的时候，应当特别注意人们将那些零碎的事物变成谜以及征兆的强烈愿望，也就是说，要关注那些主观的因素。因为在他看来，地方志与其说是被传承或者被传播的，还不如说是被制造出来的并得到夸大，以至于每一块石

① Raphael Samuel, *Theatres of Memory*, Volume 1, Verso, 1994, pp. 8 –9.

头都有一个故事。第二种是地名以及随同地名的、常常以词源的形式呈现的传说、历史等。拉斐尔·萨缪尔认为，这些知识往往以语源学的形式出现，围绕着这些知识产生了大量的文学。通过这些文学，研究者一方面在有些情况下可以追溯故事的起源；另一方面，可以从中观察片段的知识是怎样融会成一个整体的故事的。此外，拉斐尔·萨缪尔认为，研究者还应研究19世纪的记事册（datebook）。在他看来，这些记事册是地方志的重要材料，它们记载了那些在大众记忆中留下深刻印象的“非凡的”（remarkable）和引起社会轰动的事件。这些记事册中的内容大多来自当地的报纸，有时也掺杂一些口述的证言和目击者的回忆，通常还对这些内容冠以某某地方之“年鉴”（Annals）或者“记事”（Chronicle）的标题。尽管如此，拉斐尔·萨缪尔认为，这些记事册为我们提供了一整幅新的公共事件的画面。[①]

非官方的历史知识来源之三是学校的“隐性课程”（hidden curriculum）。[②] 在拉斐尔·萨缪尔看来，研究学校的“隐性课程”是探讨历史知识的非官方来源的另一有效途径。他指出，研究者在这里关注的焦点应该是孩子们在走廊和操场学到的零碎的知识，以及残存于歌谣、谜语和绕口令中的陈年往事；或者还可以将注意力放在那些历史角色扮演的初步的练习上，如在19世纪90年代铁环游戏（hoop game）中扮演“希腊人”（Greeks）和“特洛伊人”（Trojans），或者在1916年的铁环游戏中扮演“德国人”（Germans）和“英国人”（English）。拉斐尔·萨缪尔认为之所以要关注隐性课程，是因为即使在学校的教学大纲范围内，学生所获取的重要的历史知识不是来自于学习课程表内的历

① Raphael Samuel, *Theatres of Memory*, Volume 1, Verso, 1994, pp. 11 - 12.

② 隐性课程又叫潜在课程、潜隐课程或者隐蔽课程。它主要是相对于显性课程而言，指课程计划中没有明确规定的、无形的、隐藏于显性课程之外的但在学校教育中对学生的发展起着重要作用的那些课程。

史课，也不是来自阅读专门的历史书籍，而是来自其他的教育方面的训练。比如，制作罗马人的三层桨战船的模型，建造撒克逊人住的茅屋，或者扮装成阿拉瓦人（Arawak）的模样，这样的活动能让小学生初步接触过去的历史，而这些活动都是以一般的“话题”（topic）的方式进行的。①

非官方的历史知识的来源之四是电视。拉斐尔·萨缪尔对电视的作用非常重视，他认为电视在提供非官方历史知识的来源方面应享有最重要的地位。在他看来，电视以过去为背景，沿着记忆的航道不停地行进。通过重放老影片，电视能将汉弗莱·博加特（Humphrey Bogart）以及玛丽莲·梦露（Marilyn Monroe）这些故去的影星变成文化的偶像，它也能将观众带回到摄影棚对过去的再创造的过程中。它往往为电视情景喜剧（sit-com）选择古代的场景，利用周年庆典时机来进行一番回顾，以讣告的形式来重访从前的名人，回放过去电影的镜头。它不仅通过名人传记片的手段将重大事件个人化，而且还让个人时间与历史时间保持一致。②

在拉斐尔·萨缪尔看来，电视之于历史具有三方面的功能。首先，它为我们提供了一个完全静态的过去，它让我们看到那时的家庭是社会的支柱，“老式的”（old-fashioned）的美德无可争议，而且人人都有自知之明。这样的过去是模糊的，是我们逃避现在的混乱与变易的往昔稳定的避难所。其次，它让我们明白一切事物都在运动，我们处在一个瞬息万变的世界当中：长达一百年的美国历史仅用十几集就演完了，两次大战期间的英国历史被压缩成6个小时的时段，格拉斯哥的兴衰仅制成一个电视系列。最后，在电视中，过去往往被描述成恐怖之所，被描述为一系列

① Raphael Samuel, *Theatres of Memory*, Volume 1, Verso, 1994, p. 12.

② Raphael Samuel, *Theatres of Memory*, Volume 1, Verso, 1994, p. 13.

大灾难；而我们认为自己十分幸运地躲过了这些灾祸，比如奴隶在运输途中遭到毒打，押送死刑犯的囚车碾过巴黎街头，囚犯在监狱的院子里不停地来回走动，逃难的家庭将他们的财物堆在摇摇晃晃的马车上从农村逃到城市，等等。冒烟的废墟意味着闪电战，防毒面具代表第一次世界大战，带刺的铁丝网和砖头砌成的烟囱表示集中营。从意识形态上说，这种联系是杂乱的，一方面，电视提升了个人在历史中的地位，比如突出了那些伟大的艺术家、著名的发明家、战争领袖、报业大王、电影界的巨头；另一方面，它又是反英雄主义的，它坚持把普通人的日常生活放在首位，歌颂家庭在面对外界压力时所表现出来的适应能力。①

非官方的历史知识的来源之五是人们对往事的回忆、纪念品、古装戏以及学生的课外知识。自兰克以来，客观主义历史观占据西方史学的统治地位，兰克所主张的“如实直书”几乎成为西方客观主义史学的代名词。拉斐尔·萨缪尔对客观主义史学所提倡的提示历史的真相的主张是持怀疑态度的，他认为那不过是兰克的骗人的鬼话，在他看来，历史学家没有什么了不起。因此，他告诫那些以恢复“真实的”（as it was）历史为口号、把古物当成自己专业的护身符的职业历史学家们，不能鄙视人们对往事以及纪念品（memorabilia）的兴趣，不能鄙视大众对古装戏的爱好，也不能鄙视复古的时尚。同时他也告诫历史老师，不要对课外知识的获取漠不关心，因为在他看来，这种课外的知识打乱了学习的程序，改变了学习的方向，并且创造了其自身的另一种历史。同时，他还认为，历史学家应该注重对历史自身生存条件以及出现的各种不同的历史版本的原因进行研究。在他看来，对过去的理解同过去所发生的事情一样，都属于历史的范畴，二者是不可分的。②

---

① Raphael Samuel, *Theatres of Memory*, Volume 1, Verso, 1994, pp. 14 – 15.

② Raphael Samuel, *Theatres of Memory*, Volume 1, Verso, 1994, p. 15.

非官方的历史知识来源之六是传说。拉斐尔·萨缪尔倡导对非官方的历史的研究，在他看来，历史研究的题材就是过去的记录和残余物。从这个意义上说，他认为，传说的历史应当同伊丽莎白时期的外交政策或者教会与国家的关系一样，被纳入正统的历史研究的范围因为它们都属于过去的记录和残余物。因此他提出，穷孩子迪克·惠灵顿（Dick Whington）或者他的盎格鲁·撒克逊前身汤姆·汉克斯雷夫特（Tom Hickathrift）最后取得成功的故事，和戴着红帽子的红衣主教贝尔福特（Cardinal Beaufort）或者纽卡斯尔公爵（Duke of Newcastle）和他的口袋选区的故事一样，都是英国历史的一部分，而且从人物的理想的形成的角度来看就更是如此。类似的还有中世纪传奇中的反叛英雄（outlaw hero）的故事。关于这些故事，重要的并不在于故事出自何处，而在于神话的变幻无常的特性。[①]

非官方的历史知识之七是民谣、歌曲、小说或者诗歌等文学形式。在史料方面，拉斐尔·萨缪尔认为，民谣或者歌曲、小说或者诗歌和房产契据册一样是历史文献，文学是历史研究不可或缺的组成部分。历史研究不一定要使用档案材料，比如，莎士比亚的历史剧中就根本没有提及国会一词，他在历史剧《约翰王》（*King John*）中对大宪章也未置一词。因此，拉斐尔·萨缪尔主张研究历史不妨从研究文学开始。比如，《鲁宾逊漂流记》（*Robinson Crusoe*）就是研究英国的个人主义、企业文化，或者是海外殖民的好起点；《黑骏马》（*Black Beauty*）[②] 可以作为研究 19 世纪英格兰人的性别与阶级的基础性著作，它和萨缪尔·斯迈尔斯（Samuel Smiles）的著作《自助》（*self-help*）一样，是理解“维

---

① Raphael Samuel, *Theatres of Memory*, Volume 1, Verso, 1994, p. 15.

② 《黑骏马》是英国作家安娜·塞维尔（Anna Sewell）的第一部也是唯一的一部小说。小说以第一“马”称的角度，以自传式的方法记叙了一匹名叫“黑骏马”（Black Beauty）的优种黑马的一生。

多利亚价值观”（Victoria Value）的途径之一。[①]

我们知道，兴起于20世纪60～70年代的新社会史学派以史学的民主化为己任，和过去从上至下研究历史的方法不同，他们开始从下至上研究历史，关注下层人民的日常生活；认为只要把研究“普通”人民及其“日常”生活作为自己的目标，那么就能完成历史民主化的使命。尽管曾经是新社会史学派的一员，拉斐尔·萨缪尔认为问题远非那么简单。他觉得，只要我们像对传统的历史记录那样对大众的记忆进行仔细研究，观察某一人物或者事件的历史形成过程，就会发现上述新社会史学派的观点存在问题。因为大众记忆表明，令听众、读者和观看者感兴趣的仍然是那些非同寻常的事件和传奇人物，即使“普通”的生活成为历史的主题，那也是因为这种生活在回顾起来时变得很神奇。[②]

此外，拉斐尔·萨缪尔还认为，非官方的历史知识还包括19世纪的历史读物，甚至包括那些初级读物和抄本。在他看来，这些读物比后来的读物更接近于大众的记忆。它们就像今天的小报那样，使人们认识到政治的人性方面，将所接触到的一切事物个人化。这些读物非常注重描写人物，对王室的私人生活津津乐道；它们到处搜寻故事，并急急忙忙地把这些故事弄到手，全然不顾这些故事是虚构的还是真实的。灾难的场面感动着这些读物的作者们，如果需要的话，为了荣誉，他们还会同国家的敌人站在一边。比如，19世纪哥特式的浪漫故事中被判死刑的苏格兰的玛丽女王（Mary Queen of Scots）和圣女贞德（Joan of Arc）就曾是少男少女们崇拜的偶像。同时，19世纪的历史读物也证实了沃尔特·斯各特爵士（Sir Walter Scott）的名言，即让大众记忆犹新的是灾难，而不是历史进步的记录。这些读物中所描写的

---

① Raphael Samuel, *Theatres of Memory*, Volume 1, Verso, 1994, pp. 15－16.

② Raphael Samuel, *Theatres of Memory*, Volume 1, Verso, 1994, p. 16.

都是恐怖的事件和暴行，紧接着诺曼征服这个民族历史上最伟大的事件后的就是黑死病、瘟疫和伦敦大火；伦敦塔里谋杀小王子的事件也独立成章；法国大革命被描写成恐怖事件，死囚车和断头台成为血腥屠杀的象征。[①]

第三节 “看不见的手”

“看不见的手”（invisible hand）是英国著名的古典经济学家亚当·斯密曾经使用过的概念。他说，“由于每一个人都力图可能地使用他的资本去支持本国劳动，并指引劳动产品具有最大的价值……在这种场合，也像许多其他场合一样，他被一只看不见的手引导着，去达到一个他无意追求的目的。虽然这并不是他有意要达到的目的，可是对社会来说并非不好。他追求自己的利益，常常能促进社会的利益，比有意这样去做更加有效”。[②] 在史学理论中，拉斐尔·萨缪尔也使用了“看不见的手”这一概念，只不过两人在使用这个概念时所表示的含义不同。斯密所说的“看不见的手”，指的是客观经济规律；拉斐尔·萨缪尔的“看不见的手”的概念是复数，所代表的是无数默默无闻地在幕后为历史研究工作作出贡献的各行各业的人群。尽管如此，二者的重要性则是相同的，亚当·斯密的“看不见的手”是在经济运行中起决定作用的力量；拉斐尔·萨缪尔的“看不见的手”虽然没有被冠以史学家的美誉，然而在他看来，他们是历史研究中不可或缺的组成部分，在史学活动中发挥着至关重要的基础性的作用。

拉斐尔·萨缪尔的“看不见的手”所包括的人群范围相当

① Raphael Samuel, *Theatres of Memory*, Volume 1, Verso, 1994, p. 16.

② 〔英〕亚当·斯密：《国富论》下卷，杨敬年译，陕西人民出版社，1999，第 502～503 页。

广泛。第一类人群是那些撰写新型历史题材的侦探小说的作家(historical whodunnit)。他们的小说非常走红，以至于学者们也开始涉足。比如撰写维多利亚时期侦探小说的大师彼得·拉佛塞（Peter Lovesey）就是这样的小说家，他对煤气灯下的伦敦状况的研究就对19世纪下层人民的生活进行了大量的描述。另一个著名的推理小说家埃莉斯·彼得斯（Ellis Peters）在其中世纪推理系列小说《卡德菲兄弟》(*Brother Cadfael*）中就有整页整页的诺曼征服时期的英国史的内容，她还用泥金装饰手抄本（illuminated manuscript）作为书的护封。[①]

“看不见的手”的第二类人群活跃在传播非官方的历史知识的考古学领域。这类人中有绘制《摩登原始人》(*the Flintstones*)这个描述石器时代家庭的动画片的绘制者。他们曾为20世纪60年代的电视观众描绘了旧石器时代人们生活的基本情况，现在又为故事片制作动画。其中有像罗温·艾金森（Rowan Atkinson）那样的喜剧大师，他所主演的电视连续剧《黑蝰蛇》(*Blackadder*)曾为一代电视迷们重现了英国历史上的传奇经历。拉斐尔·萨缪尔认为，像他这样的独角喜剧演员同御定教席的获得者（holder of a Regius chair）一样引人注目。也有户外博物馆的经理和博物馆里不断增加的工作人员。在拉斐尔·萨缪尔看来，他们在培育大众对过去的兴趣方面所作的贡献，远比那些雄心勃勃的部门的领导者大得多。此外，还有那些金属探测人员，他们被拉斐尔·萨缪尔称为“考古发掘中佩戴电子仪器的牛仔”，他们的发现为扩大罗马统治时期英国人居民区的版图作出了重要贡献。[②]

拉斐尔·萨缪尔的第三类“看不见的手”活跃在文学领域。中国自古就有“文史不分家”之说。在西方，自古希腊时代起，

---

① Raphael Samuel, *Theatres of Memory*, Volume 1, Verso, 1994, p. 17.

② Raphael Samuel, *Theatres of Memory*, Volume 1, Verso, 1994, pp. 17 – 18.

历史和文学几乎也是混同在一起的，只是到了19世纪，兰克才将历史从文学中分离出来，使之成为一名独特的“科学”，因此，兰克也获得了“近代科学历史学之父”的美誉。[①] 尽管如此，历史学和文学之间的联系似乎并未就此割断。随着兰克史学的过时，历史学的科学性也越来越遭到质疑。“近几十年来越来越多的历史学家就达到了这样一种信念，即历史学是更紧密地与文学而不是与科学相联系着的”。[②] 罗兰·巴尔特（Roland Barthes）在20世纪60年代和海登·怀特在20世纪70年代都强调历史文本的文学特性以及它们不可避免地所包含的虚构成分。伊格尔斯也承认，“历史学显然是具有文学性质的”。[③] 拉斐尔·萨缪尔同样不否认历史学的文学性，他认为，历史是“文学作品的一种形式”；[④] 历史作为文学作品的一种形式，它是成千的不同的人工作的结果。在他看来，捉刀人（ghost-writer）是这成千人中的一员，书、专著以及学术杂志上的文章都是靠一大群这样的人来完成的。此外，这成千人还包括编索引的人、文字编辑、校对以及从前的打字员，没有他们，书根本不可能存在。拉斐尔·萨缪尔甚至将学者们的妻子也归入这成千人之列；尽管在著作从头至尾的完成过程中，每一行文字都含有她们的劳动，然而她们所得到的不过是一句感谢话而已。语言学家、早期英语教科书协会的创建人弗尼瓦尔（F. J. Furnivall）就是一个很好的例子，他曾为找一个文书助理而结婚两次，还曾雇用了一群女助手来协助他进行语言学研究。盎格鲁－撒克逊语学家、《牛津英语词典》（*Oxford English Dictionary*）的首席编辑詹姆

① “史学理论丛书”编辑部：《当代西方史学思想的困惑》，中国社会科学出版社，1991，第148页。

② 伊格尔斯：《二十世纪的历史学》，辽宁教育出版社，2003，第10页。

③ 伊格尔斯：《二十世纪的历史学》，第13页。

④ Raphael Samuel, *Theatres of Memory*, Volume 1, Verso, 1994, p. 18.

士·默里（James Murry）则是另一个例子。[①]

在拉斐尔·萨缪尔看来，第四类历史女神克里奥的“看不见的手”活跃在中世纪研究领域。在这类人中，拉斐尔·萨缪尔首先提到的是20世纪20年代受雇于“都铎王朝教会音乐工程”（Tudor Church Music Project）的音乐家们。他们抄录教堂的残存书籍，在修道院的档案中搜寻原始文稿。其次，拉斐尔·萨缪尔提到的是为学者和作家工作的抄写员。这些人虽然在乔治·吉辛（George Gissing）的《新寒士街》（*New Grub Street*）中有所提及，但他们被埋没在不列颠博物馆（British Muesum）幽暗的深处不为人所知。再次，拉斐尔·萨缪尔提到的还有年轻的历史专业的毕业生。这些人均为女性，其中的大部分人是中世纪研究者。在《维多利亚郡史》（*Victoria County History*）的早期编纂过程中，她们承担资料搜寻、查漏补缺的任务，给她们分派工作的脾气乖戾的老托利党人朗德（J. H. Round）诙谐地称她们是“平凡而出色的姑娘们”（wonderfully plain girls）。尽管如此，她们名字既没有出现在书的扉页中，也没有出现在单个的条目中。此外，拉斐尔·萨缪尔还将“看不见的手”称号给予了缝纫女工。这些缝纫女工在罗兹卡·帕克尔（Roszicka Parker）的《颠覆性的针脚》（*The Subversive Stitch*）中略有提及，她们为新举行仪式的教堂的室内布景缝织祭台布、挂毯以及刺绣品。[②] 这些人尽管默默无闻，但在拉斐尔·萨缪尔的眼中，她们是为19世纪的中世纪的历史研究作出贡献的无名英雄。

第五类“看不见的手”是那些从事历史研究的基础性工作以及从事档案和资料整理工作的人。这些人包括下列几种人。第一种是古文字学者，他们为无名的古迹命名，为没有标明日期的

---

① Raphael Samuel, *Theatres of Memory*, Volume 1, Verso, 1994, p. 18.

② Raphael Samuel, *Theatres of Memory*, Volume 1, Verso, 1994, p. 18.

古物鉴定时期；第二种是档案保管员，他们为律师整理积累起来的文件，并为租契和遗嘱编制索引；第三种是编目人员，他们为图书馆的书籍编目，以方便公众阅读；第四种是从事文物保护的官员，他们在幕后承担着为文物做神奇的修复工作。[①]

第六类“看不见的手”是图书管理员。拉斐尔·萨缪尔认为，他们是历史职业中的战略家之一。在他看来，这些人不仅管理图书，而且还兼任编目的职责，将那些至今尚无人涉足的领域标示出来。在馆藏图书转到大众手中的过程中，他们扮演着诚实的经纪人的角色。在那些本土历史出现危机的地方，他们还经常担任主角。19 世纪 90 年代和 20 世纪初所进行的“纪录和调查”运动（Record and Survey movement）就是这样的例子。这场运动保留了大量、现已消失的城市景观的老照片和地形资料，这其中城市和自治区的图书管理员起了重要的作用，他们使人们了解了这场运动，他们的图书馆也成了这些藏品的贮藏室。后来到了 20 世纪 60 年代和 70 年代，在通过展览和出版物将这些藏品展示给公众的过程中，他们也起了最主要的作用。同样，战后本土历史的恢复也应归功于各郡县的档案馆。总之，在拉斐尔·萨缪尔眼中，图书管理员的工作对历史研究是十分重要的。他甚至认为，图书馆服务水平的下降，本土历史收藏物的破损，本土历史或者自治区图书馆员职位的取消，以及即将进行的郡县级档案馆的重组，这些因素和研究生经费的削减一样都是对将来历史学研究的威胁。[②]

拉斐尔·萨缪尔将编目人员归为第七类历史女神克里奥的“看不见的手”。他指出，近年来书目的数量和范围急剧地扩大，一部分原因是由于信息技术革命，另一部分原因是由于学科专业

---

① Raphael Samuel, *Theatres of Memory*, Volume 1, Verso, 1994, p. 18.

② Raphael Samuel, *Theatres of Memory*, Volume 1, Verso, 1994, p. 19.

的增加，而在古董收藏热的影响下，收藏者手册和指南之类的书籍急剧增多。相比之下，在30年前，目录学相对于历史研究来说是滞后的，只是偶尔有些有价值的大部头的书目出版，比如皇家历史协会（Royal Historical Society）编制的那些英国历史的著作目录。不过，在拉斐尔·萨缪尔看来，今天的编目人员则是先发制人，将学术资料运用于研究者们还不曾涉足的课题和专业上，比如马丁·霍伊尔（Martin Hoyle）关于庭园的历史就是一例。①

拉斐尔·萨缪尔所列举的第七类“看不见的手”是收藏家大军。他认为，无论是在实物文化还是书面文字方面，这些人都常常能预见到学术在未来发展的方向。比如，17世纪的乔治·托马森（George Thomason）就是一例。这位伦敦的文具商在1641～1662年设法收集了约2.3万份内战时期的传单、报纸和书籍，这些资料刚一印出来就被他抢购到手，他将这些资料装订成1983册，最后成了20世纪的学者们对平等派和掘土派进行解释的权威资料。萨缪尔·佩皮斯（Samuel Pepys）是另外一例。他所收集的用黑体字（black-letter）写成的民谣和海报收藏在剑桥大学麦格达伦学院（Magdalene College），成为麦考莱版（Lord Macaulay's version）的“从下往上看的历史”（history from below）的灵感的源泉之一。此外，还有那些保皇主义的古文物收藏家，如托马斯·赫恩（Thomas Hearne）和爱德华·雷默（Edward Rymer），他们所编制的史料选集被一代又一代的中世纪研究专家所使用。②

拉斐尔·萨缪尔对收藏家的收藏行为在历史研究中的作用是十分赞赏的。在他看来，收藏家们发现那些存留期短的印刷品（printed ephemera），并将它们纳入图书馆的馆藏和博物馆的展览

---

① Raphael Samuel, *Theatres of Memory*, Volume 1, Verso, 1994, p. 19.

② Raphael Samuel, *Theatres of Memory*, Volume 1, Verso, 1994, pp. 19 - 20.

之列，这样的举动扩充了历史的观念，将历史研究的聚光灯瞄准了那些过去被认为是上不了台面的题材。针对人们对收藏家们的指责，说他们痴迷、污秽、不分青红皂白地将所选的领域里的所有东西一古脑地都收入囊中，拉斐尔·萨缪尔提出了自己的看法。他认为，收藏家们这种不顾一切的狂热行为常常被证明是具有预见性的，他们在即将被人丢弃或者焚烧的东西中寻觅，他们是我们的图书馆、画廊以及博物馆的真正的设计师，他们离历史研究的斯文加利（Svengali）[①] 只有两三步之遥。[②]

被拉斐尔·萨缪尔列为第八类“看不见的手”的人群是插图画家。他将插图画家分为两类，一类是古董和考古插图画家，比如那些为18世纪晚期的旅行指南作装饰画的画家。在他看来，这些人是维多利亚中世纪精神的化身，他们将修道院遗下来的、被毁坏了的、空空荡荡的唱诗班的坐席画成人们非常熟悉的绅士的座位的样子。托马斯·佩南特（Thomas Pennant）在地质学的发现以及史前史的发明之前，就在他的书上画上巨石阵的插图。后来，古董插图画家们成为沃特·斯各特爵士（Sir Walter Scott）浪漫的中世纪精神的卓有成效的宣扬者。他们的插图囊括了高夫（Gough）的《大不列颠的墓碑》（*Sepulchral Monuments of Great Britain*）和斯托萨德（Stothard）的《纪念碑的雕像》（*Monumental Effigies*）的全部内容。他们的插图还被卡姆登协会（Camden Society）的教堂建筑学家们（ecclesiologists）大量使用，为重新恢复中世纪鼎盛时期的教堂室内陈设做宣传。此外，19世纪早期和中期郡县的历史也带有他们的印迹，而19世纪50~60年代间档案协会所进行的交易也以他们所做的洗礼盘、教堂中殿

---

① 斯文加利是英国小说中的人物，他用催眠术可以使人唯命是从。拉斐尔·萨缪尔这里将收藏家比作斯文加利，意在表明收藏家在历史研究中的重要作用。

② Raphael Samuel, *Theatres of Memory*, Volume 1, Verso, 1994, p. 20.

以及肖像的雕版印刷品为特色。[①]

另一类是通俗插图画家。在拉斐尔·萨缪尔看来，他们在维多利亚中期向伊丽莎白时期转型，在塑造更具新教特点的“快乐的英格兰”（Merrie England）形象以取代柯柏特（Cobbett）、卡莱尔（Carlyle）和普金（Pugin）所塑造的中世纪英格兰形象的过程中起了重要的作用。画家弗利斯（W. P. Frith）的画作《昔时成年》（*A Coming of Age in the Olden Times*）就是最流行的维多利亚时期的出版物。像查尔斯·肯恩（Charles Kean）所进行的莎士比亚“考古复兴”，以及约翰·吉尔伯特（John Gilbert）为博伊德尔（Boydel）的《莎士比亚》（*Shakespeare*）所作的版画，树立了伊丽莎白时代鲜明的维多利亚观念，这种观念后来被证明是非常牢固的。在树立对伊丽莎白时代兴趣的过程中，至关重要的作品是普金的学生、建筑师约翰·纳什（John Nash）的多卷本著作。他在1840～1844年发表的著作《历史上著名的大厦》（*Historic Mansions*）和另一部著作《英格兰的豪华大厅》（*Baronial Halls of England*），不仅将豪华古宅提升到令人崇敬的至高地位，同时也将伊丽莎白时代立为本土的启明星。[②]

拉斐尔·萨缪尔所列举的第九类“看不见的手”是那些用图像再现过去的视觉记忆保持者（visual memory-keeper）。在拉斐尔·萨缪尔看来，这些人是历史学的“小工”（underlabourer）。在宗教领域，这些人中有缝织贝叶挂毯[③]（Bayeux tapestry）的默默无闻的妇女，也有将神圣的历史变成彩色玻璃窗和壁画的教会画家，还有将家族的盾徽刻于印章、旗帜和坚固的要塞之上的纹章雕刻师。在宗教与世俗的交叉点上，最重要的要算石匠、雕刻

① Raphael Samuel, *Theatres of Memory*, Volume 1, Verso, 1994, pp. 21－22.

② Raphael Samuel, *Theatres of Memory*, Volume 1, Verso, 1994, p. 22.

③ 贝叶挂毯：可能制成于12世纪，长231米，宽20米，上面绣有诺曼人征服英格兰的历史场面，收藏于法国贝叶博物馆。

匠以及金匠，是他们为教堂制作了栩栩如生的雕像，在《慈爱》(misericordia) 中再现省城生活的场景。此外，这些人还包括工匠行会的成员，他们从事神迹剧（miracle play）、道德剧的制作和表演；他们也创作民间戏剧和制作狂欢节的彩车，这些戏剧和彩车在中世纪晚期将民间的仪式变成街头戏剧和伊丽莎白时期舞台的雏形。①

在拉斐尔·萨缪尔看来，中世纪的记忆保持（memorykeeping）几乎是人人都参与的一项公共活动，只不过有的人是作为观众参与其中，而有的人是作为听众参与其中。因此，在研究中世纪历史时，下列人群就成为第十类"看不见的手"：在习俗与法律传承过程中起重要作用的老年人，即使在书面的文件出现以后，他们的话也相当受人们重视；教区行会（parish guild）和兄弟会的成员，他们为过世的人保存了祷文等资料；那些将《圣经》故事改编成戏剧在礼拜日上演的人；匍匐在圣徒和殉教者的遗物下，对这些神奇的故事深信不疑的大众。②

拉斐尔·萨缪尔认为，在 19 世纪，历史成为一门伟大的公共艺术；历史专业的从业者享有学者的崇高地位，其地位即使不如诗人，但也肯定比小说家要高。在这种情况下，他呼吁我们不仅要关注那些构成历史作品特点的新的文学形式以及历史研究的方向，同时更要关注构成文学的下层。这些下层人类成为他所关注的第十一类"看不见的手"。这些人中有雇佣文人，是他们为儿童月刊撰写了鼓和号的历史（drum-and-trumpet history）；有可怜的教师，是他们为主日学校的奖品书（prize-book）撰写了英雄的传记；还有那些生活在颠沛流离中的文学女士（literary lady），是她们为慈善的历史开辟了一隅并传播了有用的历史知识。③

① Raphael Samuel, *Theatres of Memory*, Volume 1, Verso, 1994, pp. 23 – 24.

② Raphael Samuel, *Theatres of Memory*, Volume 1, Verso, 1994, p. 24.

③ Raphael Samuel, *Theatres of Memory*, Volume 1, Verso, 1994, p. 24.

在拉斐尔·萨缪尔看来，对增强 19 世纪的历史意识起同样重要的作用的还有大众教育人士的群体，这些人构成了第十二类“看不见的手”。他们通过演讲、展品、初级读物以及手册的形式，将 19 世纪的不列颠变成自然历史的橱窗。他们在海边度假时就搜集化石，参观历史名胜时就从事考古或者是地质调查，在乡下散步时就注意收集动植物标本，并在自己家中建立起自然历史博物馆。这些人中有迷恋于家谱的乡绅，有自学成才的石匠和梳毛工，有钱币收藏家，还有那些热衷于发现史前遗迹的植物协会的成员以及博物学家。[①]

在拉斐尔·萨缪尔那里，历史是一种大众的活动。他所说的历史学的职业也是一个复数的概念，就是说，历史工作者不仅仅指历史学家。他认为我们应当对那些历史的小工表示适当的敬意，因为没有他们历史的事业将会归于失败。因此，他建议历史学职业也应该给下列人群留有一小块位置，首先是图片编辑（picture researcher）。在拉斐尔·萨缪尔看来，图片编辑是新型的克利奥记录者（Cliographer），就大众历史出版物或者大型画册以及周日彩色增刊（Sunday colour supplement）来说，他们的存在有赖于 20 世纪 60 年代的照相平版印刷的革命。其次是电视技术员、电影剧作家、电影胶片保管人员。电视技术员的工作是使电视纪录片的声像同步，电影剧作家的任务是将经典著作改编成电影，电影胶片保管人员的职责是对胶卷进行拼接和挑选。此外，还有为 BBC 的历史节目“时代瞭望”（Timewatch）栏目竞标的独立公司。[②] 这些人群构成历史研究中的第十三类“看不见的手”。

此外，下列两种人群也被拉斐尔·萨缪尔纳入了英国历史记忆保持者的行列。一种是自己动手的负责人（do-it-yourself curator）

① Raphael Samuel, *Theatres of Memory*, Volume 1, Verso, 1994, pp. 24 – 25.

② Raphael Samuel, *Theatres of Memory*, Volume 1, Verso, 1994, pp. 25 – 27.

和小型博物馆。自己动手的负责人的作用是在商业公司的招待区（reception area）竖起陈列柜，对企业的历史进行自我展示。小型博物馆指的是由家庭改造而成的一种小型的历史圣地。在英国人的家中，人们挂出经过放大且外加相框的老照片，以展示家人的肖像，摆出有维多利亚时代填充物的松鼠，把它当成传家宝（make-believe heirloom）。另一种人是那些专门购买便宜货的人（bargain-hunter），这些人从跳蚤市场和旧货市场中淘来各种各样的收藏品，或者用每日的短期存留物（ephemera）来为未来建立档案。①

纵观西方史学发展史，可以说总体上是向着民主化方向前进的。西方史学的民主化以19世纪末20世纪初鲁滨逊为代表的新史学派的出现为重大转折点，政治史、军事史、英雄人物的历史独占统治地位的局面被打破，历史研究对象的范围空前扩大。“从最广泛的意义上说，历史学包括人类自出现在地球以来所做或所想的一切事情的所有轨迹，它可以大到描述民族的命运，小到描绘最平凡的个体的习惯和情感”。② 第二次世界大战后，以E. J. 霍布斯鲍姆和E. P. 汤普森等人为代表的英国的马克思主义史学派异军突起，他们强调研究总体的“社会的历史”，提出“从底层向上看的历史”等主张，下层人民的生活成为他们历史研究的主题。鲁滨逊、E. J. 霍布斯鲍姆和E. P. 汤普森等人对史学民主化的贡献无疑是巨大的。尽管如此，在笔者看来，他们所提倡的民主化似乎仅限于历史研究的对象方面，而就历史研究主体的民主化则很少提及。拉斐尔·萨缪尔就填补了这方面的空白，从生活在社会底层的缝纫女工到具有高度文学艺术修养的作家、音乐家，从不名一文的石匠和梳毛工到可能拥有相当家产的

① Raphael Samuel, *Theatres of Memory*, Volume 1, Verso, 1994, p. 27.

② 转引自李勇《鲁滨逊新史学派研究》，安徽人民出版社，2004，第136～137页。

古董收藏家，从默默无闻的图书馆员到掌握了现代技术的影视制作人，几乎所有行业的人都被拉斐尔·萨缪尔列入历史工作者的行列中，其范围之广、人数之多也许是一般人和其他史学家没有想到的。拉斐尔·萨缪尔将那么多的在史学上默默无闻的人列入史学工作者的行列，这对职业的史学家及其所从事的高尚工作来说，似乎有喧宾夺主的嫌疑，似乎在故意冷落和贬抑职业史学家，然而事实并非如此。在笔者看来，拉斐尔·萨缪尔其实是在强调历史研究的基础的重要性，同时也是对史学社会科学化之后史学家在研究过程中条块分割、“拥史自重”的批评。实际上，拉斐尔·萨缪尔所列举的这些“看不见的手”，尽管相对于职业史学家来说，其史学专业知识非常缺乏，其所从事的史学工作也只是零敲碎打，或者从严格的意义上来说，有的根本算不上史学工作，但这些人及其工作对历史研究来说是不可或缺的基石。因此，从这个意义上说，拉斐尔·萨缪尔的主张从理论上拓宽了历史工作者概念的范围，打破了历史研究的神秘感，否定了职业历史学家对历史学的垄断权，这就从另一方面拓展了历史研究大众化和民主化。

拉斐尔·萨缪尔的史学研究大众化的思想不仅仅是停留在理论层面上，他还将其付诸实践。他在牛津大学腊斯金学院（Ruskin College Oxford）任教期间，利用学院这个平台推行他的主张，发起了历史工场运动，其目的是“鼓励男女工人写自己的历史，而不至于让其遗失；或者以第二手和第三手资料的方式来进行学习，让他们成为（历史的）生产者，而不是消费者，让他们用自己的经历和理解来对过去的记录施加影响”。[①] 在这场运动中，他鼓励学生自己动手撰写历史，而他的学生绝大部分是些来自工

① Raphael Samuel, *Village Life and Labour*, Routledge & Kegan Paul Ltd, 1975, p. 20.

厂的、没有多少文化的成年工人，他在这方面的工作应该说是卓有成效的。因为“他不仅了解他的学生内心的想法，而且还让这些想法得到释放，变成书面的以及口头的论述”。[①] 作为历史工场运动重要组成部分的学术刊物《历史工厂杂志》（*History Workshop Journal*）的特殊使命就是：“发现并培养具有各种称呼的‘工人历史学家’（worker historians）以及‘初次作家’（first time writers）”。[②] 关于历史工场运动，笔者将辟专门一节予以介绍，此处不再赘述。

历史研究主体的民主化和大众化主张应该说是拉斐尔·萨缪尔史学理论的独创。如果正如比尔·施瓦兹（Bill Schwarz）所说的那样，拉斐尔·萨缪尔是一个“工作在学科边缘的学者”，一个“边缘人”，却不断地向中心施加压力，[③] 那么，拉斐尔·萨缪尔的这一理论既是对正统的史学理论的挑战，也是对以往史学民主化理论的发展和必要的补充。

第四节 理论与历史研究

史学大师费弗尔于 1933 年在法兰西学院开第一堂课时，曾希望后人能给他以“关心概念和理论”的评价。[④] 费弗尔的希望与其说是他作为一代杰出的史学家的学术追求，毋宁说是他对历史学家们的警示，其所反映的是史学研究脱离理论的现实和趋势。历史学是研究历史的学问，它所关注的是过去所发生的个别

---

① John Prescott, “Genuine Love for Others”, *The Guardian*, 11 December, 1996.

② Raphael Samuel, *History Workshop: A Collectanea 1967 – 1991*, *History Workshop 25*, 1991, p. 108..

③ Bill Schwarz, “Obituaries: Keeper of Our Shared Memory”, *The Guardian*, December 10, 1996.

④ J. 勒高夫、P. 诺拉、R. 夏蒂埃、J. 勒韦尔：《新史学》，上海译文出版社，1989，第 39 页。

的历史事件，所表现的是特殊性，它具有历时性。理论则是高度抽象的东西，所探寻的是事物的普遍性和规律性，它具有共时性的特点。或许是由于史学与理论所追求的目标不一致，且它们的特性又迥然不同，人们往往将这二者看成是不相容的东西。英国学者伯克将历史学家和社会理论家之间的切磋说成是“聋子之间的对话”。[①] 在伯克看来，历史学家对待理论的态度是相当随便的：“不同的、或者不同类型的历史学家通过不同的方式找到了不同理论的用途所在。这些理论有的被当成一个涵盖一切的框架，有的只用于解决单个问题。还有些历史学家干脆将理论拒之门外”。[②] 托马斯在谈到当代英国史学时也发出类似的感叹：“英国史学总的特征是高度经验主义的，不十分关心理论……”[③] 相比之下，其他学科的学者对理论的态度则不同，他们“更经常、更明确、更严格、更自豪地运用概念和理论”。[④] 而这种对理论的不同态度也就成为历史学家和其他学者发生误解和冲突的根源。作为一位知名学者，伯克的话当然不是空穴来风，历史学和理论的脱节确实令人担忧，也引起了一些思想敏锐的历史学家们的警惕和重视。拉斐尔·萨缪尔就是其中之一。

拉斐尔·萨缪尔注意到当今的历史研究中一些轻视理论的不良现象：历史学家们除了在就职演说这样正式场合外，他们不喜欢反思自己的作品；他们尽量回避对自己的目标作总体性的陈述，从不尝试就其所进行的研究建立某种理论；他们怀疑正统，厌恶抽象，以其怀疑能够博得人们的评价或者能够打破惯例、增加特例为乐事；当出现概念上的困难时，他们本能地在“事实”中寻求答案并继续完成其工作，而不是停下来进行哲学的思考；

① 〔英〕彼得·伯克：《历史学与社会理论》，上海人民出版社，2000，第2页。
② 〔英〕彼得·伯克：《历史学与社会理论》，上海人民出版社，2000，第1页。
③ 何平：《托马斯博士谈英国史学》，《史学理论》1988年第4期，第51页。
④ 〔英〕彼得·伯克：《历史学与社会理论》，上海人民出版社，2000，第2页。

他们首先将自己看成是研究员、专心致志的听众、近距离的观察者，受一种富于想象力的、对过去的怜悯心以及对原稿和实物残留的直觉上的同情感所导引；他们的研究是按证据而不是其所要解释的现象来设计的，其论证是通过推断和例证来完成的；他们将阐述尽可能地包含在“调查结果”（findings）之中，即在对事实的选择与阐释之中，而对事实本身则毫不迟疑；等等。[①]

拉斐尔·萨缪尔把以上这些现象称为“对理论的敌意”（hostility to theory）。[②] 在他看来，这种对理论的敌意从古代就开始，到冷战时期达到顶峰，而且带有浓厚的意识形态倾向，其主要攻击目标是马克思主义。那时，包括整个英国的知识分子群体在内的历史学家们，在“方法论个人主义”（methodological individualism）口号的鼓舞下，发起对国际共产主义的论战。在这种情况下，他们将理论和“大陆的马克思主义”（continental Marxism）等同起来，要么把它当成形而上学的垃圾加以拒斥，要么作为“先入”之见（preconceived ideas）的武断干预来进行否定。在这期间，有许多修正主义的著作出版，这些著作或多或少带有明显的诋毁马克思主义或者新马克思主义对历史解释的企图。这种企图突出地表现在对 17 世纪的研究以及对工业革命的研究中。在学术的更高层，以赛亚·伯林（Isaiah Berlin）和卡尔·波普尔（Karl Popper）为首的历史学家们，将马克思主义关于“发展的规律”（laws of development）学说诬蔑为早期的极权主义理论。冷战的主旋律又不断地掺入了好战的职业精神，这种职业精神憎恶业余人士的参与，不仅对马克思主义者，就连托尼（Tawney）和哈蒙德（Hammonds）这样的激进学者也遭到疯狂

---

① Raphael Samuel, *People's History and Socialist Theory*, London, Routledge & Kegan Paul Ltd, 1981, p. xl.

② Raphael Samuel, *People's History and Socialist Theory*, London, Routledge & Kegan Paul Ltd, 1981, p. xl.

攻击。“历史主义”（Historicism）被指责为非专业的，并被戴上未来苏联进攻的内应的帽子，谁要是持有这种观点，谁就被指控为背叛历史学家的使命。与此同时，遭受政治迫害的马克思主义史学家为了洗清自己的不白之冤，竭力想通过删除理论性的绪论，弱化马克思主义的术语，以及用学术专著所要求的经验主义形式来表现其著作的途径来使自己的著作合法化。①

就在历史学的经验主义拒斥理论对马克思主义大打出手的时候，它自身也不断受到挑战。拉斐尔·萨缪尔认为，对这种夜郎自大、自我封闭的经验主义的挑战首先来自社会学。在他看来，从 20 世纪 50 年代晚期开始，社会学的影响力就开始在英国的大学里显现，而其在历史学领域得到推广则是由诸多因素促成的。首先是 20 世纪 60 年代早期《过去与现在》（*Past and Present*）杂志社所召开的以“休闲”、“社会流动”等为主题的一些会议；其次是跨学科性的研讨班的推广；此外，还有随着新的大学和理工学院的增加所进行的各种课程现代化的尝试。拉斐尔·萨缪尔认为，在当时狭隘的以宪政史为中心的环境下，社会学作为一种进步的、甚至是颠覆性力量的出现，有助于开辟像家庭、社区、大众文化这样的新的历史研究领域，将历史学家的目光导向那些迄今无人涉及的领域；促使历史学家运用比较的方法进行研究，打破历史研究中禁止涉及当今的陈规，并鼓励他们在著作中革新脚注，将他们的工作与当代社会学或者人类学的结论保持一致。不过，拉斐尔·萨缪尔对社会学之于历史学的影响评价并不太高。在他看来，尽管在社会学的影响下，历史研究的主题得到了极大的扩充，然而历史研究的模式却没有变化。社会学给历史学提供的只是些理论的空壳，这些空壳还有待历史学家用

---

① Raphael Samuel, *People's History and Socialist Theory*, London, Routledge & Kegan Paul Ltd, 1981, pp. xl - xli.

事实来填充。[①] 这也就是说，社会学不能解决历史学中所存在的理论贫困的问题。

历史经验主义的第二位挑战者是"结构主义"。拉斐尔·萨缪尔认为，结构主义对历史经验主义的挑战是一种更新的、更激烈的挑战。结构主义所关注的不是这样或那样的主题，而是知识建构本身，即认识论。在他看来，结构主义在历史编撰学的外围发展起来，它的企图是将历史学驱逐出社会理论领域，用"共时性"（synchronic）的解释取代"历时性"（diachronic）的解释；也就是说，研究的对象是某一时间点的现象，而不是它的整个历史演变的过程。尽管结构主义对历史学不那么友好，但在拉斐尔·萨缪尔看来，结构主义给历史学家提出了一系列必须面对的问题。首先，它对历史学家在从事研究和写作时一贯认为十分有用的归纳法提出了挑战。第二，它对反射理论（reflection theory）进行攻击。反射理论认为，思维是一种中性的媒介，上面印有一些预先存在的现实（pre-existing reality）。结构主义则认为，思想是通过语言（language）而不是通过现实（reality）来建构的。思想表示现实，即思想赋予现实以意义，不存在独立于我们感知的"真实的"世界，只存在一整套自成体系的"符号"。第三，它也对其所界定的"历史相对论"（historicism）进行攻击。历史相对论认为，历史的结构可以通过对起源的探索来得到解释。结构主义则认为，历史相对论的这种尝试必定会因为其推理的目的论模式而归于失败。第四，结构主义还试图将理论的范畴从历史的时间观念中割裂出来，将概念的形成过程与对现象的经验式研究过程严格区分开来。它认为历史学本身不包含对事物进行解释的方法，也不具有自己的研究逻辑。因果关系不是

① Raphael Samuel, *People's History and Socialist Theory*, London, Routledge & Kegan Paul Ltd, 1981, pp. xl - xli.

通过证据来产生的，而是通过对概念理解的方式来产生的。第五，结构主义还使历史学远离人类这个主题。在结构主义者看来，历史学所研究的对象不是大写的人，而是下意识的语言和代码，人在其中只是这些语言和代码的被迫的“携带者”。①

拉斐尔·萨缪尔对结构主义的实质进行了分析。他认为，结构主义，尤其是先在20世纪60年代的法国，后来又在英国发展起来的结构主义，是左翼对进化论和人文主义进步观失败的一种回应，就像出现在联邦德国和美国的各种不同的马克思主义哲学派别一样，它带有一种文化悲观主义的论调，它专注于统治的结构，强调人在社会进程中是受害者和囚徒，而不是社会变化中的自由行动者。在他看来，结构主义不只是一个思想派别，而是一种在语言学、文学批评、人类学、电影和艺术等领域具有相当影响的主流思潮。那些受结构主义影响较深的马克思主义者（比如法国的路易斯·阿尔都塞），一方面接过马克思主义的范畴和政治使命；但是另一方面，他们的统一的概念（unifying concept）、隐喻性的幻想（metaphorical vision）都是从心理分析学、结构语言学以及反进化的科学理论那里借用或者传送过来的。在这其中，他们受心理学家弗洛伊德的影响最为明显，比如对社会秩序中那些隐性因素的关注，对意识形态表述（ideological representation）中梦幻般的、自欺欺人的特性以及社会结构（social formation）中不透明性的强调。可以说，这些都为结构主义的建立提供了基本的社会视野（social vision）。显然，这些都是来自弗洛伊德的无意识（the unconscious）的观念。②

拉斐尔·萨缪尔还对英国的马克思主义的结构主义进行了分

---

① Raphael Samuel, *People's History and Socialist Theory*, London, Routledge & Kegan Paul Ltd, 1981, p. xlii.

② Raphael Samuel, *People's History and Socialist Theory*, London, Routledge & Kegan Paul Ltd, 1981, pp. xlii - xliii.

析。他指出，结构主义和马克思主义的结合出现了两种相互矛盾的现象。一种现象是马克思主义的结构主义者将马克思主义看成是“未竟的”（unfinished）学说，即一种持续的、渐进的理解世界的方式，而不是一套绝对正确的教条。拉斐尔·萨缪尔对这种现象持肯定态度。他认为，这样就确定无疑地给予了左翼巨大的理论力量，同时也有助于在更大范围传播马克思主义的基本著作，为在当今的学术工作中更大程度地使用马克思主义理论做好准备；也就是说，他们推广和发展了马克思主义。另一种现象是，他们围绕理论概念制造出一种焦虑气氛，并在无意中暗示这是初入门者秘密派别的封闭禁区；也就是说，他们利用结构主义艰涩的理论将自己封闭起来。这与拉斐尔·萨缪尔一贯主张的史学大众化观点是相矛盾的，因此受到他的批评。他指出，不管马克思主义结构主义所提出的问题多么富有成效，但其话语（discourse）本身是禁锢性的。最让他不能容忍的是马克思主义结构主义者的矫揉造作的文章，视参考书为护身符的行为，以及为了做到无懈可击而对一些常用的、且大部分是新近出版的著作的依赖，他认为这是对研究工作的扭曲。在拉斐尔·萨缪尔看来，他们如同其他学术上的时髦一样，更多的是在故意做作，其可识别的政治目的就是要将看不顺眼的东西排除出去。他们从正当的对经验主义的知识理论的攻击滑向了“崇高的”对经验主义工作本身的否定；他们最幼稚和草率的行为是将理论的实践提升为目的本身，其得到的结果是一些公式化的、无可挑剔的，然而却空洞无物的概念范畴。①

在对结构主义提出批判的同时，拉斐尔·萨缪尔也一分为二地指出了结构主义对历史学的贡献。他认为，结构主义提出了一

① Raphael Samuel, *People's History and Socialist Theory*, London, Routledge & Kegan Paul Ltd, 1981, pp. xlii – xliii.

些令历史学家没有理由感到自鸣得意的问题。首先是棘手的意识形态（ideology）与意识（consciousness）、经济与社会现象之间的关系问题。通过对表述方式（means of representation）的关注，结构主义将他们的注意力从真实客观的世界拉向所感知的语言和思维的范畴中，也就是说，使我们更加关注那些想象的、主观的、潜意识的方面。在拉斐尔·萨缪尔看来，尽管结构主义所采用的语言十分新颖，但其所提出的一些问题却是欧洲哲学中最古老、最棘手的，而这些问题与任何形式的历史研究都相关。其次是通过对知识的形式以及意义传达途径的关注，结构主义使历史学家更加认识到历史表述的偶然性，从而迫使他们将这些历史表述看成是意识形态的建构（ideological construction），而不是对过去事件的经验性记录。再次，通过对理论首要地位的强调，结构主义使历史学家不仅要考虑其工作的政治内涵，同时要考虑其概念的基础。结构主义还通过用列举反历史的案例这种极端方式，迫使历史学家们对他们的所作所为进行明确的解释；迫使他们对历史研究工作赖以为基础的、未言明的假设提出质疑，重新审视历史的主题构建、问题设计、证据搜集、结论推导的途径；同时对文献能反映“真实”（facts）的说法提出质疑，使他们注意为这些文献设置背景和形式时所采用的技巧。拉斐尔·萨缪尔认同结构主义的下列观点：任何历史研究都是在对主体（subject）进行界定的过程中将一个虚假的整体强加在主体之上；历史的主题，不管是描述性的还是分析性的，都是历史学家选择的结果；历史时期的划分不管多么令人信服，都是武断的；历史的细节不管多么“贴近”（immediate）事实，都是不全面的；问题的选择也是经过处理的，在更大或更小程度上以满足观点的需要；文献不仅起确证作用，同时也通过取代结构和对分离的碎片进行加工的方式来说谎，将我们引入的只是表述的系统（system of representation），而不是真实的过去。当如此多的置换介入其中的情况下，历史学家所努力追求的透明的目标是不可能实现的。这就好比一个张静物图片，图片中有的东西被不成比例地放大了，有的东西则被缩小了，而绝大部分的东西都被挤出画框之外，乃是历史学家而不是文献造成了这种局面。不管解释多么精致，叙述多么流畅，其整体归根结底都是建构出来的，都是概念预设的产物，或者说是知觉上的盲区（perceptual blindness），而不是对材料的自发的回应。这样，历史学家并不是在反映过去，而是在表示和建构过去，也就是说，不同的人对于文献有不同的理解。①

尽管认同上述结构主义的观点，但拉斐尔·萨缪尔并不因此就认为历史学家是他们自己感觉的牺牲品，也不认为过去经验的证据已经变得如此的不纯，以至于将它们组织进来的努力成为西西弗斯②般的徒劳（labour of Sisyphus），落得个论据（facts）堆积成山而意思越来越模糊的结果。他指出，历史学家并不仅仅是按照自己的预设来建构过去，他们要回答所提出的问题，而所得到的答案往往并非自己所想要的。因为当历史学家寻找证据时，他们所发现的并不仅仅是他们所需要的证据，他们还会发现以前没有预料到的多个证据。文本可以证明历史学家想要证明的论断，但它同时也可能得出另一种与历史学家所料想的不同的解释。他认为，证据不是由历史学家构建出来的，而是有一个预先存在的真实，这种真实要么以文学形式存在，要么以档案文书的形式存在，因此，在很大程度上，历史学家不得不根据文献反向推断出其意义，而不管其结果是多么违背他们的意愿。③

---

① Raphael Samuel, *People's History and Socialist Theory*, London, Routledge & Kegan Paul Ltd, 1981, pp. xliii – xliv.

② 西西弗斯（Sisyphus）是科林斯的暴君，他被判以永远将一块巨石推上海蒂斯的一座小山，而每当接近山顶时，石头又会滚下来。

③ Raphael Samuel, *People's History and Socialist Theory*, London, Routledge & Kegan Paul Ltd, 1981, pp. xliii – xliv.

拉斐尔·萨缪尔也承认，我们关于过去的知识是由我们的成见（preoccupation）形成的，而且我们也只能在一定历史条件下的想象范围内来解读证据，然而，他并不认为我们对此就无能为力了。在他看来，我们的经验在某些方面可能会减弱我们的感知能力；但在另外一些方面又会加强我们的感知能力，使我们了解当时历史的参与者所不能了解的意义，让我们能够用他们的“表述”（representation）来同我们自己的表述进行交锋，也使我们能够关注一系列上辈历史学家所没有注意到的现象。在拉斐尔·萨缪尔看来，近十年来对妇女史的发现（或者重新发现）就是一个明显的例子。他认为，妇女史的发现不仅极大地开拓了新的研究领域，而且还对一些历史深信不疑的重要的概念范畴提出质疑。他以 E. P. 汤普森的《英国工人阶级的形成》为例说明这一点。E. P. 汤普森在《英国工人阶级的形成》中对阶级是这样界定的：只有当一批人从共同经历中得出结论（不管这种经历是从前辈那里得来的还是亲身体验的），感到并明确说出他们之间的共同利益，他们的利益与其他人不同（而且常常对立）时，阶级就产生了。[①] 拉斐尔·萨缪尔觉得，如果按照妇女运动所带来的关于过去的新知识以及其所提出的新问题来看的话，汤普森的观点就站不住脚了。在拉斐尔·萨缪尔看来，人们关于过去的观点是不断变化的，历史的意义只有在回顾时才能得以显现。因此，历史学的任务并不仅仅是要弄清发生了什么事情，而且要能在现在所关注的事情以及经验的基础上对过去提出新的问题。拉斐尔·萨缪尔不赞成辉格派的知识进步观，但他并不否认前人研究的作用。他认为，在现在的知识不断推翻对过去的认识的情况下，即使知识不是渐增的，前代人所获得的知识也能为我们现在

---

① E. P. Thompson, *The Making of the English Working Class*, Penguin Books Ltd, 1963, pp. 9 - 10.

的研究提供无形的前提，这个前提也使我们得以进入思想的腹地（hinterland of thought）。①

拉斐尔·萨缪尔还就结构主义所提出的历史文献的极端不完整性问题进行了反驳。在结构主义者看来，历史学家解读文本的方式是“幼稚的”。他们认为语言所掩盖的内容要多于其所揭示的内容，没有“真实的”过去世界，只有无限伪装的复原，于是，他们对历史学家所赋予文献的真实的反映和向导的地位提出质疑。拉斐尔·萨缪尔承认文献资料不是过去，而只是过去的转瞬即逝的剩余物，它们只是在危急时刻向我们闪烁一下，没有什么东西能弥补文献长期的沉默和巨大的缺失。拉斐尔·萨缪尔也不否认历史学家容易被文献的真实性所迷惑而误把它们当成真实本身，但他不认为历史学家一定会被文本的表述弄得眼花缭乱。他认为，实际上，历史学家通常通过不同文献的比对，可以发现真相，历史学家并不一定受过去表述的摆布。②

针对结构主义对史料的真实性的质疑，拉斐尔·萨缪尔从史料以及历史研究方法的多样性角度进行了回击。他指出，历史学家所使用的史料并不只是结构主义所称的“文本”（texts），它们还包括人工制品（artefact）和遗留的实物（material remains）。在他看来，钱币学能够为研究古罗马贸易路线的历史学家提供重要的证据；随葬品能够为研究维京人居住区的历史学家提供信息；山脊和田埂在经过数世纪耕耘之后，仍能显示其原初的形状，它们是研究中世纪农业的历史学家不可或缺的依据；在很多情况下，消失了的村落（lost village）通过实地研究（field research）和空中摄影得以发现。他认为，书面的文本只能看成

① Raphael Samuel, *People's History and Socialist Theory*, London, Routledge & Kegan Paul Ltd, 1981, pp. xlv – xlvi.

② Raphael Samuel, *People's History and Socialist Theory*, London, Routledge & Kegan Paul Ltd, 1981, p. xlvi.

是“表述”(representations)，如果将其看成是唯一的史料，那么就过于简单化了。在他看来，不同史料的地位和用途是不一样的，其处理方法也不一样。比方说，主教的布道词作为证据的地位和洗礼登记簿大不相同，对于解读的方法也不一样，前者需要用修辞学的原理进行解读，后者则需要历史人口统计学家拟订长期的人口出生率研究计划。拉斐尔·萨缪尔还对法国著名画家多雷（Gustave Dore）的画与英国陆军测量局（Ordnance Survey）的地图进行比较来进一步说明这个道理。在他看来，多雷的画中对19世纪70年代伦敦幻影般的表述更多的是透露出画家的心态，或者说是那个时代图示化的意识形态，而不是伦敦东区贫民窟的情况。而同时代的英国陆军测量局的地图则不同，它最大限度地显示了街道的地形和酒吧、堆木场、学校的基本位置的细节。[①]

拉斐尔·萨缪尔同意结构主义的观点，即没有清白的文本(innocent text)，认为结构主义关于历史研究过程中要考虑文献产生的意识形态背景的说法是正确的。他因此就认为，历史学家的主题就是对“话语”（discourse）的“质询”(interpellations)。他承认认识这些密码——文献得以产生的思维范畴——是我们搞清历史文献的背景并识别其选择性以及其没有提及的内容的最基本的环节。但他认为，这不应该是历史学家的全部关注之所在，除此之外，还有更多的东西值得历史学家关注。就拿对遗嘱的研究来说，也许关于死亡的“话语”（discourse）能引起历史学家浓厚的兴趣。但是，拉斐尔·萨缪尔觉得遗嘱还能透露其他更多的信息，如在农民的遗嘱中的家庭财产和世系的相对突出（relative salience)、继承的网状结构（grid of inheritance)、债务的运

① Raphael Samuel, *People's History and Socialist Theory*, London, Routledge & Kegan Paul Ltd, 1981, pp. xlvi - xlvii.

行机制和发生频率等等。再比如，拉斐尔·萨缪尔认为，19 世纪英格兰的原始人口普查报告显示有伪造的内容，而且对其他方面也没有涉及（如妇女的工作问题），但如果因此就认为它的唯一用途就是重建人口调查员的“话语”，那么就太可笑了。①

拉斐尔·萨缪尔认为，历史学家很大一部分工作是推翻或者脱离文献的思维范畴。在他看来，诽谤案不仅可以告诉我们大量关于侮辱语言以及荣耀与羞耻的“话语”方面的知识，还可以向我们提供家庭经济方面的信息。比如：在一天中的某些时间，一周中的某些天，或者一年中的某些季节，谁在家谁不在家，何时何处谁坐下来吃饭，如何安排照看孩子，怎样收集燃料或者节省燃料，等等。谋杀案也可以被用来重建人们的心智正常和罪恶观，并分辨出法官、医生和教区居民不同的道德规范。在他看来，更难处理的史料是自传，因为历史学家习惯于将这些史料当成是没有中介的、自发的证据来使用。拉斐尔·萨缪尔认为对于这种史料的处理方法是将其看成是记忆方面的练习，并试图探究其所遵循的无形的惯例。不过，他并不认为这只是自传史料的唯一用途，也不反对在其他的场合下使用这些史料，比如，重构叙事序列（narrative sequence），或者证实主观经验中一些关于阶级关系、家庭生活或国内经济的概括性论断。②

在拉斐尔·萨缪尔看来，史料的真实程度是有差别的，有些文献比其他的文献更能直接地反映过去，因为它们是即兴的，没有事后补记和繁文缛节的介入，或者由于它们所涉及的是惯常的现象。他列举了三类文献：第一类是家庭财产清册，它们是反映当时物质文化水平的证据。第二类是同时期教会法庭的记录，这

---

① Raphael Samuel, *People's History and Socialist Theory*, London, Routledge & Kegan Paul Ltd, 1981, p. xlvii.

② Raphael Samuel, *People's History and Socialist Theory*, London, Routledge & Kegan Paul Ltd, 1981, pp. xlvii – xlviii.

些记录充分地见证了邻里之间争吵的情景。这两种文献本身都没有对资本主义农业出现的情况进行描述，更没有相应的解释，然而，如果要描述16世纪英格兰的阶级形成过程却不参考这些文献是很难有所建树的。第三类是口述记录，通过口述记录我们可以了解过去人们的内心世界。在拉斐尔·萨缪尔看来，卡洛·金兹伯格（Carlo Ginzburg）的《善行者》（*I Benandanti*）和拉杜里（Le Roy Ladurie）的《蒙太尤》（*Montaillou*）是利用审讯记录进行历史写作的突出例子。早期的例子则是查尔斯·福斯爵士（Sir Charles Firth）所发现的克伦威尔（Cromwell）和埃尔顿（Ireton）同普通的士兵鼓动员们就"清教主义和自由"的话题进行的普特尼辩论（Putney debates）的原稿。①

结构主义认为，理论命题不能来自经验的证据。拉斐尔·萨缪尔对此表示赞同，但他并不认为反之亦然，也就是说，他认为通过纯理性的推理而不用经验作参考是不能构建新的理论概念的。他还认为，马克思主义的理论研究是为了解释和理解真实的世界，说明具体的情况，尽管这些情况不能仅仅凭经验的探寻得到证实。在他看来，理论的建设不能取代对真实现象的解释，它是一种自觉地界定研究领域，对所使用的解释性概念进行说明和自我批评，标示经验式调查（empirical investigation）的界限的途径。他承认，注意不要将历史学家再现过去的模式当成过去的事实本身是正确的，也是适当的，然而，他并不认为人们由此可以放弃历史研究。他说，如果说理解真正的世界在认识论上根本行不通，这种理由使社会主义历史学家在理论上放弃理解真正世界的努力的话，那么唯一的后果是将这一领域拱手让给那些不存在这种忧虑的人，让'正常的、可靠的历

① Raphael Samuel, *People's History and Socialist Theory*, London, Routledge & Kegan Paul Ltd, 1981, p. xlviii.

史’（just ordinary sound history）重新获得统治地位。[①]

拉斐尔·萨缪尔认为，理论建设也不能免于来自经验的批评。如果理论建设像马克思主义理论所做的那样，要选取一个历史和社会的参考点的话，那么它就不能仅通过宣称其真正的目标是改进理论概念而构建自己的证据。在拉斐尔·萨缪尔看来，历史研究中对证据解读的方式和理论建设一样重要，而且两者是相互依赖的。历史学家们研究的是特例，他们不仅研究资本主义生产方式，而且研究资本主义发展的具体形式和各个阶段，比如，南北战争前的奴隶贸易和种植园经济，工业革命时期的圈地运动和劳动力供应，第三帝国时期的法西斯和战争经济。同样，在研究劳工史时，历史学家不仅要研究基本的“工人运动”，甚至像“工党政策”或者“社会民主”这样一般性的东西；而且要研究其具体的表现形式，如第二国际的社会主义、争取八小时工作日的斗争等。在这些研究中，我们应该不断地重新构建我们的理论范畴，因为理论范畴就是从这些事实中构建出来的，同时它也必须对这些事实作出回答。[②]

拉斐尔·萨缪尔认为，历史研究在运用综合或者抽象推理的方法上有一定的局限性。在历史研究中，历史学家必须将事件放在原始的背景中进行研究，必须对史料所使用的语言进行破译，必须重新确定事件之间的联系。历史学家经常面对的是那些含混不清的意义以及稍纵即逝的、难以通过可试验的假设和理想类型的构建来进行归整的现象。因此，不管叙述和描述在认识论（theory of knowledge）中的地位多么低下，它们仍然是历史学家的剧目中不可或缺的组成部分，它们本身也许并不具有解释作

① Raphael Samuel, *People's History and Socialist Theory*, London, Routledge & Kegan Paul Ltd, 1981, pp. xlviii – xlix.

② Raphael Samuel, *People's History and Socialist Theory*, London, Routledge & Kegan Paul Ltd, 1981, p. xlix.

用，但它们是论证所必需的，并且对某种假设具有证伪的作用。如果历史学家不想成为结构主义所担心的“现实主义”幻想的牺牲品的话，那么历史学家还必须对史料进行批判，即权衡各种不同史料的价值。简言之，历史研究中方法的问题总是与材料收集的复杂性是分不开的，即使它们分属于不同的领域，但二者不断地发生关联。①

当然，拉斐尔·萨缪尔这样说并不是否定概念的自我意识的必要性，也并不认为方法的问题可以通过对研究技巧的探讨而得以解决。他不赞成史学家赫克斯特（J. Hexter）教授所说的“事实”规则（reality rule）共识的观点，这种观点认为历史学家所挑选的是相关的材料所支持的最可能发生的故事。他也并不认为历史学家受某种内在的程序上的技术，即 E. P. 汤普森所说的“学科的逻辑”（the logic of the discipline）所保护，以免受外在的哲学批判。在他看来，历史研究存在诸多误区。当历史学家沉浸在某个具体的历史事件的研究时，往往会夸大其研究对象的重要性，以偏概全，通过成功理解文献的言外之意而产生一种过去复活的幻觉。此外，历史学家还容易将前提当成理所当然的事，并将程序看成是没有问题的、预先给定的。因此他认为，作为历史学家，其所理解的言外之意应该接受挑战，他们应该对其所作所为进行解释，并对所作所为和所使用的方法进行说明或质询。在他看来，理论无疑是重要的，如果要抵制学术上对主题的碎化以及避免学术领域的条块分割，就需要在理论上做到广闻博识。同时，理论还有更多的用途，有了理论，就可以将历史和其他知识整合在一起，可以进行比较研究，可以让过去的解释和当前的理解之间进行对话。此外，理论有助于深入的历史研究，理论的目

① Raphael Samuel, *People's History and Socialist Theory*, London, Routledge & Kegan Paul Ltd, 1981, pp. xlix - l.

的就是将事物整合起来，将那些看起来零碎的历史现象联系起来。理论除了具有整合作用外，还具有解构作用，它可用于解构事实，将历史学家的注意力引向那些隐藏的决定因素。总之，在拉斐尔·萨缪尔看来，理论对历史研究具有建构和解构两种作用。这两种作用都十分重要，因为历史研究有必要进行整体的综合，同时也需要打破历史学家的对称性，并将他们置于批判目光的审视之下。①

然而，拉斐尔·萨缪尔并不把理论看成是现成的，以“假设”(hypotheses)、“模式”(models)或者方案(protocol)的形式供我们采纳的东西；它像其他的智力物品一样，有其物质和意识形态的生存条件。他认为，理论之所以重要是因为它所针对的是一些业已存在的沉默或不安(silence or unease)。因此他主张，必须将结构主义的出现与那些破坏理性主义和对世界乐观看法的政治现象联系起来，将“霸权”理论的流行与国家权力的明显增长联系起来。在他看来，理论的进步不是源于概念的精练，而是源于在政治实践中出现的诸多难以解决的困难和问题，历史和理论的关系是双向的。他主张历史学家也投身于理论研究，不要相信任何东西，要历史地去理解所面临的问题。②

拉斐尔·萨缪尔最后还指出，我们不能将有理论指导的方法等同于任何具体的写作方法，有理论指导的方法不依赖于规范的文本或者纹章学的表述手法。理论的价值不是由其表达方式所决定，而是由其所探究的关系的复杂性所决定的。同时，我们也不能将理论与任何特定的思想学派联系在一起。在他看来，历史研究中的每一个领域都存在大的理论问题，对哈克尼地区史的研究

① Raphael Samuel, *People's History and Socialist Theory*, London, Routledge & Kegan Paul Ltd, 1981, p. l.

② Raphael Samuel, *People's History and Socialist Theory*, London, Routledge & Kegan Paul Ltd, 1981, pp. l – li.

是这样，对非洲的奴隶制度史的研究也是这样，对家庭史的研究是这样，对国家的形成与资本主义发展史的研究还是这样。拉斐尔·萨缪尔所关心的重点是历史知识的各种形式、其产生的各种条件及其用途，他的目的是要唤起历史学家注意他们的研究得以存在的条件，以及可能存在的各种不同的知识。①

第五节　人民的历史

（一）形形色色的“人民的历史”

在拉斐尔·萨缪尔看来，使用“人民的历史”一词由来已久，它包括不同的著作，有的著作鼓吹进步的观点，有的著作散布文化悲观主义，还有的则主张技术人道主义。各种“人民的历史”的主题也各有不同，主题所关注的焦点有的是工具和技术，有的是社会运动，还有的则是家庭生活。“人民的历史”也曾以各种名称出现，在20世纪初，其名称为“工业的历史”；在紧随达尔文之后所兴起的比较民族学中，其名称是“自然的历史”；在19世纪晚期的社会习俗研究中，其名称为“文化的历史”；最近“新的”社会历史也在回归到这种社会习俗的研究中去。当今的“人民的历史”通常要求政治史服从于文化史和社会史，而其早期的版本所关注的问题是为争取宪法权利所进行的斗争。②

尽管“人民的历史”有很长的历史，同时也存在不同的含意，但拉斐尔·萨缪尔认为“人民的历史”所代表的是一系列

---

① Raphael Samuel, *People's History and Socialist Theory*, London, Routledge & Kegan Paul Ltd, 1981, pp. li – lii.

② Raphael Samuel, *People's History and Socialist Theory*, London, Routledge & Kegan Paul Ltd, 1981, p. xv.

的文化首创精神，这种首创精神主要存在于高等教育之外，或者说存在于大学以外的边缘地区。在他看来，以社区为基础的出版项目“哈克尼区人民的自传”（the people's autobiography of Hackney）就积极地吸取了这种精神。和历史工场运动一样，这个项目强调历史创作的民主化，扩大历史写作人员的群体范围，用当今的经验来解释过去。此外，大量的口述历史著作也属于这类作品。拉斐尔·萨缪尔眼中的“人民的历史”还包括那些以档案为基础进行写作的“从下往上看的历史”（history from below），这种历史曾在英国社会史的复兴中起过重要作用。作为一种运动，这种“从下往上看的历史”也是从大学校园之外开始兴起的，其重要著作之一——E. P. 汤普森的《英国工人阶级的形成》就是创作于西雷丁（West Riding）的英国工人教育协会（WEA）的课堂上。在“从下往上看历史”运动之前的“底层的历史”（history from ground）运动，也将那些被称为“业余历史学家”的人纳入历史学家的自然群体之中，产生了一批代表性著作，如莫里斯·贝雷斯福德（Maurice Beresford）的《消失的英格兰村庄》（*Lost Village of England*）、霍斯金（Hoskin）的《英国风景的形成》（*Making of the English Landscape*）。此外，在最近引起众人极大兴趣的工业考古也是类似的例子。在拉斐尔·萨缪尔看来，“从下往上看的历史”作为一种边缘的历史，已经越来越引起学术界的共鸣。当今学术界的兴趣开始从对国家的研究转向对本土或者地区的研究，从公共机构的研究转向对家庭生活的研究，从治国之术的研究转向大众文化的研究就表明了这一点。这种转向不仅发生在英国，也发生在欧洲其他国家。他重点介绍了法国的情况。在法国，“私人生活史”（vie privee）和“日常生活史”（vie quotidienne）长期以来拥有广泛的读者群，而且社会史的研究所享有的地位也远高于英国。不过，法国的这种转向在1968 年学生运动之前不很明显，在此之后则发生明显的转变，先是从年鉴学派的“无人的历史”（history without people）转向种族的历史，研究某一时间某一地点的个人的经历，代表著作是拉杜里（Le Roy Ladurie）的《蒙太尤》（*Montaillou*）和《狂欢节》（*Carnival*）；后来人们又将注意力转向被遗弃的社会群体；再后来又对口述历史表现出浓厚的兴趣。①

（二）人民的历史的特点

在拉斐尔·萨缪尔看来，人民的历史总的特点是它试图通过使用新的原始资料和提供新的知识图形的方式来拓宽历史的基础，扩大历史的主题。它或明或暗地对抗和替代“枯燥无味的”（dry as dust）学术以及学校所教授的历史；然而，在不同时代针对不同样式的作品其对抗的术语则必然是不同的。比如，英国史学家格林（J. R. Green）在19世纪70年代写的著作所针对的主要是“鼓和号的历史”（drum and trumpet history），即战争和征服的历史。他的《英国人民简史》（*Short History of the English People*）写的是社会史而不是国家的历史，其用意是要和英国文明史相抗衡。对年鉴学派的祖先之一保罗·拉孔贝（Paul Lacombe）来说，其主要的敌人是历史偶然性的观点以及历史学家对个别人物和事件的过分关注。因此，他主张历史要建立在科学的基础之上，并保持因果关系上的一致性，即使历史学家所研究的是特殊的对象，他也要求他们尽量将它放在整体的发展脉络中进行研究，以确定其在整体中的地位。法国史学家梯也里（Thierry）在19世纪20年代的著作也反对当时正统的历史，不过，他真正谴责的是正统历史中的抽象推理方法，即正统历史在哲学上的“刻意的干涩”（calculated dryness）。他埋头于中世纪的民谣

---

① Raphael Samuel, *People's History and Socialist Theory*, London, Routledge & Kegan Paul Ltd, 1981, p. xvi.

研究，在文献中到处搜寻具体的、带有图示的细节材料。在拉斐尔·萨缪尔看来，他实际上就是“复活主义”（resurrectionism）的早期实践者，也就是说，他想通过聆听死者的声音来试图复活过去。①

通过对人民的历史的观察与分析，拉斐尔·萨缪尔认为，当今的人民的历史具有如下特点。特点之一是其地区性。在他看来，今天人民的历史在范围上是地区性的，其主题是地区、城镇或者教区。比如，在城市史的研究中，某个城区或者郊区甚至是某个房子和街道的形态，都成了历史学家研究的对象。相比之下，他认为过去的历史研究更多的是关注粗线条的国家发展状况，时间跨度长、地区范围广。比如，莫尔顿（A. L. Morton）的《人民的英国史》（*The People's History of England*）、格林的《英国人民简史》（*Short History of the English People*）以及米什莱（Michelet）的著作都属于这一类型的作品。莫尔顿在《人民的英国史》的序言中说明，该书的目的是让读者大致了解“我们的历史运动的主线”。格林的《英国人民简史》从盎格鲁撒克逊时代的农民共和国写起，一直延续数百年。米什莱的民粹主义的历史所关注的是决定法兰西民族命运的伟大的集体力量，他所感兴趣的是能够反映潜在的社会进程的事件以及运动和群体中具有代表性的个人，他把社会总体上看成是一个有机的、历史的统一体，他认为人民的历史的任务就是按照工业和宗教、法律和艺术之间的相关线索囊括人类活动的所有部分。②

在拉斐尔·萨缪尔看来，过去英国和法国的人民的历史还不算太长。相比之下，德国的文化史以及其他国家的历史人类学、

① Raphael Samuel, *People's History and Socialist Theory*, London, Routledge & Kegan Paul Ltd, 1981, pp. xvi – xvii.

② Raphael Samuel, *People's History and Socialist Theory*, London, Routledge & Kegan Paul Ltd, 1981, pp. xvii – xviii.

文化社会学或者文明史的学者们所研究的历史的跨度更长；他们研究的主题无论在物质文化方面、集体心态或是大众的宗教方面，都称得上是世界的历史；他们寻找线形的发展路线，探索史前的幽深之处，追寻人类从野蛮和原始状态发展到文明社会的轨迹。这种版本的人民的历史提供了一种迷人的整体感。兰普勒希特（Lamprecht）的学生缪勒·利尔（Muller-Lyer）的《社会发展史》（*History of Social Development*）就是这样一部令人喜爱的著作。缪勒·利尔相信任何事物从工具的演变到浪漫爱情的产生，都能够归为世界性的统一性，分歧大多只是偶然的、或者说是局部的。20 世纪 10 年代和 20 年代的工人史学家们也起而仿效，他们笔下的历史在范围上是全球性的（global），在时间跨度上是世界性的（universal）；他们按照恩格斯所指引的道路，探究家庭、阶级和国家的起源。①

特点之二是不断增强的主观性。拉斐尔·萨缪尔指出，近年来人民的历史的主要发展方向是复原人们的主观经历，这可以在口述历史、本土历史和劳工历史中反映出来。在口述历史中，研究者对重建日常生活的细节表现出深厚的兴趣；而本土史的研究重点也从“地点”（places）转向了“面孔”（faces），从地貌特征转向了生活的本质；劳工史所关注的焦点转向了自发的抵抗形式。他认为，相比之下，70 年或者 80 年前，人民的历史的重心是在研究不属于人类的（impersonal）历史力量，有人将其研究定位在气候和地理方面，有人定位于工具和技术，还有人定位于生物上的需要（biological necessity），其主要特征是一种多层次的决定论。在这种决定论中，必然性统领一切，丝毫不考虑偶然性，历史被设想成一个有序的、逻辑的发展过程，这种发展过程

---

① Raphael Samuel, *People's History and Socialist Theory*, London, Routledge & Kegan Paul Ltd, 1981, p. xviii.

必然是从低级阶段走向高级阶段。这样的概要性历史对日常生活的细节是没有耐性的。这种版本的人民的历史所求助的是马克思的权威，同时也借用斯宾塞（Spenser）和孔德（Comte）的实证主义社会学理论和达尔文的生物学理论。在拉斐尔·萨缪尔看来，决定论不仅体现在历史研究中，同时也对民俗研究造成影响。那时，对民俗（folklife）的研究也是在同样的精神下进行的，所采用是比较的方法，将神话放置于进化的网格中进行研究。决定论的观点在冯特（Wundt）的“民俗心理学”（folk psychology）中表现得很明显。而最具历史决定论性质的理论是人文地理学（human geography）理论，它用地理、气候和土壤来解释人们的性格。在拉斐尔·萨缪尔看来，人文地理学的历史决定论的代表人物在法国是维达尔·德·拉·白兰士（Vidal de la Blache）；在英国则是巴克尔（H. T. Buckle），他的《英国文明史》（*Civilisation in England*）和马克思、恩格斯、达尔文、狄慈根（Dietzgen）的著作一同被列入平民联盟（Plebs League）的标准书目之中。①

人民的历史的特点之三是它的文学性。拉斐尔·萨缪尔认为，作为一种文学形式，人民的历史带有持久的现实主义美学和文学中的浪漫主义运动的痕迹。他认为，18 世纪晚期欧洲的“人民的发现”（discovery of the people），即大众民谣的发现以及用民俗材料来重建古老的过去是文学家和诗人的功劳，是他们在农民文化中寻找能够摆脱沙龙以及宫廷中矫揉造作的东西。后来出现在法国的人民的历史是更为广泛的、被贴上了“社会浪漫主义”（social romanticism）标签的文学鉴赏运动的组成部分。而且，在他看来，很多早期的人民的历史的作者都是具有自我意识

① Raphael Samuel, *People's History and Socialist Theory*, London, Routledge & Kegan Paul Ltd, 1981, pp. xviii – xix.

的文学艺术家。他们中有的人将历史写成了史诗，如莫特里（Motley）的《荷兰共和国的兴起》（*Rise of the Dutch Republic*）就是这样的著作，其他人则在详尽的细节中找到了诗意。他们就像梯也里（Thierry）所说的那样："不断地往感觉中注入清晰的视觉和听觉的细节"。拉斐尔·萨缪尔认为，E. P. 汤普森（E. P. Thompson）的著作也带有这样的特点。汤普森对结构主义的抽象所进行的猛烈抨击刚好呼应了梯也里对哲学家"刻意的干涩"所作的激烈批评。在他看来，汤普森和其他人赋予"经历"（experience）以概念上的重要性，是受到浪漫主义作家对理性与激情、想象与机械科学所作的对立处理的启发的结果。不仅如此，在他看来，人民的历史的社会现实主义（social realism）也来自诗歌和艺术上的浪漫主义运动，尤其是源于法国在19世纪30年代和40年代发展起来的研究路径。比如，米什莱的《人民》（*Le Peuple*）在目标上是激进民主的，在表现方式上却是现实主义的，这和维克多·雨果（Victor Hugo）的小说或者古斯塔夫·库尔贝特（Gustave Courbet）农民画中的社会现实主义如出一辙，都表现出一种对真实性的不懈追求。在拉斐尔·萨缪尔看来，今天的人民的历史与电影的记录现实主义（documentary realism）或者电视剧的社会现实主义（social realism）有着密切的联系；而在更加具有象征性的模式中，即如伊萨克·多伊彻（Isaac Deutscher）所说的：在"马克思主义的现实主义"（Marxist realism）中，那种社会的典型性和象征性的审美观在马克思的《资本论》、托洛茨基（Trotsky）的《俄国革命史》（*History of the Russian Revolution*）和多伊彻本人的著作等经典著作中表现得同样明显。①

① Raphael Samuel, *People's History and Socialist Theory*, London, Routledge & Kegan Paul Ltd, 1981, pp. xix - xx.

人民的历史的特点之四是政治性。在拉斐尔·萨缪尔看来，尽管人民的历史有不同的谱系（lineage），但它们都可以被看成是社会科学的最古老的形式之一，其源头可以追溯到18世纪的启蒙运动；尤其可以追溯到维科（Vico），是他的著作《新科学》（*Scienza Nuova*）引入了历史发展阶段理论。这种历史发展阶段理论是米什莱（Michelet）和马克思理论的核心。他认为，正是维科在描述古代"英雄国家"（heroic states）时，首先提出了阶级斗争的范例。因此，在拉斐尔·萨缪尔看来，不管人民的历史的具体主题是什么，它都是在政治的考验中形成的，并受到来自各方面有影响的意识形态的渗透。他认为，主要有三种意识形态对人民的历史产生影响：一种是马克思主义，一种是民主自由主义，再有一种是文化民族主义（cultural nationalism）。尽管这三种意识形态有互相排斥的地方，但我们很难将其与人民的历史的结合看成是不合逻辑的事情而予以否定。在拉斐尔·萨缪尔看来，人民的历史的主要方向总是激进的，但并不意味着左派可以独自享有这块阵地。他以E. P. 汤普森的《英国工人阶级的形成》和彼得·拉斯莱特（Peter Laslett）的《我们失去的世界》（*World We Have Lost*）为例说明这一点。这两部著作几乎同时出现，它们一个是对大众反叛的颂扬，另一个则是对旧式家长制家庭消失的哀叹。不过，它们的相同之处在于，它们都以自己的方式代表了对"枯燥无味"的学术的反叛，并试图让历史回归到本源状态。然而，这二者所含的政治观点却是完全相反的。[1]

（三）人民的历史中"人民"的含义

在对人民的历史的特点进行概括后，拉斐尔·萨缪尔还对人

① Raphael Samuel, *People's History and Socialist Theory*, London, Routledge & Kegan Paul Ltd, 1981, pp. xx – xxi.

民的历史中的“人民”的含义进行了探讨。在他看来，人民的历史中的“人民”一词在用途不同时，其含义也存在许多细微的差别。它们虽然总是基于多数的原则，然而，因为相比较的对象不同，有的是国王与平民相比较，有的是富人与穷人相比较，有的是“有教养的人”（educated）与米什莱（Michelet）所说的“无知的人”（simples）之间的对比，它们的含义也各异。在激进民主或者马克思主义版本的人民的历史中，人民是由剥削关系构成；在另一个版本的人民的历史，即民俗学者的人民的历史中，人民是由文化之间的对立关系构成；而在第三个版本的人民的历史中，人民是政治统治关系所构成。人民一词的含义还因具体的民族传统的不同而不同。在法国，19 世纪人民的观念以不可磨灭的革命的修辞语为标志，人民一词不可避免地与阶级权利的观念联系在一起。在英格兰，由于其悠久的大众宪政主义的传统，人民一词与政治和社会权利的维护联系在一起。在德国，那里的民俗研究为人民的历史提供了主要的习惯用语，因此，在其激进和保守两个版本的人民的历史中，人民作为一种受外来影响和统治的民族社区，其概念是按照其外在性（externality）界定的。此外，在拉斐尔·萨缪尔看来，不同职业的人群对人民的理解也不尽相同。对民俗学者来说，“人民”基本上是指农民；对社会科学家来说，人民指的是工人阶级（working class）；而在民主的或者文化的民族主义者眼中，人民与种族血统是同延的。[①]

（四）右翼的人民历史观及其与左翼的人民历史观之间的关系

在拉斐尔·萨缪尔看来，右翼版本的人民的历史的特点是非

① Raphael Samuel, *People's History and Socialist Theory*, London, Routledge & Kegan Paul Ltd, 1981, p. xxi.

政治化，它是没有斗争、没有思想的历史，有的只是浓厚的宗教感和价值感；它倾向于将家庭理想化，将社会关系解释为互惠互利的，而不是相互剥削的。阶级之间的对立虽然也得到承认，但这种阶级对立被认为是被限制在更大的整体范围内，通过相互交叉的纽带而得到弱化。右翼的人民的历史所描述的典型地点是过去“有机的”（organic）社区，其意识形态具有坚决的反现代性。在这种历史中，城市生活和资本主义被看成是外来的对国家（body politic）的入侵者，这些入侵者将破坏古老的“传统的”（traditional）生活的统一性。为了说明这个问题，拉斐尔·萨缪尔举了里尔（Riehl）和切斯特顿（G. K. Chesterton）两个人的例子。里尔是德国人类文化学之父，也是民俗学的创立者，在他创立的民俗学中，保守主义倾向是十分明显的。在 1848 年革命失败之后，里尔就在著作中呼吁解散中央集权，回归到封建地产制度中去，恢复传统的家庭，让尊重权威、虔诚和纯朴成为家庭中的基本美德。切斯特顿这位由自由民粹派转变过来的天主教徒的态度则是更加模棱两可，他一方面有很强的穷人的尊贵感，其著作《英格兰简史》（*Short History of England*）中带有尖锐的反富豪的言辞；另一方面，他将“新教主义”、“理性主义”以及“现代世界”视为敌人，他向往过去的“可爱的地方风俗”（lovable localisms）。于是，他就将中世纪的国王理想化，把爱德华一世驱逐犹太人的行为看成是真正代表人民利益，查理二世也被他看成是农民利益的捍卫者。①

拉斐尔·萨缪尔没有对左派的人民的历史进行专门论述。不过，从他对右派的人民的历史的描述中，我们可以推断出左派的人民的历史的特点及其与右派的人民的历史的根本区别在于，强

① Raphael Samuel, *People's History and Socialist Theory*, London, Routledge & Kegan Paul Ltd, 1981, pp. xxi - xxii.

调政治、阶级斗争和社会矛盾与冲突。尽管左右两个版本的人民的历史存在明显的差别，但拉斐尔·萨缪尔认为，它们之间还是有诸多令人感到不自在的（uncomfortable）重叠之处。它们都继承了浪漫的原始主义（romantic primitivism）的遗产，歌颂自然的、质朴的和自发的东西。它们二者都向往消失了的过去的统一性，认为现代生活是有害于这些统一性的。然而，对社会主义者来说，异己的力量是资本主义。而在右翼版本的人民历史观看来，异端是那些像“个人主义”、“工业主义”或者是“大众社会”那样的反社会的力量。尽管这左右两翼存在着观念上的差别，但在拉斐尔·萨缪尔看来，他们的区别也不是绝对的，两派也不是老死不相往来，他们之间存在着一定的思想上的交流和借鉴。比如，切斯特顿（G. K. Chesterton）对中世纪的英格兰的解释就极大地依赖于科贝特（Cobbett）的《宗教改革史》（*History of the Reformation*），后者是一部鲜明的激进的著作，著作中所涉及的主题后来得到了托尼（R. H. Tawney）和克里斯托弗·希尔（Christopher Hill）更进一步的阐释，使之更倾向于社会主义的方面。反过来，马克思主义和左翼学者之对“集体心态”（mentalites collectives）的研究也应归功于社会学家涂尔干（Durkheim）的反阶级社会学理论（anti-class sociology）、法国社会心理学家列朋（Le Bon）的群体理论，以及像世纪之交出现的激进灵魂观（notion of the radical soul）这样的社会理论。①

（五）自由派的人民的历史

在讨论了左右两种类型的人民历史观的区别与联系之后，拉斐尔·萨缪尔还重点对自由派的人民历史观进行了探讨。在他看

---

① Raphael Samuel, *People's History and Socialist Theory*, London, Routledge & Kegan Paul Ltd, 1981, p. xxii.

来，自由派的人民历史观比社会主义或者是保守主义的人民历史观都要乐观。这种人民历史观认为，物质文明从根本上说其结果是好的。资本主义无论是以城市的发展，还是以商业的扩张，或者是以个人主义的兴起的方式出现，都不是一种破坏性的力量，而是道德和社会进步的先声，是在“为命中注定不久将从地面上扫除最后的封建专制遗迹的光荣而生机勃勃的制度奠基”。于是，在他们的眼中，现代化就等同于思想的进步、公民自由的发展、宗教宽容的推广。人民并不被看成是传统主义力量的代表，而是被看成隐蔽的变化的动力，是“缓慢但却总是不断地影响国家的社会生活的力量”。相比之下，中世纪的精神则被等同于迷信和战争。自由派关于19世纪历史的一个重要主题是中世纪的自治市通过斗争赢得自治，另一个主题是农民摆脱农奴制束缚获得解放。而在科学思想与宗教理念进行斗争的过程中，自由派历史总是坚定地站在异端学说和经验主义一边，以反抗教会僧侣的权威；同样，民族也被看成是被奴役的人们不断争取自由的过程。① 自由派的人民历史观主要存在于英国和法国，因此，拉斐尔·萨缪尔对法国和英国的自由派的人民历史观进行了论述。

1. **法国自由派的人民历史观**

在论述法国自由派的人民历史观时，拉斐尔·萨缪尔是从复辟时期的史学开始的，他选取了基佐（Guizot）、米涅（Mignet）和梯也里（Thierry）这三位法国复辟时期自由派历史学家的思想作为代表来进行阐述。在他看来，他们采用了人民历史观的一些宏大主题来进行研究，用历史这个平台为1789年法国革命的原则辩护，抨击复辟的波旁王朝故弄玄虚。基佐和米涅都是温和的立宪主义者，他们通过展示资产阶级胜利的必然性来捍卫第三等

① Raphael Samuel, *People's History and Socialist Theory*, London, Routledge & Kegan Paul Ltd, 1981, pp. xxii – xxiii.

级的事业。在这三人中，拉斐尔·萨缪尔觉得梯也里走得更远些。在成为历史学家之前，梯也里早年曾是卢梭的信徒，后来又当过社会主义者圣西门的秘书。在拉斐尔·萨缪尔看来，梯也里是一个与众不同的革新者，其特点是通过对民谣文学和民间传统的研究来洞悉过去人们的内心世界，坚决主张历史研究应该以原始资料为基础，并称普通人民是"大众"，认为他们既是历史的牺牲品，也是最终的主宰者。拉斐尔·萨缪尔还认为，梯也里有很强的悲悯情怀，因为他在19世纪20年代这个他一生中最为激进、最多产的时期里，对那些失败者和被压迫者给予了深深的同情。[①]

在拉斐尔·萨缪尔看来，法国自由派人民的历史在19世纪30年代和40年代得到极大的发展。这种发展首先表现在梯也里对被压迫人民的悲悯情怀在19世纪30年代和40年代的"浪漫的现实主义"（romantic realism）中得到了急剧地放大。拉斐尔·萨缪尔将这种功劳归于米什莱（Michelet）、维克多·雨果（Victor Hugo）和尤金·苏（Eugene Sue）的名下。这种悲悯情怀是历史学家米什莱著作中的主旨，并在维克多·雨果和尤金·苏的小说中得到充分的表现。拉斐尔·萨缪尔认为，19世纪30年代和40年代人民的历史已经远远超越了基佐和米涅的温和立宪主义，不仅明确地转向支持共和，甚至还像米什莱那样反对基督教，批判资产阶级。比如，毕舍（Buchez）和鲁（Roux）在《法国革命议会史》（*Histoire Parlementaire de la Revolution Francaise*）中为罗伯斯比尔恢复名誉；邦那罗蒂（Buonarroti）为巴贝夫正名就是例证；而米什莱的《人民》、拉马丁（Lamartine）的《吉伦特派》（*Girondins*）等著作被广泛地认为是为1848年二月革命铺设

① Raphael Samuel, *People's History and Socialist Theory*, London, Routledge & Kegan Paul Ltd, 1981, p. xxiii.

道路的著作。总之，在拉斐尔·萨缪尔看来，这个时期自由派的历史著作在民主的方向上走得很远，以至于向着他们所赞扬的雅各宾主义（Jacobinism）的方向迈进。在这个时期的众多自由派历史学家中，拉斐尔·萨缪尔对米什莱给予了高度赞扬。在他看来，米什莱对语言、性以及巫术的研究预示了今天的社会史方面的一些特别受到关注的主题，他的著作《法国景象》（*Tableau de France*）中所考察的人文地理和地方主义的主题，可以说决定了后来法国社会史的主线。米什莱将民主的悲悯情怀转换成一种民粹主义的方法论，他通过民谣来了解古代的法律，从研究民间巫术中寻找科学的起源，用口述史作为探索不久的过去的可靠手段。[①]

2. 英国自由派的人民历史观

拉斐尔·萨缪尔认为，英国最早的人民的历史存在于民谣传统（ballad tradition）之中。这些民谣传统是神话与史实的混合体，所关注的是无主之地（no-man's land）的问题，其中所包含的一个非常突出的就是“失去的权利”（lost rights）的观念。而真正有详细文字记载的是关于“诺曼桎梏”（Norman Yoke）的观念，这是一种平民的观念，它等同于最近引起历史学家极大兴趣的“古代宪政”的观念。克里斯托佛·希尔（Christopher Hill）在他早期的历史研究中曾经对这个观念进行过比较细致的研究，希尔称它是“初级的阶级政治理论”（elementary class theory of politics）。他先是在17世纪宪政学家的著作中寻找这种观念的影响，后来又在平等派和掘土派的宣传册和演讲稿中寻找，最后又在18世纪70年代激进主义的再生中去寻找。当18世纪英国的雅各宾派（Jacobins）因为其思想而受到审讯时，拥有自治的民

---

① Raphael Samuel, *People's History and Socialist Theory*, London, Routledge & Kegan Paul Ltd, 1981, pp. xxiii – xxiv.

主形式和民兵组织的、自由的盎格鲁撒克逊人的观念，就是他们的支撑力量。当时的文学小册子还对这种观念进行详细阐述，以证明民主的真实性，并表明这是一种英国人生来具有的、然而不幸被剥夺了的权利。在拉斐尔·萨缪尔看来，英国的内战对激进派大众来说是另一个具有标志性意义的大事件，其令人鼓舞的是它让人们看到了暴君是如何走向灭亡的。而另外一些人则持另一种看法，如科贝特（Cobbett）和 19 世纪 80 年代的英国社会主义者们，他们认为中世纪是英国人自治的第二个黄金时期。①

在拉斐尔·萨缪尔看来，在英国作为一种自觉的文学和智力的实践，人民的历史的出现是在 19 世纪 60 ~ 70 年代，代表人物是戈尔德温·史密斯（Goldwin Smith）、J. R. 格林（J. R. Green）和索罗尔德·罗杰斯（Thorold Rogers）。在政治上，他们和自由党（Liberal Party）、尤其是自由党中的激进派站在一起。在这段时期里，第二次改革法案（the Sencond Reform Bill）得到通过，自由党和工会首次勉强联合起来，自由党不断地抨击土地贵族，并号召大众起来反对贵族特权阶层。在教育上，这段时期是以大学为基地的成人教育得到推广，经典名著大量出版发行，初等教育得到普及。这时，在自由派知识分子中产生了一种十分温和且非常英国式的民粹主义思想。这种民粹主义思想主张自由的学者“到人民中去”。在公共讲坛上出现了像科布登（Cobden）和布莱特（Bright）这样的异端人物；甚至有的人还声称要参加暴动，如历史学家索罗尔德·罗杰斯（Thorold Rogers）。而戈尔德温·史密斯（Goldwin Smith）这位牛津大学的钦定历史教授则开始为了工匠的利益而“反对雇主的联合方阵”。布罗德里克（C. G. Brodrick）在《圈地运动的末日审判书》（*The Domesady of*

① Raphael Samuel, *People's History and Socialist Theory*, London, Routledge & Kegan Paul Ltd, 1981, p. xxiv.

Enclosures）中揭露了地主的贪婪。在那个时期所有的自由激进派历史学家中，J. R. 格林的著作流传最广，就像麦考莱的著作曾在早期受到人们的追捧一样，格林的《简史》也受到人们的重视。[①]

拉斐尔·萨缪尔还发现，那时的地方报纸也存在自由民主的冲动。这些报纸曾用大量的版面来刊登本土的历史，除了采用正规的“注释与问答”（Notes and Queries）的形式外，更多的时候还采用连载当地人们生活的自传的方式。那时，另一种具有代表性的出版物是英格兰中部地区和北部地区的制造业重镇的城市史（civic history）。在一些大的城镇中，这些历史倾向于描述市政的进步过程，可以说它们在一定程度上反映了当地新型的中产阶级的市民意识。然而，在对一些小城镇的研究中，拉斐尔·萨缪尔发现了一种可以称为“大众好古癖”（democratic antiquarianism）的现象：一些自由的知名人士或者激进的新闻工作者常常写书，他们依靠口述传统（oral tradition）高度重视本土生活中的平民因素。比如弗兰克·皮尔（Frank Peel）的《斯班山谷的过去与现在》（*Spen Valley*, *Past and Present*）就是很好的例子。拉斐尔·萨缪尔认为，“大众好古癖”还体现在那时另外两件新生事物上，一件是郡县和地区的术语汇编的公布，另一件是从 1878 年起开始编辑《民俗记录》（*Folklore Record*）。[②]

拉斐尔·萨缪尔认为，这种形式自由的人民的历史的主旋律是民主自治。他在格林的《简史》中找到了民主自治的主旋律。在他看来，格林选取这个主旋律作为起点尽管完全是任意的，然而却是非常恰当的，它充满深情地再现“快乐的英格兰”（Merry England），那时四分之三的人口是土地所有者，因失业而沦为乞

① Raphael Samuel, *People's History and Socialist Theory*, London, Routledge & Kegan Paul Ltd, 1981, p. xxv.

② Raphael Samuel, *People's History and Socialist Theory*, London, Routledge & Kegan Paul Ltd, 1981, pp. xxv - xxvi.

丐的事闻所未闻。而且，这个主旋律也是贯穿他在后面章节中的一条主线：英国人民的“现实生活”就在于他们“永不停息地、沉着冷静地同压迫者进行斗争，在于他们坚定地、不知疲倦地为自治而斗争”。同样，拉斐尔·萨缪尔在格林的遗孀艾丽斯·斯多普福德·格林（Alice Stopford Green）的著作《15 世纪的英格兰的城市生活》（*Town Life in Fifteenth Century England*）中找到了民主自治的痕迹。艾丽斯·斯多普福德·格林（Alice Stopford Green）在该著作中所描绘的英格兰的自治城镇，曾经是生活在独立的共和精神之中“一个自由自治的共同体，一个国中之国，它拥有源自远古习俗的权利”。此外，拉斐尔·萨缪尔还发现在民俗学家那里偶尔也能找到类似的民主自治的启示。比如，民俗协会创始人之一、《考古学评论》（*Archaeological Review*）编辑、“伦敦郡委员会”（London County Council）职员的劳伦斯·勾姆（Laurence Gomme），就曾发现自己的民主理想在古代不立吞人（Britons）的户外大会上得到实现。①

在拉斐尔·萨缪尔看来，这个时期颇具争议的人民的历史是索罗尔德·罗杰斯（Thorold Rogers）的人民的历史。罗杰斯是个十足的激进派（radical），他站在 1872 年大罢工时期的农业工人领袖约瑟夫·阿克（Joseph Arch）一边。他反保守党的观点在 1868 年是如此的鲜明，以至于失去了牛津大学教授的职务。在其不朽的七卷本著作《农业和价格的历史》（*History of Agriculture and Prices*）的序言中，罗杰斯开始构建“人民的历史”的计划，他在其中抛弃了“宪政的古代的”历史，转向他有时称为“社会的”、有时又称为“经济的”历史。罗杰斯的著作尽管标题惊人，但它实际上是一篇关于社会与家庭经济的巨篇专题论文。拉

① Raphael Samuel, *People's History and Socialist Theory*, London, Routledge & Kegan Paul Ltd, 1981, p. xxvi.

斐尔·萨缪尔很欣赏罗杰斯处理史料的态度和方法。在他看来，罗杰斯是一个不知疲倦的、对原始档案具有浓厚兴趣的学者，在研究中使用了大量的档案材料，如果材料不是看起来很像是真的史料的话，罗杰斯是不会去碰的。罗杰斯还从事各种类型的“行为”(action) 研究，他步行通过英国汉普郡（Hampshire）是为了查找古代土地的分配情况，他还用步行方式测算在中世纪将一袋面粉从牛津运到茵斯汉姆（Eynsham）的运费。不过，在拉斐尔·萨缪尔看来，罗杰斯在学说上从来就没有超越进步的自由主义，可是在气质上他却毫不妥协。他的著作就像马克思的《资本论》一样，是对英国统治阶级所作的历史的控诉，充满了对压迫的愤怒。也许正是这种强烈而持续的不公平之感，人们才把罗杰斯的这部书看成是早期社会主义运动教育课堂上必须使用的基础课本。①

（六）社会主义者与人民的历史

拉斐尔·萨缪尔认为，早期的社会主义者和进步的自由激进派在阶级立场上是不同的，他们所宣称的主要敌人是资本家而不是地主，他们首先将工业工人阶级看成是人民，尽管如此，他们却几乎将自由激进派的“人民的历史”全盘接受下来。同自由激进派一样，土地在他们那里成为表现阶级压迫的惯用语，他们的历史著作更多关注的是农民起义而不是工人罢工。在他们看来，代表历史上不公平事物的是圈地运动而不是工厂制度，是圈地运动剥夺了英国人民与生俱来的权利；而 15 世纪则被他们看成是工匠和农民的“黄金时期”(Golden Age)。在拉斐尔·萨缪尔看来，早期社会主义者与自由派激进的另一个相似之处，还表

① Raphael Samuel, *People's History and Socialist Theory*, London, Routledge & Kegan Paul Ltd, 1981, pp. xxvi - xxvii.

现在他们对英国内战持相同的立场。比如，在英国社会党人贝尔福特·巴克斯（Belfort Bax）的三卷本著作《德国宗教改革中的社会方面》（*Social Side of the German Reformation*）中不难发现，其所未言明的新教历史观和自由激进派非常类似。此外，拉斐尔·萨缪尔认为，社会主义者和自由激进派的第三个相似之处是他们都支持爱尔兰的解放事业。因此，在拉斐尔·萨缪尔看来，詹姆士·康纳利（James Connolly）在其著作《爱尔兰历史上的劳工》（*Labor in Irish History*）中高度赞扬格林夫人（Mrs Green）的《爱尔兰的形成与解体》（*Making of Ireland and its Undoing*）就不是偶然的事了。以上是英国的情况。在拉斐尔·萨缪尔看来，在法国，早期的社会主义者从自由激进派那里得益就更多了。他们二者都赋予法国大革命的重要性，都忠实于雅各宾主义（Jacobinism），这就使对法国大革命的"马克思主义的"解释一直延续至今。比如，饶勒斯（Jaures）曾宣称，他从米什莱（Michelet）的神秘主义中得到的启示和从马克思的唯物主义那里得到的启示同样多。在撰写《社会主义史：法国革命》（*Histoire Socialiste de la Revolution Francaise*）的过程中，他展现出了一些米什莱身上所具有的优良品质：酷爱使用新的档案材料，具有强烈的地域感，相信大众的创造力，非常重视大众艺术。①

在探讨了早期社会主义与人民的历史的关系之后，拉斐尔·萨缪尔最后还研究了马克思主义者与人民的历史之间的关系。他发现，马克思主义者在使用"人民的历史"这一概念时并不是很自在，尽管在英国目前有大批从事这方面研究的人，也就是说，人民历史观和马克思主义存在着很大的不相容性。在拉斐尔·萨缪尔看来，这种不相容性主要表现在以下几个方面。首先，"人

---

① Raphael Samuel, *People's History and Socialist Theory*, London, Routledge & Kegan Paul Ltd, 1981, p. xxvii.

民的历史”的概念过去曾被左右两派都使用过，因此，它的哲学根基是前马克思主义的（pre-Marxist）。人民的历史通常表现为对过去的回顾；而社会主义在原则上是面向未来的，试图摆脱顽固的传统势力的影响，从而开创了一个崭新的世界。其次，马克思主义是具有批判精神的；而人民的历史的精神则是具有肯定性质的，它赞扬大众的创造力量，却忽略了他们劳动的必要性。再次，马克思主义所关注的是人类全部的社会经验；而人民的历史往往在只选取一种观念作为观察的视角的情况下，“赋予”（privilege）人民以社会变化的承担者的称号，而对正在起作用的、更为广泛的决定因素于不顾。而且，拉斐尔·萨缪尔发现，“人民”一词对现今英国的马克思主义者来说也是让人感到不舒服的一个词，因为他们觉得这是一个异己的词汇，最好的时候它代表资产阶级的民主，最差的时候则代表资本主义的压迫，这个词所代表的是一个统一的概念。马克思主义者却要试图找到其可辨识的区分点，因为当这个词用于历史研究时，它就是一个含混不清的词，将工匠和商人、无产阶级和农民混到一起。它可以表明人们是一个共同体，但却很难说明他们是一个阶级。最后，人民历史观还被怀疑为“幼稚的”现实主义（“naïve”realism），这种现实主义据称会颠覆马克思主义者的事业，用描述来取代解释，优先考虑那些看得见的力量，忽略那些起作用的却看不见的力量，通过牺牲必要的抽象来获得直观性，而抽象是马克思主义者分析问题的精华。[①]

在拉斐尔·萨缪尔看来，马克思主义和人民的历史的这种不相容性是部分地建立在马克思主义与之前的资产阶级民主思潮的虚假的对立之上的。这就是说，从表面看来，它们之间的对立似

① Raphael Samuel, *People's History and Socialist Theory*, London, Routledge & Kegan Paul Ltd, 1981, pp. xxvii – xxviii.

乎难以克服，其实却是可以克服的。这是一些马克思的后人因害怕沾染上资产阶级民主所造成的结果。马克思本人却没有这种恐惧心理，而且他的很多政治概念都是从他的资产阶级民主先驱者那里借用或者转换过来的。在拉斐尔·萨缪尔看来，不仅马克思是如此，列宁也是这样的。列宁对民粹主义（populist）遗产是持积极肯定的态度，而且在1917年十月革命前夕，他还称赞雅各宾主义（Jacobinism）是“被压迫阶级争取解放斗争的最伟大的表现”。拉斐尔·萨缪尔承认，马克思使用的是“无产阶级”一词，而不是“人民”。但是他认为，在马克思的著作中这个词的意义是可以转换的，其所特指的这些工业中部分人群常常被纳入更为广泛的、更不确定的选民群体之中，即没有财产的、穷苦的人群。他承认马克思没有使用一个民粹主义（populist）的词汇；但是他认为，马克思心中的工人阶级在定义上说总是代表绝大多数人以及处于萌芽时期的普遍的阶级（universal class）——一个通过消灭自身的生存条件而解放全人类的阶级。

社会主义对马克思以及他的后人来说就是要实现民主的理想。这和激进民主派的观点是相同的。其实，在拉斐尔·萨缪尔看来，在20世纪马克思主义者的思想中，民粹主义的倾向要明显得多，因为那时社会主义者和共产主义者站在大众运动的风口浪尖上。他举了一些例子来说明这一点，比如，在欧洲，在十月革命和第三国际的年代里，共产主义者的呼吁是专门对“广大的民众”（the broad mass）或者“数百万劳动人民”（the toiling millions）发出的；在后来实行人民阵线的温和的年代里，同社会民主党人一样，共产主义者也采用“劳动人民”（working people）一词，而没有采用《共产党宣言》中的更为严格的术语；而且在当今的“人民”反对“垄断者”的斗争中，他们也一成不变地采用民粹主义的语汇。在意大利，葛兰西的民族—大众（the national-popular）的观点也是一种基于历史的意大利共产主义者的观点。在中国的共产主义和第三世界的解放运动中，马克思主义者也采用了民族主义的惯用语，将人民看成一个整体。①

在拉斐尔·萨缪尔看来，尽管马克思主义和人民的历史的关系并不融洽，但是，它们之间是紧密联系在一起的。这种联系就是，马克思主义史学家不管他们是否意识到这一点，都在很大的程度上利用了他们的激进民主派（radical-democratic）前辈的成果：哈蒙德（Hammonds）之于E. P. 汤普森的著作影响，托尼（R. H. Tawney）之于克里斯托弗·希尔的影响，弗雷泽（Frazer）和简·哈里森（Jane Harrison）之于乔治·汤姆森（George Thomson）的影响，以及瑞格尔（Riegel）之于安塔尔（Antal）和克林金德（Klingender）的影响，都说明了这一点。而且，拉斐尔·萨缪尔还认为，马克思本人也采用了一种人民的历史，也受到这一领域的前辈的影响，比如受维柯、18世纪苏格兰的历史学派、法国复辟时期自由派历史学家、德国的民俗学家和农民历史学家的影响。这一点很少有人探讨过。拉斐尔·萨缪尔认为，从某种角度来说，马克思的《资本论》就是从下而上的历史，即从受害者角度来看的社会发展的历史。马克思在该书中关于"原始积累"的章节，也远非后来他的一些追随者所认为的那样具有超然精神。马克思的"资产阶级革命"（bourgeois revolution）的概念来源于梯也里和基佐，是他们首先将这个概念用来定义1640年的英国革命以及1789年的法国革命；而且，马克思在《共产党宣言》的开篇中关于互相对立的"两大阵营"（two great camp）——资产阶级和无产阶级——之说，也是从1789年法国的三级会议（States-General）上互相对立的两派那里模仿和转借过来的，这两派中一派是特权阶级，另一派则是劳动阶级。

① Raphael Samuel, *People's History and Socialist Theory*, London, Routledge & Kegan Paul Ltd, 1981, pp. xxviii - xxix.

此外，马克思的无产阶级革命的观点似乎也并不是来自他对资本主义工业的研究，而是源于中世纪的扎克雷农民起义（Jacqueries）以及古罗马的平民起义。在当时除了英国之外各国的无产阶级的人数相对来说很少的情况下，那种无产阶级普世主义（universalist）所要求的范例，只能是源于古老的贵族与平民的对立，是这古老的贵族与平民的对立为人民的历史以及总体上"发现人民"（discovery of the people）提供了基础。①

笔者认为，拉斐尔·萨缪尔上述对人民的历史和马克思主义关系论述的目的，就是要告诫当今英国的马克思主义者，不要因为人民的历史曾经是激进民主主义的或者资产阶级民主的东西而加以抛弃。因为在他看来，历史是连续的，激进民主主义与马克思主义也是一脉相承的。对马克思主义者来说，拒斥人民的历史实际上就是拒斥了社会主义历史工作的大部分遗产。人民的历史研究是过去的马克思主义者工作中重要的内容。他举了诸多例子来说明这一点。第一个例子是共产党历史学家小组（Communist Party Historian's Group）。在他看来，整个"从下往上看的历史"（history from below）运动以及当前英国社会史繁荣的局面，都是在20世纪40～50年代黑暗的冷战时期的共产党历史学家小组里酝酿的，正是在这里，人民的历史的主题得到演练。这个小组中最著名的历史学家克里斯托弗·希尔、艾瑞克·霍布斯鲍姆（Eric Hobsbawm）以及E. P. 汤普森开始了他们早期的历史研究，而且最著名的刊物《过去与现在》（*Past and Present*）得到发行。第二个例子是第二次民歌复兴以及工业歌曲的"发现"运动。他认为，从20世纪50年代的民歌歌会到今天的民间俱乐部，整个运动的构思都应归功于共产主义学者兼歌手A. L. 劳埃德

① Raphael Samuel, *People's History and Socialist Theory*, London, Routledge & Kegan Paul Ltd, 1981, pp. xxix－xxx.

(A. L. Lloyd)和埃万·麦科尔(Ewan MacColl)两人的灵感。第三个例子是大众艺术复兴运动。拉斐尔·萨缪尔认为，社会主义者在这次运动中是走在最前列的。比如，和工程联盟(Amalgamated Engineering Union)合作完成其著作《艺术与工业革命》(*Art and the Industrial Revolution*)的马克思主义艺术批评家弗朗西斯·克林金德(Francis Klingender)、约翰·古曼(John Gorman)、维克多·纽伯格(Victor Neuberg)和路易斯·詹姆士(Louis James)，都在这场运动中起了先锋作用。弗朗西斯·克林金德与工程联盟合作完成了著作《艺术与工业革命》，约翰·古曼这位印刷工兼历史学家是《旗帜鲜艳》(*Banner Bright*)的作者，在从事历史研究之前，他就曾为劳工运动制作旗帜。维克多·纽伯格和路易斯·詹姆士则为大众文学的“发现”(discovery)作出了重大贡献。第四个例子是那些社会型的出版物。这些出版物的核心人物都是有着强烈社会主义信念的作家和合作者。此外，拉斐尔·萨缪尔还举了英国妇女史的例子。他认为，英国妇女史研究在相当大的程度上都是由马克思主义的女权主义者进行的，或者深受她们的影响。拉斐尔·萨缪尔承认，以上这些关于人民的历史的工作以及著作在理论上是否正确还有待考察，但是他觉得，如果仅仅因为这样的人民的历史曾染上民粹主义的痕迹，或者在认识论上不纯而加以拒斥的话，那么留给我们的只有辛德斯(Hindess)和赫斯特(Hirst)的《资本主义以前的生产方式》(*Pre-Capitalist Modes of Production*)这样的“理性的历史”(histoire raisonnee)了。这样的历史是不足以为劳工运动提供养料的，更不是文学艺术或者马克思主义历史学的最闪亮的装饰品。①

---

① Raphael Samuel, *People's History and Socialist Theory*, London, Routledge & Kegan Paul Ltd, 1981, p. xxx.

在拉斐尔·萨缪尔看来，马克思主义与人民的历史不仅不是矛盾的，而且具有相互补充、相互依存的关系。以英国为例，一方面，英国的马克思主义需要某种营养，或者说需要辩证的张力（dialectical tension），而人民的历史刚好能提供这种营养和张力。他认为，在理论和实践中，马克思主义的主张之所以常常变得枯竭，就是因为这些主张仅仅局限于自身概念的世界里，好像要将现实拒之门外，而不是和现实建立密切的联系。在这里，拉斐尔·萨缪尔其实已经注意到了马克思主义理论和历史事实脱节的问题。与拉斐尔·萨缪尔同时代的美国历史学家伊格尔斯也看到了这个问题，他在《欧洲史学新方向》一书中指出："马克思主义者并未成功地将严格的经济发展模式与对历史事件的分析联系在一起，除非他们凭借着不能加以经验证实的广泛的概括"。[①]由此可见，缺乏实证的研究是马克思主义理论的软肋，没有历史事实的佐证，任何理论都只能是空中楼阁。当然，作为一个马克思主义史学家，拉斐尔·萨缪尔指出马克思主义理论的弱点，并不是为了攻击和推翻马克思主义理论；相反，他是想完善马克思主义理论，使之在与形形色色的反动理论的斗争中立于不败之地。那么，怎样才能完善马克思主义理论呢？针对马克思主义理论家只顾空谈理论、不注重历史事实，只顾抽象、不注重研究具体问题的弊病，他提供的解决途径就是注重实证研究，具体来说，就是要注重"从下而上"研究人民的历史。在他看来，一段"从底层往上看"（from the bottom up）的资本主义的历史，可以为我们提供比对价值规律（law of value）的争论更多的关于资本主义生命力的材料的线索。对中世纪贵族地位和骑士制度的讨论，或者对农民的个人主义根源的探讨，比任何次数对"相对自主性"（relative autonomy）的话题的进一步"质询"（interpella-

① 伊格尔斯：《欧洲史学新方向》，华夏出版社，1989，第136页。

tion）都有利于我们从理论上理解意识和意识形态。要想有效地抗击资本主义意识形态，就必须亲自目睹它是如何在我们中间产生的，还必须考察它所满足的需求和欲望以及它所利用的全部可怕的基础。拉斐尔·萨缪尔还认为，我们对社会主义的理解也不是抽象的，只要我们“从底层往上看”（from the bottom up），历史地对其进行考察，仔细研究它神秘的语言、它的没有言表的激情，以及它的认识上的潜意识和不协调性，就会得出这样的结论。[①]

那么，人民的历史到底能给马克思主义提供哪些养料或者辩证的张力呢？拉斐尔·萨缪尔认为，首先，在女权主义的问题上，人民的历史可以为马克思主义提供养料。他说，女权主义所提出的问题触及了所有的马克思主义的历史分析范畴。[②] 笔者认为，他这是在说女权主义所提出的问题在马克思主义的理论中无法找到正确的答案；就是说，马克思主义理论在解释女权主义时存在局限性。翻开女权运动的历史，我们会发现拉斐尔·萨缪尔所说的这种情况的确存在。比如，恩格斯在《家庭、私有制和国家的起源》中说：“妇女解放的第一个先决条件就是一切女性重新回到公共的劳动中去；而要达到这一点，又要求个体家庭不再成为社会的经济单位”。[③] 而马克思主义女权主义者对这种论断显然不满足，在她们看来，妇女受到的特殊压迫是由于妇女在家庭内的传统地位造成的，而妇女的家务劳动在资本主义社会又得不到重视。[④] 再比如，葛兰西认为无产阶级文化霸权的政治工具

① Raphael Samuel, *People's History and Socialist Theory*, London, Routledge & Kegan Paul Ltd, 1981, p. xxxi.

② Raphael Samuel, *People's History and Socialist Theory*, London, Routledge & Kegan Paul Ltd, 1981, pp. xxxi – xxxii.

③ 恩格斯：《家庭、私有制和国家的起源》，人民出版社，1972，第72页。

④ 秦美珠：《困境与选择——马克思主义女性主义的走向》，《华东理工大学学报（社科版）》2002年第4期，第8页。

是工会——工厂中的民主自治。然而，他却忽视了在家中受丈夫奴役的妇女在工厂中不可能得到平等对待的事实，他也没看到有着性别区分的无产阶级不只是文化霸权的牺牲品，事实上，男工在对妇女实行霸权的同时也受到资本家霸权的支配。[①] 于是，就出现了马克思主义女性主义的困境。[②] 对于马克思主义理论在解释女权主义运动的局限性问题，拉斐尔·萨缪尔提出了人民的历史的解决方法。他认为，相对于马克思主义那些抽象的分析而言，人民的历史能够为女权主义提供思想更加开阔的视野。其次，人民的历史还从使用的材料以及最后的着眼点方面，为理论工作和政治工作提出一个关键性的问题，即知识的生产问题。它对现存的智力上的劳动分工（intellectual division of labour）提出了质疑，暗中对知识的专业垄断提出了挑战。它使民主成为判断社会主义思想的准绳，从而不仅鼓励我们自己去解释世界，而且还鼓励我们思考怎样用自己的工作来改变世界。[③]

另一方面，拉斐尔·萨缪尔认为人民的历史也必须得到马克思主义理论的指导。他承认，人民的历史确实需要不断地与马克思主义进行接触，并从这种接触中受益。他认为，如果人民的历史想要达到其固有的目的，创造一种可供选择的（alternative）或者反抗的历史（oppositional history）的话，那么，它就必须将个别与一般、部分与整体、某个时刻与长时段联系起来。拉斐尔·萨缪尔指出，撰写被压迫人民的历史是人民的历史永恒的目标，要达到这个目标，就需要了解社会关系的整体情况。边缘社会群体，

---

① 戴雪红：《西方马克思主义女权主义理论：变革还是继续?》，《福建论坛（文史哲版）》2000 年第 4 期，第 45 页。

② 秦美珠：《困境与选择——马克思主义女性主义的走向》，《华东理工大学学报（社科版）》2002 年第 4 期，第 9 页。

③ Raphael Samuel, *People's History and Socialist Theory*, London, Routledge & Kegan Paul Ltd, 1981, p. xxxii.

如盗匪、流浪汉、异教徒等，是人民的历史最近关注的对象之一，他们只有被放在中心—边缘的关系中才能得到理解。劳动人民的生活（working lives）是社区型（community-based）人民的历史所研究的主题之一，他们必须被置于更广泛的社会的和性别的劳动分工以及围绕技术和男性观念的意识形态背景下进行研究。家庭的重建（family reconstitution），如果要超越计算机所编排的核心家庭（computerise nuclear households）的话，就必须致力于那些马克思主义女性主义者（Marxist-feminist）所提出的关于权力、父权制以及财产关系的问题研究。大众文化也必须和结构主义语言学所提出来的诸如符号的顺序（symbolic order）、非口头交流（non-verbal communication）这样的问题，以及不断变化的“公共的”（public）和“私人的”（private）领域之间的平衡问题放在一起来讨论。同样，如果我们想从生活的历史中学到什么，不管这种历史是口述的历史还是书写的自传，我们都必须对语言和口述的传统进行有理论见识的讨论（theoretically informed discussion），以避免我们对所记录下来的文字的曲解。这就是说，我们必须对大众记忆和历史意识这样的问题进行理论上的自我反省，必须考虑口头语言的双重特点，即它在表达的同时也有所隐瞒，并从这种两重性中得出我们的见解。[①]

总之，在拉斐尔·萨缪尔看来，人民的历史具有多种功能，它既可以把自己封存在一个局部的整体中，使得异己的力量难以侵入；它也可以成为一种解脱方法，逃避当下的不稳定，从而进入到明显的过去的稳定中去；同时，它还可以代表着一种艰苦的工作，它是一种改变我们对整体历史的理解的尝试。[②]

---

① Raphael Samuel, *People's History and Socialist Theory*, London, Routledge & Kegan Paul Ltd, 1981, p. xxxii.

② Raphael Samuel, *People's History and Socialist Theory*, London, Routledge & Kegan Paul Ltd, 1981, pp. xxxii – xxxiii.

第六节　史学民主化的实践：历史工场运动

拉斐尔·萨缪尔除了以著书立说的方式倡导史学民主化外，他还以实践的方式推动史学民主化，这种实践就是以他为首所发起的历史工场运动。

历史工场运动开始于20世纪60年代晚期，是一次史学民主化运动。运动的发源地是拉斐尔·萨缪尔任教的成人教育学院——牛津大学腊斯金学院。运动的名称“历史工场”（History Workshop）是受伊万·麦考（Ewan MacColl）和琼·利特伍德（Joan Littlewood）的“戏剧工场”（Theatre Workshop）的启发而得来的。“对腊斯金学院的目标来说，它不仅意味着即兴创作和非正式的东西，而且也表达了一种互相分享、共同努力达到目标的观念。在一个工人的大学里，更重要的是它和工艺制造的相似性，以及这样的观念：历史是未完结的，微小的模型可以放大成更大的整体，一个目标需要齐心合力才能实现。”[①] 运动最初是“为了在有限的范围内创造一种新的教育方式，抵制或者避开考试制度，鼓励腊斯金学院的学生从事独立的写作和研究”。这样做的理由是“成人教育学生在教育上绝不是像学院的权威机构所认定的那样属于‘弱势群体’，他们尤其擅长用自己的经验和本地知识来撰写民族过去的许多方面，特别是关于19世纪和20世纪的事情”。[②] 可以说，这个运动最初不过是以拉斐尔·萨缪尔为首的腊斯金学院的一群老师和学生所组织的在学院范围内反对英国现代教育制度的行动。后来，这个运动得

---

① Raphael Samuel, *History Workshop*: *A Collectanea 1967 - 1991*, History Workshop 25, 1991, p. 97.

② Raphael Samuel, *History Workshop*: *A Collectanea 1967 - 1991*, History Workshop 25, 1991p. 67.

到推广，几乎波及全国，运动的组织者不仅在伦敦建立了历史研讨会的核心组织，而且在英国其他城市和地区如曼彻斯特、设菲尔德、伯明翰等地都建立了历史研讨会组织。其最终目的是打破学科之间的森严壁垒、条块分割，建立历史学与其他学科如文学、人类学、心理学等之间的联系，并将这些学科用于历史分析；同时打破历史研究由历史学家垄断的局面，吸引更多的人，尤其是非专业的普通民众参与到历史研究和讨论中来。此外，这个运动还希望通过讨论方式，将不同背景、不同政治观点和政治团体的人聚集一起互相交流。据运动的组织者之一、拉斐尔·萨缪尔的助手安娜·达文（Anna Davin）[①] 回忆，1979 年举行的议题为“人民的历史与社会主义理论”的研讨会的目的之一，就是将左派中具有不同知识背景和政治趋向的人聚集在一起，进行建设性的讨论，尽管最后的结果是冲突的暴发和分歧的加深。

历史工场运动采取多种多样的活动形式。其形式之一是每年一次的以“历史工场”为标题的全国性年会。起初年会的地点是在牛津大学腊斯金学院，后来也在全国各地举行。年会的议题多种多样，讨论的内容的范围十分广泛，但仍然围绕历史这个中心。比如，1972 年年会的议题是“儿童与历史”，1975 年的主题是“两次大战中的英国”，1980 年的议题是“语言与历史”，等等。除了每年一次的全国性的、主题比较广泛的大型会议外，也举行主题相对比较具体和狭小的地区性的或者专业性的小型讨论会。这样的讨论会有的是在编辑部的成员之间进行，如 1983 年开会讨论了“维多利亚价值观”问题，1989

① 安娜·达文曾用电子邮件的方式通过已故英国马克思主义学者拉尔夫·密里本德（Ralph Miliband）的遗孀马里恩·科扎克（Marion Kozak）女士，向笔者转发她关于历史工场运动的部分回忆录。

年会议讨论的主题是“爱国主义”。有的讨论是由在当地发展起来的一些学术团体进行，如曼彻斯特、伦敦东区、肯特等地的学术团体；有的则是一些专业团体所组织的讨论，如艺术和社会协会、科学与社会协会等。不管是全国性的还是地区性的会议，抑或是专业性的会议，都吸引了成千的人来参加或者旁听。这些人中有来自大学和成人教育机构的学生、工会分子、社区活动分子，还有教师。

为了给历史工场运动的活动提供一个基地，运动的组织者还成立了一些中心，比较著名的有三个，它们是伦敦历史工场中心（London History Workshop Centre）、牛津中心（Oxford Centre）和电视历史中心（Television History Centre）。其中最大的应该属伦敦历史工场中心，它成立于 1983 年春，它的成立得到纳菲尔德基金会种子基金（Nuffield Foundation seed money）的帮助，同时也得到了大伦敦市议会（GLC）和卡姆登参议会（Camden Council）的支持。这个中心的主要任务之一是录制音像，为社区历史学家进行培训，并对外提供器材租借。可是，随着大伦敦市议会的解散，该中心失去资金扶持，不久宣布解散，其档案资料转入伦敦博物馆。牛津中心成立于 1984 年，该中心成立后除了发布了一些时事通讯外，也举办一些研讨会，仅 1984 年一年就举行了 9 次研讨会。此外，这个中心还承担“海报档案”（Poster Archive）和“生活史档案”（Life History Archive）两个项目，并开办国际暑期学校。电视历史中心是一个慈善机构，其任务是负责著作和刊物的出版与销售，同时也播放电影。

20 世纪 80 年代中期，历史工场中心的主要精力不是放在出版发行刊物上；而是放在召开一系列重要会议，举办暑期培训班，以及推广和协调历史工场活动上。其协调工作之一就是发布时事通讯，其中 1985 年所发布的第三期时事通讯量大，具有趣味性，知识性强，且制作精良。不过，第三期也是最后一期，因为协调工作需要大量的时间、场地以及钱财，这是中心所承受不起的。

随着历史工场运动的深入，1976 年运动的主要刊物《历史工场杂志》（*History Workshop Journal*）得以创刊；其副标题是“社会主义历史学家的杂志”（a journal of socialist historians），表明其是社会主义的倾向，以吸引广大的工人群众。1982 年春，该杂志的副标题又在社会主义后面加上了“女权主义者”（and feminist），成为“社会主义和女权主义历史学家的杂志”，表明了其对妇女问题的关注。然而，该杂志从 1995 年起取消了副标题。

《历史工场杂志》每年发行两期，从未间断，到拉斐尔·萨缪尔去世时已经发行了 42 期，现在仍在继续发行，到 2007 年底已经发行了 64 期。该刊物创办初期遇到的最大困难是资金的短缺。据安娜·达文回记，创刊的首笔资金大部分是通过募捐得来的。那时，刊物是在资金极其拮据的情况下运作，编辑们都是无偿工作，尽管如此，仍存在资金的缺口。于是，组织者们通过卖书来弥补缺额。安娜·达文（Anna Davin）和萨莉·亚历山大（Sally Alexander）组织人员在伦敦卖书，安妮·萨默斯（Anne Summers）则在牛津组织卖书。后来卖书筹款的方式也不得不取消，因为他们和书商发生了冲突，书商将他们卖书的桌子拆走了。除了卖书，他们还组织民间慈善音乐会（Benefit Folk Concert）的方式来筹款，演出地点在滑铁卢活动中心（Waterloo Action Center），阿伦·霍金斯（Alun Howkins）是主要组织者。音乐会非常有趣，在演出结束时，阿伦·霍金斯让所有的人都跳起舞来。然而，所筹集来的资金和组织这样的活动所花费的时间和精力相比是不相称的，后者远远大于前者。

《历史工场杂志》是历史工场运动重要的组成部分。它在 1976 年第一期首页发表的社论中就表明，其任务是“更加广泛地分担历史工场运动的工作，使历史工场运动的理念得到更加经常性的、永久性的表达”。① 它所关心的事情是让历史的边界更加接近大众的生活，也就是说，和历史工场运动一样，它的目的是推进历史的大众化、民主化，让更多的人认识到历史在社会中的作用。它提出的中心任务是反对学术上的条块分割，让普通民众能够接触历史。因此，它要求作者不要将读者当成有专业知识的人，避免使用行话和外来词语，要求对晦涩的词句进行解释。同时，它鼓励那些工人学生和非专业人士投稿和参与讨论，用他们自己的语言来描述自己的生活，因此原创性成为该刊物的一大亮点。为了能够吸引更多的读者，该刊物还在排版设计上下工夫。如果你有幸拥有这样一本刊物，你就会发现，该刊物每一期的封面设计都十分漂亮精美，而且刊物中配备了大量的插图。正因为如此，该刊物的发行量迅速增加，仅 1976 年 9 月份发行的第二期的发行量差不多达到 1600 份，编辑们确信该期的订购量还会上升，达到 2000 份左右。②

《历史工场杂志》还注重加强国际联系，经常刊登国外学者的稿件，组织翻译人员翻译国外稿件进行发表。这个刊物在国外也获得了认可，被一些国外学者看成是一个重要的历史表达渠道。

该刊物设有各种不同的栏目，开始部分一般是 4 ~ 5 篇研究性文章，内容涉及不同的主题和时期，常常辅之以专题讨论。比如，在第 45 期中的专题是“心理分析与历史”，第 46 期的专题是“1798 年的海地起义”。“总体的历史”（History at large）是该刊一个固定的专栏，登载一些关于当今历史的短篇文章，这些文章论述历史是如何形成的，怎么解释，怎么表现，怎么进行理

① Editorial Collective, “Editorial: History Workshop Journal”, *History Workshop Journal*（Ⅰ）, 1976, p. 1.

② Editorial Collective, “Editorial: Progress and Problems in our first year”, *History Workshop Journal*（Ⅱ）, 1976, p. 2.

解。第46期登载的海伦·尼科尔森（Hellen Nicholson）的“后现代的精灵”（Postmodern fairies），第47期登载的斯蒂芬豪的“1798年团结的爱尔兰起义200周年的历史、政治和记忆”（History, Politics and Memory in the Bicentenary of the 1798 United Irish Uprising），第48期登载的斯图亚特·霍尔（Stuart Hall）的“从斯卡曼到斯蒂芬劳伦斯”（From Scarman to Stephen Lawrence）等，都属于这类文章。

“档案和原始资料”栏目所讨论的是具体的史料。比如第47期发表的亚历克斯·金（Alex King）的“联邦的战争墓地委员会档案”（The Archive of the Commonwealth War Graves Commission），第49期发表米歇尔·伊丽莎白·图三杜桑（Michelle Elizabeth Tusan）的“加强妇女档案使用协会”（The Society for Promoting the Employment of Women Archive）等文章，都属于这一类型。

“进展中的工作”栏目则是让历史学家讨论历史研究的过程，并通报他们在研究中所发现的问题；“历史的热情”栏目是让人们分享对历史的兴趣；最后是讣告栏和纪事栏，其目的是提醒人们注意所发生的事件、出版物、展览、档案以及其他资料。

《历史工场杂志》的第一批编辑由10人组成，他们是：拉斐尔·萨缪尔（Raphael Samuel）、萨莉·亚历山大（Sally Alexander）、安娜·达文（Anna Davin）、阿伦·霍金斯（Alun Howkins）、提姆·梅森（Tim Mason）、加雷斯·斯帝德曼·琼斯（Gareth Stedman Jones）安妮·萨默斯（Anne Summers）、休·布尔洛克（Sue Bullock）、斯坦·希普尼（Stan Shipley）、安德鲁·林肯（Andrew Lincoln）。他们中有5人只干一年就离开了岗位，其工作由另外的人接替；其他4人则干了9年、15年、19年不等；拉斐尔·萨缪尔干的时间最长，他在这个岗位上工作了21年，直到1996年因癌症去世。

为了进一步推进历史工场运动，在提姆·梅森（Tim Mason）的倡议下，从1981年起由《历史工场杂志》出资，每年由其编辑们组织开办伦敦历史研讨讲习班（London History Workshop Seminar）。该讲习班的主要组织者是安娜·达文。开办讲习班的目的是"提供一个比每年的研讨会更为经常的（更小规模的）集会地点，为《历史工场杂志》挑选潜在的专业论文和主题提供平台，尤其是为欢迎远方的来访者提供一个固定的地点"。[①] 讲习班开办的时间是每月的第一个星期一，地点别出心裁地选在位于伦敦中心的酒吧，比如，1981年、1982年、1983年讲习班的地点都选在"黑马酒吧"（Black Horse），1984年则改在"麦束酒吧"（Wheatsheaf）。选取酒吧这种人员混乱的场所而不是学术的会堂作为讲习班的地点，其目的很显然，就是为吸引更多没有学术背景的普通人参与，同时也创造一种学术自由的氛围，好让参与者畅所欲言。参加讲习班的人数常常是40~100人不等，[②] 这些人中有发言人、也有听众，他们来自不同的背景。1981年的发言人有汉斯·麦迪克（Hans Medick）、沙宁（Teodor Shanin）、提姆·梅森（Tim Mason）、斯图亚特·霍尔（Stuart Hall）等；1982年讲习班的发言人有萨利·亚历山大（Sally Alexander）、乔纳森·蔡特林（Jonathan Zeitlin）、迈克尔·伊克内提夫（Michael Ignatieff）等；1983年的发言人有拉斐尔·萨缪尔、辛西亚·科伯恩（Cynthia Cockburn）、阿伦·霍金斯（Alun Howkins）、克里斯托弗·希尔（Christopher Hill）等人。发言人发言结束后就是讨论，据安娜·达文回忆，每次讨论都是活跃的、非正式的，通常是持续时间很久。

---

① Raphael Samuel, *History Workshop: A Collectanea 1967 - 1991*, History Workshop 25, 1991, p. 43.

② Raphael Samuel, *History Workshop: A Collectanea 1967 - 1991*, History Workshop 25, 1991, p. 43.

除了经常性的、一年一度的研讨会、讲习班之外，历史工场运动的组织者还组织临时性的研讨会，比如在1989年、1990年、1991年连续三年举行的临时性研讨会的主题是“历史、民族和学校”（History，the Nation and the School）。这种主题的研讨会将教师、学生以及历史学家聚集在一起，讨论英国在1988年通过的《教育改革法案》中制订的“国民教育课程”（Nation Curriculum）所带来的问题。

历史工场运动期间，运动的组织者和参与者们还印制发行了大量小册子，有腊斯金系列的小册子，也有伦敦历史工场中心系列的小册子。运动的主要策划人之一安娜·达文给笔者发的电子邮件中就列举了一些小册子的书目，从1970年到1973年，由腊斯金学院发行的系列小册子有12种；从1981年到1990年，由伦敦历史工场中心发行的系列小册子有7种。为了纪念历史工场运动25周年，1991年由拉斐尔·萨缪尔特别编辑出版了《历史工场选集1967～1991》（*History Workshop：A Collectanea 1967－1991*）的小册子。此外，运动的组织者还出版了一系列丛书，据统计，从1975年到1991年间共出版了30种著作，其中由拉斐尔·萨缪尔主编或者参与编辑出版的著作有12种。①

以拉斐尔·萨缪尔为首以腊斯金学院为基地发起的历史工场运动，在英国历史上是一场规模空前的史学民主化运动。它吸引了众多学者以及无数下层民众，使他们积极参与其中，它在一定程度上打破了专业学术圈的樊篱，成为专业历史学家和广大民众交流互动的场所和相互沟通的桥梁。在运动过程中，运动的组织者采取研讨会、讲习班、发行出版物等多种形式普及历史知识，利用电视、录音机等现代设备宣传和记录历史，

① Raphael Samuel，*History Workshop：A Collectanea 1967－1991*，History Workshop 25，1991，pp. 183－189.

极大地激发了民众对历史的兴趣，增加了民众的历史意识，应该说，其成果是丰硕的，在推动知识大众化、学术民主化方面的意义是深远的。

这场运动概括起来具有如下特点。特点之一是持续时间长。这场运动从 20 世纪 60 年代末开始，在 70 年代达到高潮，一直持续到 1996 年拉斐尔·萨缪尔的去世时才告一段落，历时近 30 年。如果从广义上来说，历史工场运动仍在持续，因为这场运动的重要结晶《历史工场杂志》作为国际上史学研究的重要刊物之一至今仍在发行，成为拉斐尔·萨缪尔的后继者们继续其史学民主化主张的主阵地之一。为了更好地将拉斐尔·萨缪尔的事业进行下去，拉斐尔·萨缪尔的后继者们将他生前所建立的“东伦敦历史中心”更名为“拉斐尔·萨缪尔历史中心”，声称该中心的目的是“致力于最大范围地鼓励人们参与历史研究和讨论”。[①] 这个中心显然又是后继者们推进史学大众化的另一个主阵地。特点之二是影响范围广。一方面，作为这场运动主阵地的《历史工场杂志》吸引了大量的来自国际的稿件；另一方面，正如伊格尔斯所说的那样，历史工场这种模式被欧美一些国家所模仿，比如，在德国、美国、爱尔兰等地都有历史工场组织。《历史工场杂志》还曾报道美国的马萨诸塞历史工场制作了两本新的小册子：一本是《移民城市中的生活与时日：一个纺织城的记忆》，另一本是《生长在鞋业衰败时期的林恩市的一代人的声音》。[②] 拉斐尔·萨缪尔还曾专门撰文记叙他们一行 15 人乘“霍利黑德”号轮船渡海参加爱尔兰的都柏林历史工场的情况。[③] 特点之三是广泛的群众性。这从参与的人数之多可以反映出来，比如，在

---

① http：//www. raphael-samuel. org. uk/about-centre.

② “noticeboard”, *History Workshop Journal*, 1981, No. 12 (1), p. 205.

③ Raphael Samuel, “Dublin History Workshop, 10 – 12 March 1978”, *History Workshop Journal*, No. 6 (1), 1978, p. 215.

1969年11月29～30日在腊斯金学院召开的第四次历史工场年会，参加人数高达600人。[①] 马丁·克图（Martin Kettle）在一篇题为“历史的经历”（The experience of history）的文章中这样描述研讨会的盛况：“随着腊斯金历史工场研讨会人数的增加，组织者们不得不寻找另外的集会地点来执行研讨会的各种程序……附近的房屋和大厅都被征用了”。[②] 参加研讨活动的除了少数专家学者外，其余的绝大多数是普通的没有学术背景的民众。特点之四是民主性。这个运动的目标是推倒学科之间的高墙，打破学术的神秘感，向大众普及历史知识，培养大众的历史意识，就这一点而言，历史工场运动可以说已基本实现了其目标。因为，一方面，作为一个以历史为主题的研讨活动能吸引那么多没有学术背景的人群参与，这本身就表明历史研讨会从形式和内容上都是适合大众口味的，没有在学术和普通民众之间设置高墙和壁垒，而且在会堂上学者和普通民众可以面对面地讨论，学者和普通民众处于平等的地位，这有利于广大民众积极参与历史的学习与研究。此外，历史工场运动印制了大量的书籍和小册子，这些出版物的销售十分火爆，这有利于历史知识的普及和传播，同时也表明大众的历史意识在增强。另一方面，腊斯金学院的学生积极投身到这场运动中，他们为学院的讲习班撰写文稿，在全国性的研讨会上发表演讲，后来又撰写小册子或者书籍。如果用腊斯金学院的标准来衡量，这些人并非是“有抱负的人”（high fliers），他们中许多人进入学院后在写每周的论文方面存在困难，而且他们的期末报告单上显示其成绩极差。其中两个成绩是B－的学生后来竟然成为全职

① Raphael Samuel, *History Workshop: A Collectanea 1967 - 1991*, History Workshop 25, 1991, p. 103.

② Raphael Samuel, *History Workshop: A Collectanea 1967 - 1991*, History Workshop 25, 1991, p. 107.

的历史学家和《历史工场杂志》的创刊编辑（founder-editor）。[①] 拉斐尔·萨缪尔主编的《乡村的生活与劳动》一书共有四章内容，除了他本人撰写两章外，另外两章分别由两名腊斯金学院的学生撰写。其中一章“十九世纪乡村生活中庄稼收割汉的地位”的撰写者大卫·摩根（David Morgan），在1967年成为一名腊斯金学院学生之前当了20年的放牛郎；另一章“乡村劳动的女孩”的撰稿者詹妮·凯特琳汉姆（Jennie Kitteringham），在1969年成为腊斯金学院的学生之前一直都在多塞特和沃里克郡的农场里生活。他们所撰写的都是自己过去的亲身经历。这些就进一步表明这场运动对人们的历史意识的激发作用，也说明“拉斐尔·萨缪尔和他的同事们所激起的创造力是非常惊人的”。[②]

然而，历史工场运动也存在着一些问题，从而受到人们的批评。从人们的批评来看，主要问题表现在两个方面。第一，尽管历史工场运动以史学大众化、民主化为己任，积极向大众推广和普及通俗易懂的历史知识，并采取了一些措施，如要求《历史工场杂志》的投稿者不要将读者当成是有专业知识的人，避免使用行话和外来词语，要求对晦涩的词句进行解释等。然而，在运动期间所进行的演讲和发表的文章中，仍然存在着社会史各分支领域条块分割的现象，充斥着各种艰涩的理论，所使用的语言对普通人来说十分抽象晦涩，“以至于大多数文章都难以读懂”，[③] 以至于“几乎从一开始人们就抱怨，历史工场正在变成另一种高不可攀的学界人士的工具，成为他们发表各式各样的行话满篇的理

---

① Raphael Samuel, *History Workshop: A Collectanea 1967 - 1991*, History Workshop 25, 1991, p. 67.

② Dave Russell, "Raphael Samuel, History Workshop and the value of democratic scholarship", *Popular Music* (Volume 16/2), Cambridge University Press, 1997, p. 218.

③ G. D. Herbert, "Letters", *History Workshop Journal*, No. 40, 1995, p. 272.

论的文章，以及展示他们在选择合适的语言模式和学术风格方面极度无能的场所”。[①] 也许正是因为上述原因，美国历史学家伊格尔斯说：历史工场运动很不完全地达到了史学民主化的目的，因此他认为对历史工场在历史学中的地位不应评价过高。[②]

第二，尽管《历史工场杂志》从一开始就以副标题的形式表明了其社会主义的倾向，后来考虑到“社会主义不足以包含女权主义”，[③] 于是又在副标题上加上了女权主义的字样，以表明其对女性问题的重视。但自 1995 年以后，杂志就取消了表明社会主义和女权主义倾向的副标题。据杂志的编辑们称，他们之所以要去掉副标题，是因为“自从上次更改刊头后的 14 年以来，我们所工作的政治环境已经变化得几乎无法辨认了”。他们认为，《历史工场杂志》的宗旨是“用历史来对现在施加影响，为了适应政治的变化，用历史知识和分析来理解当今的政治”。为了适应这种变化了的政治形式，他们认为“我们最好是在我们自己的颜色下航行”。[④]

不管编辑们给出了什么理由，去掉副标题一事还是遭到了众多人的批评。读者基思·弗勒特（Keith Flett）在写给编辑部的信中质问为什么要去掉“社会主义和女权主义的历史学家的杂志”这个副标题，他认为“社会主义”一词本身就是一种描述那种能让历史学家投身于反抗我们不得不生活于其下的东西方的悲惨的制度的杂志的绝佳途径。他一针见血地指出，编辑们的理

---

① Dave Russell, “Raphael Samuel, History Workshop and the Value of Democratic Scholarship”, *Popular Music* (Volume 16/2), Cambridge University Press, 1997, p. 218.

② 伊格尔斯：《二十世纪的历史学》，辽宁教育出版社，2003，第 102 ~ 106 页。

③ Editorials, “Change and Continuity”, *History Workshop Journal*, No. 39, 1995, p. iii.

④ Editorials, “Change and Continuity”, *History Workshop Journal*, No. 39, 1995, pp. iii – iv.

由在很大程度上是一种后现代主义的说辞。在他看来，即使女权主义在近年来向右转，且剩余的女权运动大多与劳工或者社会主义脱离了干系，那么去掉“女权主义”，重新回到“社会主义”也比去掉整个副标题强。[①] 约翰·哥曼（John Gorman）批评《历史工场杂志》没有经过大多数人的同意就随意改换副标题。他认为这个杂志已经和工党很相似了：一幅新的面孔，虚有其表，再也不提社会主义，方向改变的指令从高层下达。他认为，社会主义作为副标题已经是包罗万象了，没有必要再加上女权主义的字样，因为这会导致对其他激进主义的忽视。在他看来，《历史工场杂志》去掉社会主义的字样，就使得这个杂志和别的杂志没有什么区别了。针对编辑们所给出的“我们最好在自己的颜色下航行”的理由，约翰·哥曼表示，他的颜色仍旧是红色。[②] 伊恩·休斯（Ian Hughes）则针对编辑们所给出的政治环境变化的理由进行了驳斥，他认为政治气候的变化并不代表我们作为社会主义者必须接受这种无常的变化；在他看来，社会主义总是意味着反抗资本主义的意识形态的统治。[③]

尽管历史工场运动存在这样和那样的问题，但是作为一次史学民主化的尝试，其意义是深远的。它说明，并非民众不喜欢历史，不热爱知识，而是史学专业化后学者对学术的垄断使学术越来越远离大众。最近中国的百家讲坛的火爆也同样说明了这个问题。只有将学术从象牙塔中请出来，让学术与大众相结合，才能更好地让学术为大众服务，同时学术也才能获得更广阔的发展空间。

---

① Keith Flett, "Letters", *History Workshop Journal*, No. 40, 1995, p. 270.

② John Gorman, "Letters", *History Workshop Journal*, No. 40, 1995, pp. 271.

③ Ian Hughes, "Letters", *History Workshop Journal*, No. 40, 1995, p. 271.

第二章　史学本体论

第一节　视觉图像

可以说，古往今来的西方历史研究和编撰大多在文字和口述资料的基础上进行的。希罗多德的《历史》的写成就是充分利用了当时他所能看到的各种文献资料，诸如史诗、档案、碑铭、前辈作家的著作，以及他亲自采访和实地调查所得的材料。[①] 比德在其著名的《英吉利教会史》前言中坦言：他的这部著作的史料主要来自一个名叫阿尔宾纳斯的修道院院长，而“这位院长是部分从其他人的著作、部分从长辈的传说那里获得这些资料的”。[②] 吉本承认他的长篇巨著《罗马帝国衰亡史》“是从最近时期古典著作的阅读中推演出来的”。[③] 兰克强调史料考证，并提出了“内证”和“外证”两种方法来考证史料。但是，兰克所考证的史料可以说绝大部分是文字史料，他的《拉丁和条顿民族史》是在参考了大量档案文件的基础上完成的。从对古代到近现代的西方著名历史学家及其重要著作的成书过程的考察中，我们可以得知他们所采用的史料绝大部分是文字资料。他们也许会承认图画是历史研究的史料，但在他们的史学理论和史学实践都没

---

① 张广智：《西方史学史》，复旦大学出版社，2000，第14～15页。

② 〔英〕比德：《英吉利教会史》，商务印书馆，1996，第19页。

③ 〔英〕爱德华·吉本：《吉本自传》，三联书店，1989，第159页。

有提及图像在历史研究和历史记忆中的重要性。

世事往往是这样的，当局者迷，旁观者清。主流史学的失误常常能被非主流的史学家所察觉。也许正是作为一个边缘史学家，“一个学术圈之外的杰出的历史经理人”，[①] 拉斐尔·萨缪尔才有优势用冷峻的目光审视主流的史学界。在他的审视中，英国史学界存在着严重忽视视觉图像的现象。英国的整个历史方面的训练都是偏向于文学或者统计，而不是视觉，对文本的批判是社会历史学家的基本技能，而对肖像的研究——即对图像起源和意义的鉴别——仍然被看成是专业美术的一个分支。除了少数几种外，绝大多数学术刊物都没有插图。大多数学术专著都是长篇累牍的印刷字体。在演讲大厅和教室里，黑板往往是唯一的视觉辅助工具。即使在图片用于历史出版物的情况下，图片选择的任务也是交给图片研究人员去处理。“肖像学这门鉴别图像的来源以及意义的学问，也被当成美术专业的一个分支”而加以轻视。[②]

拉斐尔·萨缪尔审视的目光不仅审视整个英国的史学界，而且对他所属的马克思主义史学阵营内部也一视同仁，甚至更加挑剔。一向被认为是“英国一批马克思主义史学家的一个杰出贡献”[③] 的“从下往上看的历史”（history from below），在拉斐尔·萨缪尔的审视下也不是完美无缺的，尽管他本人也是这个史学派别中的一员，且曾盛赞这种“新潮”（new wave）的学术致力于将英格兰不为人知的人们从后世子孙的“巨大不屑一顾”

---

① Judith. R. Walkowitz, “Raphael Samuel. Theatres of Memory. Volume 1, Past and Present in Comtemporary Culture. New York: Verso. 1994”, *American Historical Review*, February, 1998, p. 182.

② Raphael Samuel, “Art, Politics, and Ideology: Editorial Introduction”, *History Workshop Journal*, No. 6, 1978, p. 101.

③ 徐浩、侯建新：《当代西方史学流派》，中国人民大学出版社，1996，第188页。

(enormous condescension) 中拯救出来。[1]。在他看来，这种历史自从20世纪60年代卷入了文化革命中后，仍然采用传统的写作、教学和研究方法，尽管这种“新潮”的社会史也采用照片，但那也是为表明其内容的真实性，而不是为了显示图片的价值或者对图片的兴趣。尤其值得一提的是，拉斐尔·萨缪尔审视的目光不仅瞄准英国的史学大潮，而且还瞄准英国左派史学潮流中两位鼎鼎大名的领军人物E. P. 汤普森和彼德·拉斯莱特(Peter Laslett)。他审视的结果是：E. P. 汤普森的《工人阶级的形成》这部描述英国政治漫画中的最辉煌岁月的长达800页的巨著，竟然没有一张图片来使叙述更具趣味性；彼德·拉斯莱特的《我们失去的世界》(*The World We Have Lost*) 这部较多地描述人民历史中家庭生活的著作，也没有使用一张图片。[2]

拉斐尔·萨缪尔虽然对英国主流史学忽视图像的现象没有使用过激的言辞，只是平静地、叙述般地把这些现象呈现给人们。然而，从他的陈述中我们不难发现，其暗含的尖锐的批评以及对这种现象的痛心。作为一名职业史学家，他觉得有责任来唤起人们对这一问题的重视。当然，他在用批评来唤起人们注意的同时，也不忘以身作则地以自己的史学实践来彰显视觉图像的价值。在他所撰写或者主编的著作与刊物中，几乎都采用了数量不等的图片，有的是照片，有的是雕版画，还有的是绘制的图画。比如，在著作《记忆的戏台》第一卷中有35幅图片、第二卷中有31幅图片，其中第一卷第33页就是著名的贝叶挂毯的片断图片。[3] 在他主编的《内部的敌人》(*The Enemy Within*) 中附有42张图，其中不少是反映工人游行和罢工的图

① Raphael Samuel, *Theatres of Memory*, Volume 1, Verso, 1994, p. 38.

② Raphael Samuel, *Theatres of Memory*, Volume 1, Verso, 1994, p. 38.

③ Raphael Samuel, *Theatres of Memory*, Volume 1, Verso, 1994, p. 33.

片，如该书的第 81 页就有 1984 年 5 月 1 日白瑞山（Berry Hill）矿工游行示威反对斯卡吉尔（Scargill）以及英国全国矿工联盟（NUM）的照片，[①] 第 16 页则是马路艺术家在诺丁汉市中心为罢工的矿工募捐的照片。[②] 他主编的《乡村生活与劳动》的第 202 ~ 203 页就插入了 20 幅反映乡村生活的图片。[③] 他主编的《东端的黑社会》（*East End Underworld*）中也有 17 幅插图。值得一提的是，拉斐尔·萨缪尔还在其主编的《历史工场杂志》（*History Workshop Journal*）这个有影响的刊物中大量使用插图，比如，在 1979 年的《历史工场杂志》上册的第 66 ~ 84 页就使用了 6 幅插图。[④]

（一）图像的重要性

在拉斐尔·萨缪尔看来，图像是十分重要的，他将视觉图像等同于艺术（art），而“艺术是社会生活中的一种基本部件”，也是“资本主义社会中的一种财富的衡量标准、价值的贮藏形式以及商品生产中的重要元素”。[⑤] 他还把图像比作“记忆的影子”（memory's shadows），它们是沉睡中的形象，会不由自主地活跃起来，仿佛幽灵般地为我们的思维放哨站岗。[⑥] 他认为，即使图

---

① Raphael Samuel, Barbara Bloomfield, Guy Boanas edited, *The Enemy Within: Pit Villages and the Miners' Strike of 1984 - 1985*, Routledge & Kegan Paul Ltd, 1986, p. 81.

② Raphael Samuel, Barbara Bloomfield, Guy Boanas edited, *The Enemy Within: Pit Villages and the Miners' Strike of 1984 - 1985*, Routledge & Kegan Paul Ltd, 1986, p. 16.

③ Raphael Samuel edited, *Village Life and Labour*, Routledge & Kegan Paul Ltd, 1975, pp. 202 - 203.

④ Raphael Samuel, *History Workshop Journal*, No. 7, 1979, pp. 66 - 84.

⑤ Raphael Samuel, "Art, Politics, and Ideology: Editorial Introduction", *History Workshop Journal*, No. 6, 1978, p. 101.

⑥ Raphael Samuel, *Theatres of Memory*, Volume 1, Verso, 1994, p. 27.

像得不到承认，它们也不可避免地出现在我们对过去的理解中。[1] 因此他呼吁，历史编纂学对图像应该像对待手稿或者印刷材料那样给予足够的重视。在他看来，图像的重要作用主要表现在历史研究和历史记忆两个方面。

1. 图像在历史研究中的重要作用

第一，在拉斐尔·萨缪尔看来，图像能为历史学家提供至关重要的证据和基准。他认为，木雕和雕版图能为我们提供一个坐标（grid）来记录劳动者的性别和分工。与那些论述地产管理或者轮作制度变化的正式论文相比，水彩画家的草图或者风景画更能使我们深切地了解 18 世纪农牧业的情况。生产商的目录或者贸易商人有雕饰的卡片，可以使我们断定新商品到来的日期。从文艺复兴时期起往后的技术制图，能使我们了解机器和工厂的发展演变过程。大量贮存于 19 世纪的商易报纸和设计杂志中很少被人提及的工业图片，能告诉我们大量关于劳动小组的成员组成以及技术的变化。本土艺术家的作品能使我们对地区贸易有一个活生生的了解，等等。[2]

第二，在拉斐尔·萨缪尔看来，视觉艺术还能为我们理解书面材料中保持沉默或者守口如瓶的内容提供有价值的帮助，它能使我们对过去有一种不同的、更加直观的感受。不过，在拉斐尔·萨缪尔看来，视觉艺术的这些作用还只是次要的，它对历史学家的主要价值还在于有助于他们构建一种新型的研究框架，为各种事实提供一种想象的证据，这些事实是历史学家应该怀疑的；它还引导历史学家探索那些不应该被忽视然而实际上却被忽视的主题。拉斐尔·萨缪尔认为，叙事序列（narrative sequence）

---

① Raphael Samuel, Art, Politics, and Ideology: Editorial Introduction, *History Workshop Journal*, No. 6, 1978, p. 101.

② Raphael Samuel, "Art, Politics, and Ideology: Editorial Introduction", *History Workshop Journal*, No. 6, 1978, pp. 101 - 102.

或者家庭室内的照片，能够给社会史学家研究婚姻、亲子关系以及家庭状况提供基本的信息。在他看来，不断变化的男性阳刚和女性柔弱的特征，或者男性追求万能的幻想以及他们心目中的对象的理想化，都可以从欧洲油画中“不断重复出现的主题”——女性的裸露中反映出来。[①]

第三，拉斐尔·萨缪尔认为，对研究意识形态的历史学家来说，研究视觉艺术可能是最富有成效。因为在他看来，艺术可以使我们关注潜意识的维持着社会秩序的希望与恐惧，把那些构成意识形态的模糊的部分突显出来。他举例说，中世纪的图像，不管是壁画还是浅浮雕，或者是带插图的手稿，都能向我们展示人们通过训导所产生的信仰，使我们感触到当时所盛行的等级观念和社会的主从关系，同时也向我们展示教会和贵族用以维持自身存在的梦幻和自我欺骗。比如，靠敲诈勒索和横征暴敛生活的军阀，往往以身着铠甲的侠义骑士的面目出现；靠封建地租或者特权而养肥的基督教徒，却把自己打扮成精神生活的表率；后来发展起来的资产阶级肖像画也是如法炮制，将阶级利益夸大为公民的德行（civic virtue），将财富尊为“优雅”（refinement），让父权制在家庭生活中肆意横行。[②]

第四，拉斐尔·萨缪尔认为，艺术除了给“官方的”事实增辉外，比如歌颂家族、神化寺院、美化战争，它还能为我们提供一系列讽刺性的形象，如同在狂欢节那样，这些形象使我们一窥地覆天翻（the World Turned Upside Down）时的景象。比如，在16～17世纪的民间版画中，富人被描绘成贪婪的形象，律师被画成骗子，贵族则被刻画成愚蠢到极点的人。此外，拉斐

① Raphael Samuel, “Art, Politics, and Ideology: Editorial Introduction”, *History Workshop Journal*, No. 6, 1978, p. 102.

② Raphael Samuel, “Art, Politics, and Ideology: Editorial Introduction”, *History Workshop Journal*, No. 6, 1978, p. 102.

尔·萨缪尔认为，在视觉图像中，婚姻也是以一种滑稽的方式表现出来的。视觉图像为大众表达一种可恶的反女权主义（anti-feminism）的幻想提供了媒介，在这种反女性主义的幻想中，泼妇和悍妇被打死。①

第五，拉斐尔·萨缪尔认为，艺术也能迫使我们重新思考政治学说，其方式是将我们的注意力引向这些政治学说所构成的一部分精神图景。在他看来，任何政治学说都是时代的产物，政治学说呈现给我们的大多是抽象的概念，而这些政治学说所产生的真正原因及其背景却很少为人所知。拉斐尔·萨缪尔认为，视觉艺术往往能使我们直观地了解政治学说所产生的原因与背景，从而有助于我们理解政治学说的精神实质。因此他觉得，有了视觉艺术，我们就不必把个人主义或者集体主义当成抽象的概念，而是直接去接触其富于想象力的实质。他举例说，就个人主义而言，没有什么能比贺加斯（Hogarth）的画《进步》（*Progresses*）更能表现宣扬个人主义的阶级道德了，这种阶级道德拥护"勤劳的人们"（industrious sorts of people），将懒惰等同于邪恶。同样，反映法国革命暴烈场面的肖像画远比立宪主义者的人权理论更能表现个人主义。此外，拉斐尔·萨缪尔认为，艺术还能预见政治的现实。在他看来，俄国的未来主义者对工程的痴迷以及对机器的倍加赞赏，这就显然预示着现代化的梦想，在苏联的五年计划期间，这种现代化的梦想是苏联共产主义的至关重要的组成部分。②

第六，拉斐尔·萨缪尔认为，如果我们把视觉图像当成基本的文本，而不是当成偶然的插图的话，我们会对一些传统的政治

---

① Raphael Samuel, "Art, Politics, and Ideology: Editorial Introduction", *History Workshop Journal*, No. 6, 1978, pp. 102 - 103.

② Raphael Samuel, "Art, Politics, and Ideology: Editorial Introduction", *History Workshop Journal*, No. 6, 1978, p. 103.

趋势（conventional political maps）产生质疑。比如，工人历史学家一般都将彼得卢时代（Age of Peterloo）看成是英国工人阶级形成的时期，是工人阶级的激进主义和工会主义（working class radicalism and unionism）开始的时期；而那个时期的政治版画则表明完全不是那么回事。拉斐尔·萨缪尔通过观察发现，这些版画所描绘的都是一些用动物的图案以及鬼神的形状来表现的寓言，它们有些是取自宗教改革时期的反天主教的图片，用圆肚子的主教代替僧侣和修女；有些图画是取自中世纪；有的是仿效16~17世纪的“民间版画”（folk print）。拉斐尔·萨缪尔还以克鲁伊克仙克（Cruikshank）和霍恩（Hone）两人以18世纪的小故事书的形式创作的画《杰克建造的政治屋》（*Political House that Jack Built*）为例指出，这幅画的口号虽然是宗教改革（Reform），但我们从中看到的是更为古老的激进主义的残余。这种古老的激进主义将商人刻画成鹰的模样，将磨坊主刻画成鹰身女妖，将牧师刻画成魔鬼的使者。在拉斐尔·萨缪尔看来，尽管那个时期的政治运动具有明显的现代性，但那时的一些漫画在精神上更接近于14世纪英格兰的行乞托钵僧，其所表现出来的是对富人的诅咒，而不是对伦敦工人协会（London Working Men's Association）或者宪章派国民公会（Chartist Convention）的正直行为的指责。①

2. 图像在历史记忆中的作用

拉斐尔·萨缪尔认为，第一，图像可以用于历史研究和记忆，因为图像能为我们提供常见的人物（stock figures）、潜意识的参照标准（subliminal points of reference）以及隐含的地点（unspoken point of address）。当我们想起18世纪的政治时，我们

---

① Raphael Samuel, “Art, Politics, and Ideology: Editorial Introduction”, *History Workshop Journal*, No. 6, 1978, p. 103.

就看英国版画家贺加斯的画《威尔克斯》(*Wilkes*);骷髅在跳舞的图像使人想到的是黑死病;弗罗伦斯·南丁格尔(Florence Nightingale)手持灯笼的图像表明那是克里米亚战争;拿破仑在马上垂目下视的图像表明他正从莫斯科撤退;维京人的图像是一个男子乘大划艇涉水而来,他头戴有角的头盔,右手拿着一把大砍刀,他要洗劫村庄了;同样,按照平常的传统的肖像手法,古不列颠人的形象是一个挥舞木棒的野人,长长的毛发,赤裸的胸脯,身上只围着一条粗糙的布裙以御寒。而根据斯图亚特·皮高特(Stuart Piggot)的画作《风景中的遗迹》(*Ruins in a Landscape*)的说法,最早关于古不列颠人的图像是荷兰画家鲁卡斯·德·希尔(Lucas de Heere)所画的两个赤身裸体的野人,他们文身或者在身上涂上靛蓝,拿着长长的盾牌、长矛和剑。[①]

第二,图像可以用于人们对战争的记忆,关于战争的插图尤其值得从历史意识的视觉材料的角度来进行研究。在拉斐尔·萨缪尔看来,像国王谷(the Valley of the Kings)中所发现的纪念著名战争的墙板,以及颂扬传奇英雄的花瓶上的油画,就是最早的历史纪录资料。战争纪念碑是最古老的公共艺术之一。贝叶挂毯可能是最能表现人民关于诺曼征服观念的东西。而我们关于十字军的观念,主要得自那些具有纪念碑上的雕像和教堂里的雕像。[②]

拉斐尔·萨缪尔认为,19世纪对战争的浪漫化在很大程度上是由有关历史的插图以及对军事古迹的喜好所造成的。身披铠甲、跨上战马、手执三角旗指向空中的骑士就是公共雕像中的英雄形象。海上遭遇战的雕版画是19世纪人们的另一种喜爱之物。比如,在酒吧间里关于海军主题的画,如贺拉斯·哈拉尔(Horace Harral)为骚塞(Southey)的《纳尔逊传》(*Life of Nelson*)

---

① Raphael Samuel, *Theatres of Memory*, Volume 1, Verso, 1994, pp. 27–28.

② Raphael Samuel, *Theatres of Memory*, Volume 1, Verso, 1994, p. 28.

所配的插图，它和关于打猎和赛马的画一样引人注目；像在曼彻斯特的名为“美景”（Belle Vue）的游乐园里，还有被称为“活的历史”（living history）的焰火表演，在这些表演中，烟火艺术被用来象征性地表现直布罗陀围困（Seige of Gibraltar）的解除，以及特拉法尔加之战（Battle of Trafalgar）的重新开战。①

第三，图像可用于宗教传播。拉斐尔·萨缪尔指出，在中世纪，公开表演对宗教的传播是十分重要的。人们在表演基督圣体（Corpus Christi）游行的街道剧场上插上旗帜，摆上神龛和十字架，并在户外搭建流动戏台活灵活现地重现耶稣受难的情景。历史传说也是以同样的方式来传播的，在伦敦举行的歌颂这座城市的创立者巨人 Gog-Magog 的游行就是很好的例子。还有每年举行的聚会以及工匠行业的露天游行，比如梳毛工人的比绍普·布莱兹（Bishop Blaize）游行，或者制鞋工人的圣·克里斯宾节（St Crispin's Day）的庆祝活动，似乎都起源于民间的仪式。罗宾汉这个人物形象尽管起源于中世纪的民谣，但通过中世纪晚期以及近代早期民间的露天历史剧表演和仪式，被赋予了新的生命力。福雷斯特（Frester）著作中的少女玛丽安（Maid Marian），以及 19 世纪医院周日游行（Hospital Sunday demonstrations）中的著名人物的形象，就是大约在 16 世纪时五月游戏（May games）的教区组织者们的杰作，他们认为如果将罗宾汉的故事改成一场年轻人的爱情剧可能更精彩些。②

那么视觉图像对历史研究的原始促进作用到底有多大呢？拉斐尔·萨缪尔举了三个例子来证明视觉图像对历史研究的推动作用。第一个例子是爱德华·吉本（Edward Gibbon）。据爱德华·吉本本人的回忆，他之所以要写《罗马帝国衰亡史》

---

① Raphael Samuel, *Theatres of Memory*, Volume 1, Verso, 1994, p. 28.

② Raphael Samuel, *Theatres of Memory*, Volume 1, Verso, 1994, p. 29.

(*Decline and Fall of the Roman Empire*)，就是因为亲自目睹遗留下来的罗马圆形大剧场的宏大场面所受到的触动。第二个例子是菲利普·阿里耶斯（Philippe Aries）。他之所以从事儿童历史的研究是由于受到了路易十三（Louis XIII）的肖像的启发，在画这幅肖像时，路易十三还是个七岁的儿童，却被画成一个成年人的模样。他从事死亡学研究并最终完成了著作《我们死亡的时间》(*The Hour of Our Death*)，是因为他为贝尔·拉雪兹公墓(Pere Lachaise）及11月迁徙时节（November migrations）成群结队的人赶往城市和乡村公墓朝圣的场景所触动。第三个例子是鲁斯·理查森（Ruth Richardson)。她的著作《死亡、解剖和缺乏》(*Death*，*Dissection and the Destitute*）对“新济贫法”(the New Poor Law）进行了奇怪的曲解。不过她回顾说，她对这个课题感兴趣是因为她还是一个三岁小姑娘时在一本书上看到了关于黑死病的“可怕的”木刻。①

第四，拉斐尔·萨缪尔认为，图像可以帮助人们恢复对失去的世界的记忆。他认为，研究地形插图画家在保持保护主义的天性以及历史主义的品位方面所起的作用会给我们很多启发。在他看来，在地图绘制术方面，用来标示和描述某个地方的伊丽莎白的名字就是当地历史早期的形式之一。地图本身也具有插图的性质，边上还常常画有郡县的纹章、风景以及宅邸（seats)，给人以栩栩如生之感。这样的例子很多，比如杜各代尔（Dugdale）的最伟大的郡史著作《沃里克郡的古物》(*The Antiquities of Warwickshire*）就是用“许多剪贴图”(many cuts）来装饰的，这在某种程度上标志着地形插图世纪的来临，此后，它成为古董研究的一个正常项目。莫里斯·巴利（Maurice Barley）的地形学图片目录不仅表现了艺术家对建筑物和风景的印象，而且

① Raphael Samuel, *Theatres of Memory*, Volume 1, Verso, 1994, p. 29.

展示了蚀刻术、金属版印刷法、铜板和钢板雕刻、照片、幻灯片。17 世纪晚期，科学家爱德华·卢德（Edward Lhuyd）在威尔士开始他的地形学研究，收集了大量的巨石图片。J. T. 布莱特（J. T. Blight）为波拉斯（Borlase）的著作《康沃尔的古迹》（*Antiquities of Cornwall*）作插图时也是这样做的。①

在拉斐尔·萨缪尔看来，地形插图画家的主题之一是濒临危机的环境，他们脑海里不断闪现的灵感之一就是要为正在消失的世界创作一幅图画档案。《纪录英国》（*Recording Britain*）项目的发起就是出于这样的一种灵感。它是在被称为“插图的末日”（pictorial Domesday）的 1940 年的最艰难的日子里，由肯尼思·克拉克爵士（Sir Kenneth Clark）发动一批才子用水彩和广告画颜料完成的，其目的是为了保存有可能被敌人入侵破坏的文明的标志。拉斐尔·萨缪尔认为，与上述为记录即将消失的世界的插图相比，18 世纪的地形插图创作不是出于人们突然的变化之感，更多的是由于衰落的征兆。“画遗迹”（drawing ruins）是 18 世纪古董收藏家们热心做的事情。古董研究专家威廉·斯图凯利（William Stukeley）在将兴趣转向研究德鲁伊教僧侣（Druids）之前就是热衷于这种事业。此外，画遗迹也是那些旅行家们的主要爱好，他们在 18 世纪晚期的著作在一定程度上标志着在建筑和设计方面向哥特式风格的转变。②

拉斐尔·萨缪尔认为，如果要找一个 20 世纪 60 年代“新潮”社会史的代表人物，那么木雕师、插图画家大卫绅士（David Gentleman）是一个不错的人选。他曾将活的历史图片印制在英国的邮票上，在其中一系列的图片中，就有英国的铁桥（Ironbridge）和一些工业考古的纪念碑。他的张贴在查林克罗斯

① Raphael Samuel, *Theatres of Memory*, Volume 1, Verso, 1994, pp. 29 - 30.

② Raphael Samuel, *Theatres of Memory*, Volume 1, Verso, 1994, p. 30.

(Charing Cross) 地铁站的埃莉诺十字架 (Eleanor Cross) 壁画就是一种现代主义模仿画的成功尝试，而这种现代主义的模仿画是自然保护运动在装饰方面的典范。他给著作《问问那个切草的小伙子》(*Ask the Fellow Who Cut the Hay*) 以及后来的《大卫绅士的英国》(*David Gentleman's Britain*) 的插图，和他之前的爱德华·鲍登 (Edward Bawden)、埃里克·拉维利乌斯 (Eric Ravilious)、约翰·皮特 (John Piter) 的插图十分相似，都是用笔墨和淡淡的水彩描绘出来的，没有大灾变的新浪漫主义气息，也没有那种可怕的忧郁的意境。他给 1964 年牛津版本的《牧童日历》(*The Shepherd's Calendar*) 制作的木雕的基调明显是乐观的，对 8 月收割庄稼、9 月采摘苹果以及"无欢笑的、苍白的" 11 月的劳作都具有正面的促进作用。①

第五，从教育的角度来看，拉斐尔·萨缪尔认为图像是儿童学习历史的入门工具。他指出，从装饰早期入门课本的小小的木雕，到今天儿童画报中大开本的历史插图，图片通常是向孩子们灌输过去的观念的首要工具。在帮助孩子们记忆的过程中，图片经常被用作视觉上的辅助工具。比如，那些表明从威廉一世 (William Ⅰ) 到威廉四世 (William Ⅳ) 统治时期长相惊人相似的英格兰国王和王后的历史卡片，往往是维多利亚时代家庭女教师的常备之物。后来，随着"做中学" (learning by doing) 时代的到来，仿造都铎时代的房子，描绘伊丽莎白时代的皱领，绘制三圃制农作区 (three-field system)，都被作为现代主义的、进步的、替代死记硬背的学习方法而受到人们的热烈拥护。当然，图画对于那些廉价小册子也是十分重要的。那些"一便士的历史" (penny histories) 书将传说中的英雄作为主题，它们之所以能赢得

① Raphael Samuel, *Theatres of Memory*, Volume 1, Verso, 1994, p. 30.

街头人们的信誉，是因为它们既有生动的雕版画又有粗体的文字。①

在拉斐尔·萨缪尔看来，19世纪是历史插图的伟大时期，就是通过视觉这种手段才使19世纪版本的中世纪精神得以彰显，司科特（Scott）笔下的哥特式特征得以放大。当书写的历史确定无疑地朝着辉格学派解释的方向发展，在学校的课本中充斥着对内战中议会派同情的时候，在视觉上，高昂的托利浪漫主义却十分流行，这种浪漫主义通过描绘注定要失败的、悲剧性的君主的一系列图片反映出来。同时，廉价出版物也极大地刺激了教育玩具的传播，比如，小埃利诺·法吉恩（young Eleanor Farjeon）在幼儿园桌子上玩打仗的纸船游戏。②

拉斐尔·萨缪尔认为，19世纪增添的主要的视觉道具是贝叶挂毯。这个记录诺曼征服战争的挂毯在其存在的前800年间都几乎不为人所知，在15世纪末又不见了踪影，在准备入侵英国时，拿破仑发现了它，并于1803年首次在贝叶城外展出。后来，英国一些哥特风格的爱好者以仿制品和印刷品的形式将挂毯重新引入其原始制作地以及其所讲述故事的发生地——英国。1816年，《不朽的雕像》（*Monumental Effigies*）的作者查尔斯·斯托萨德（Charles Stothard）奉伦敦古文物研究者协会之命，着手制作全长、全色的挂毯的仿制品，这个工作花了两年时间才完成。在制作过程中，斯托萨德通过仔细研究挂毯的针孔和线路，才"修复"了挂毯被损坏的部分，并画出了他认为是挂毯原始面貌的图像。③

拉斐尔·萨缪尔认为，从表面上看，历史插图是一种最保守

---

① Raphael Samuel, *Theatres of Memory*, Volume 1, Verso, 1994, p. 31.

② Raphael Samuel, *Theatres of Memory*, Volume 1, Verso, 1994, pp. 31 – 32.

③ Raphael Samuel, *Theatres of Memory*, Volume 1, Verso, 1994, p. 32.

的艺术形式。他所说的保守指的是插图的内容具有稳定性，没有多大变化，老套的人物往往出现在各种各样的情景之中，就好像是有某个木偶戏的大师在幕后操纵似的，即使是图像取材于生活之中，其人物形象也是典型化的。比如，丹尼尔·麦克利斯（Daniel Maclise）的非常受人喜爱的《纳尔逊之死》的组图，以及在此之前描绘军事殉教史的原始画作——本杰明·韦斯特（Benjamin West）的《沃尔夫之死》（*Death of Wolfe*）等都属于此类作品。而其中最能突出表现肖像画持久性的是《福克斯殉道者名录》（*Foxe's Book of Martyrs*）中的木雕图，这些表现虔信的新教徒所受的可怕的折磨的现实主义版画持续约300年之久，几乎没有什么变化。而版画的原作者约翰·戴（John Day）是一个狂热的新教徒，他的版画通过无数次重新裁剪、复制，一直到1875年的最后版本，都没有多大的改动。版画上所描绘的是殉教者被鞭打、烧烤、绞死和被放在拉肢刑具上拉肢的场景，其场景的恐怖气氛也因刽子手的冷酷漠然的表情得到渲染。[①]

在拉斐尔·萨缪尔看来，在今天的大众教育出版领域，历史插图同样具有保守的特性，其内容总是介于荒诞故事和“时光旅行”（time-travelling）之类的系列故事之间。这些荒诞故事用著作《战舰》（*Fighting Ships*）中的“逼真的战斗表演”来让儿童对那些廉价的小人书产生浓厚的兴趣。“时光旅行”中既有“骑士和城堡”（Knights and Castles）的故事，也有“著名的发明家和探索者”（Famous Inventors and Explorers）的故事。[②]

尽管如此，拉斐尔·萨缪尔认为，如果对那些图像进行更细致的观察的话，就会发现它们似乎很少是永恒的（less timeless）；也就是说，画像中的模样随着时代以及人们喜好的变化而变化。

---

① Raphael Samuel, *Theatres of Memory*, Volume 1, Verso, 1994, pp. 33 – 34.

② Raphael Samuel, *Theatres of Memory*, Volume 1, Verso, 1994, p. 34.

他举了一系列的例子来说明这一点，比如，《瓢虫》（*Ladybird*）书中所出现的王后像，似乎都是按照明星朱丽叶·安德鲁（Julie Andrews）或者是安娜·尼格尔（Anna Neagle）的模样画出来的。同样，1883 年非常流行的《英国历史的皇家故事书》（*Royal Story Book of English History*）中所有的图片，不管是指哪个年代，似乎都可以在维多利亚时代的道德故事中找到原样。除了“上帝怜悯我们”（Lord Have Mercy on Us）的雕刻外，题名为“瘟疫中伦敦街头”（Street in London during the Plague）的雕刻所画的摇摇欲坠的、破旧的住房，纯粹是模仿 19 世纪后期法国画家古斯塔夫·多雷（Gustave Dore）的作品。年轻的国王阿尔弗雷德（Alfred）漫不经心地烧烤蛋糕的模样，尽管看起来明显是个男孩，但却酷似约翰·坦尼尔爵士（Sir John Tenniel）所画的爱丽丝（Alice）。诗人杰弗里·乔叟（Geoffrey chaucer）以及其国王爱德华三世（Edward Ⅲ）都被画成以属于前拉斐尔派风格（pre-Raphaelite）的梅林（Merlin）的模样，胡须长长的，几乎垂到地上。而在 40 年前，在查尔斯·莱特（Charles Knight）为增加他的廉价杂志（Penny Magazine）的销量所画的插图中，那些哲学家和诗人的模样却不是满脸胡须的，他们中很少有人有络腮胡子或者是多余的毛发。①

拉斐尔·萨缪尔还将电视这种现代媒体也列为图像的范畴，并对其在形成人们的历史观方面的作用给予高度肯定。他认为，“电视在形成我们关于过去的印象方面施加了最普遍的影响，并在潜意识的认识的层面上确定或者创造了我们在视觉上的历史意识”。② 在他看来，电视节目、尤其是专为儿童制作的电视节目

① Raphael Samuel, *Theatres of Memory*, Volume 1, Verso, 1994, p. 35.

② Susan Barrowclough, Raphael Samuel, “History and Television: Editorial Introduction”, *History Workshop Journal*, No. 12, 1981, pp. 172 – 173.

在重新塑造历史人物形象方面作用很大，其特点是能使这些历史人物以此刻的（here-and-now）权威性的（authentic）腔调说话。那么电视的作用到底有多大呢？拉斐尔·萨缪尔列举了几个例子。一个是曾热播且受大众喜爱的长篇电视系列剧《不知名的博士》（*Dr Who*）。这部电视剧使回到未来（back-to-the-future）以及时光旅行（time travelling）的观念得以产生。另一个例子是20世纪70年代制作的歌颂狮心王理查德（Richard the Lionheart）和十字军的功绩的儿童电视系列剧《护身符》（*The Talisman*）。它生动地再现了《觉醒的赫里沃德》（*Hereward the Wake*）中所描述的盎格鲁撒克逊时期英格兰的风貌，展示了《劫后英雄传》（*Ivanhoe*）中所描写的中世纪剑术特色和披甲骑士的彬彬有礼的风格。第三个例子是电视剧《侠盗罗宾汉：舍伍德森林传奇》（*Robin of Sherwood*）。它以环保的且大众喜爱的电视剧形式创造了一个新世纪逃犯的英雄形象，这个英雄和凯尔特人的巫师关系很好，且在主持督伊德教的（Druidic）仪式方面是行家里手。第四个例子是最近有关异教徒的系列电视剧《夏普》（*Sharpe*）。这部电视剧以半岛战争（the Peninsular War）为背景，用那个时期难以让人忘怀的优美的歌曲来表明此事的确发生过，男主角肖恩·宾（Sean Bean）是一个集埃尔罗·弗林式（Errol Flynn-type）的传奇英雄和感情脆弱的劳伦斯式（Lawrenrian）的人物于一身的人物。①

在拉斐尔·萨缪尔看来，从古希腊到文艺复兴时期的意大利和莎士比亚时代的英格兰，记忆的艺术具有很强的图示性。这种记忆的艺术，初始是作为一种修辞手法；后来在中世纪时，人们把它作为思维的相似物来进行练习，其所涉及的内容是制作和储存图像，还涉及给记忆的地点定位，比如坟场和神祠的定位，对

① Raphael Samuel, *Theatres of Memory*, Volume 1, Verso, 1994, pp. 35 – 36.

词汇的记忆变成了通过对事物的肖像进行折射的记忆；最后，当词汇的记忆被卷入神秘的哲学领域时，就变成了星形的图案。①

第六，在拉斐尔·萨缪尔看来，图像还是重要的表达方式。他指出，中世纪的抄写员非常喜欢使用图示的字母表，他们聪明地发现和语言相对应的图片对等物，在加了彩饰的文稿中，文字也起到实物的作用；而那些作为旁注的动植物、动物的头以及滑稽的人物造型就是通过日常生活中幽默的方式消弭了宗教的神秘性，或者省去契约的繁文缛节；骑士则通过纹章这种招牌性的语言来表白自我，这种纹章对骑士等级来说是独一无二的，而且可以使他们出名。后来，中世纪晚期伦敦的商人阶级也起而仿效。除了伦敦的鱼商贩喜欢选择基督的肖像作为徽章外，其余的商人和传统中那些选择猛兽图案作为自己家族权力标志的人一样，也选择猛兽图案作为自己的徽章。彩色玻璃窗也用图画的方式来讲述《圣经》故事，用镀金的神龛来描绘圣徒的生活，壁画和中楣上刻有战斗的场景，也刻有英勇死去的人的肖像。②

拉斐尔·萨缪尔认为，1230～1251 年编撰的《大历史》（*Chronica Majora*）是最好的中世纪史之一，其作者马修·帕里斯（Matthew Paris）兼起了史学家和艺术家的作用。他的著作含有大量相关场景的插图，这些插图在大多数情况下都是他自己画的，他还发明了一种图片参考的标示系统，这种系统既可以作为一种装饰，又可以作为一种寓言的索引。③

第七，在拉斐尔·萨缪尔看来，图画在文物研究和收藏方面也有重要的作用。他指出，文物收藏家关注那些非同寻常的、怪异的形状，他们对奇珍物品的喜爱以及对古旧物品强烈的审美倾

① Raphael Samuel, *Theatres of Memory*, Volume 1, Verso, 1994, p. 36.

② Raphael Samuel, *Theatres of Memory*, Volume 1, Verso, 1994, p. 36.

③ Raphael Samuel, *Theatres of Memory*, Volume 1, Verso, 1994, p. 36.

向使他们比历史学家更加关注视觉性的东西。他们通常从奇异的物品或者废墟、遗物的证据中获得独创性的灵感，其所使用的原始史料是青铜器和陶器上的铭文，而不是书面的或者印刷的文字。他们根据墓葬的物品和秘藏的钱币来重建古代居民区的模样。此外，文物收藏家不仅写文章对其所研究的对象进行论述，而且还乐意展示这些文物。为了进行清楚的阐释，他们也不得不在其出版的著作中使用插图。拉斐尔·萨缪尔发现，19世纪出版物的特点是其扉页上常常印有哥特式的字体和古文字，而其装饰性的边缘和末页往往做成中世纪的彩色绘图装饰手抄本（illuminated manuscript）的模样。①

第八，拉斐尔·萨缪尔认为，插图在建筑史、纹章学以及令郡县考古和档案协会沉迷的教会学的研究中也格外受到重视。带有插图的演讲稿，其插图采用的是修道院的遗迹“西洋镜图画”（dioramic view）或者古老的英格兰教堂的幻灯片，是人们十分喜爱的东西，可能就是由于这些东西，大众才对修道院的古迹产生浓厚的兴趣。他指出，在大众出版界中，像威廉·霍恩（William Hone）、罗伯特·钱伯斯（Robert Chambers）和霍尔（S. C. Hall）这样的出版商就是靠插图来吸引读者大众的。霍恩出版的三卷本著作《常用手册》（*Every-Day Book*）中画了436张雕版图，这些图常常是古文物研究者亲手画的。伦敦城的药商查尔斯·罗奇·史密斯（Charles Roach Smith）则收集了博物馆中罗马时代的遗物，他为这些遗物制作雕版画出版，以对其工作进行宣传。在这个过程中，他对遗物的原件进行修缮，补齐罗马铭文的每一个字母，给马赛克路面补齐镶嵌物。他的古文物收藏界的同道托马斯·莱特（Thomas Wright）则将自己漫游的过程及其发现用大量的雕版图和小插图（vignette）记录下来，而这些

① Raphael Samuel, *Theatres of Memory*, Volume 1, Verso, 1994, pp. 36 – 37.

雕版图和小插图都是他亲手所画。同罗奇·史密斯一样，莱特也忍不住对原件进行修改，他的三卷本著作《爱尔兰史》(*History of Ireland*) 的插图就是水彩协会主席 (President of the Watercolour Society) 所画的三幅雕版画："布赖恩博鲁之死"(Death of Brian Boru)、"彭布罗克郡的理查德伯爵和兄弟告别"(Richard Earl of Pembroke Taking Leave of his Brother)、"亨利二世颁发的教皇诏书"(Henry Ⅱ Presenting the Pope's Bull)。他的非常有影响的著作《中世纪英格兰的家庭礼仪与情感史》(*History of Domestic Manners and Sentiments in England during the Middle Ages*)，采用中世纪泥金装饰手抄本上的图画，作为他所描述的房屋、家具、衣物、食品以及娱乐的插图。①

此外，拉斐尔·萨缪尔认为，历史插图也是将社会史引入小学教学的有效手段。在他看来，以房屋、食品、衣物以及运输工具的形式存在的物质性文化 (material culture)，比那些抽象的政治和宪法问题更便于儿童理解，实物性道具 (material artifact) 是"手工制作"(handwork)、"游戏"(playway) 形式的教育以及被称作"做中学"(learning by doing) 的活动的理想选择。巨石阵的模型、"过去某个时代的"房屋和长条横幅历史图画，是低年级学生课堂上最受欢迎的物品。像"农夫皮尔斯"(Piers Plowman) 的历史这样的迎合学生口味的书，大量采用了历史雕版画和图片作为插图。②

(二) 正确处理视觉图像艺术的方法

也许正是对图像艺术的重视，才使拉斐尔·萨缪尔对于历史学家将"肖像学这门鉴别图像的来源及其意义的学问当成美

① Raphael Samuel, *Theatres of Memory*, Volume 1, Verso, 1994, p. 37.

② Raphael Samuel, *Theatres of Memory*, Volume 1, Verso, 1994, p. 38.

术专业的一个分支”而加以轻视表示痛心。[①] 应该说，在他看来，历史学家对图像的视觉艺术的轻视是导致历史学中极少使用图像这种重要资料的重要原因。拉斐尔·萨缪尔认为，导致这种现象的另一原因是“艺术有它自己深奥的语言”，“这也就难怪历史学家怯于进入这个专家云集的领域”，“结果是不利于社会历史学家利用艺术史中的最新成果”，[②] 历史也因这种胆怯而变得穷困。尽管如此，拉斐尔·萨缪尔相信，历史学家在研究图像方面还是有一定优势的。他举例说，沉浸于一段时期的文献研究的社会历史学家，有时就能以某些方式看懂艺术史家因缺乏专业之外的知识而不能看懂的图片。由于视觉证据不同于书面的材料，因此，拉斐尔·萨缪尔认为将其作为一种简单的文献来处理的做法是危险的。[③] 那么究竟应该怎样处理视觉图像资料呢？拉斐尔·萨缪尔给我们提供的方法只有一个，那就是批判。

第一，他认为，在使用图像时，即使作为插图，历史学家也需要对图像进行密切的、批判性的关注，像处理书面文献那样，用反常的办法来处理这些图像往往是最有效的。他承认，视觉的证据相对于书面文献来说更难处理，一个图像必定有很多隐含的意思，也许由上百种不同的资源构成，然而，随着时间的流逝，只有其中的一些资源能得以复原。即使我们能鉴别出一个图像的出处，但我们不一定能够知道它在当时的含义。因此他建议，如果不是为了复制图像而把它们当成机械的记录

① Raphael Samuel, “Art, Politics, and Ideology: Editorial Introduction”, *History Workshop Journal*, No. 6, 1978, p. 101.

② Raphael Samuel, “Art, Politics, and Ideology: Editorial Introduction”, *History Workshop Journal*, No. 6, 1978, p. 101.

③ Raphael Samuel, “Art, Politics, and Ideology: Editorial Introduction”, *History Workshop Journal*, No. 6, 1978, p. 101.

的话，历史学家至少也要在最低程度上熟悉当时的审美意识和视觉习惯。拉斐尔·萨缪尔举例说，如果不熟悉当时英国风景画中占统治地位的经典标准的话，是不可能看懂18世纪中期的工业版画及其朴实的世外桃源般的布景。除非我们记住艺术家的阶级立场，并且考虑图像所暗含的道德氛围，否则我们就可能将图像的即时性误解为报道的真实性。[①] 总之，拉斐尔·萨缪尔强调，历史学家在研究图像时，要考虑图像产生的背景、作者的立场和当时的风尚等因素，不能想当然，只有这样才能挖掘图像的真正含义。

第二，拉斐尔·萨缪尔认为，在我们赋予一张图像广泛的社会含义之前，我们还必须将图像与艺术家的隐秘的语汇（private vocabulary）联系起来进行研究。这些隐秘的语汇包括特殊的习惯、视觉表现能力、符号和对光与空间的运用。[②] 他的意思是说，艺术家有其独特的创作风格，而这些风格具有一贯性，只有了解了艺术家的独特的表现手法，才能理解其所创作的图像的真正含义。拉斐尔·萨缪尔举例说，克雷恩（Crane）在“理想的卡通画”（Cartoons for the Cause）中所描绘的手持社会主义火炬的感人的女性人物形象，与他早期担任儿童书籍插图画家时所创作的作品没有多少差别，而使这些形象具有活力的精神在19世纪70年代的油画“春天的胜利”（The Triumph of Spring）中就预示出来了。1872年他为《睡美人》（*Sleeping Beauty*）所创作的插图中的仙女般的公主形象激发了劳工的国际团结。如果我们想能够鉴别这种从中起作用的感情，或者解释产生19世纪90年代的社会主义讽喻的浪漫的中世纪的布景的话，那么我们就必须参

① Raphael Samuel, “Art, Politics, and Ideology: Editorial Introduction”, *History Workshop Journal*, No. 6, 1978, pp. 103 - 104.

② Raphael Samuel, “Art, Politics, and Ideology: Editorial Introduction”, *History Workshop Journal*, No. 6, 1978, p. 104.

考早期的插图。当然，拉斐尔·萨缪尔这样说的目的，并非仅仅是通过参考传记的细节方式来结束主题，而是要将研究引向相互竞争的文学的、视觉的和意识形态的趋势的发源地，就是在这个发源地，19 世纪的中世纪精神（medievalism）以及哥特式的观念（ideas of the Gothic）得以形成。①

第三，拉斐尔·萨缪尔认为，民间的艺术比画架上的图画更需要进行批判性的解读。他指出，因为民间艺术的作者通常是匿名的，所以我们常常会以为它或多或少是大众情绪的自然表露，没有受到外来影响的介入。正因为如此，克林金德（Klingender）在《艺术与工业革命》（*Art and the Industrial Revolution*）这部对体裁上的惯例和文学上敏感性如何形成艺术家的想象进行精彩阐释的著作中，把工会的旗帜说成是“19 世纪英国真正的民间艺术”。而埃里克·霍布斯鲍姆（Eric Hobsbawm）在文章中认为知识分子对它们“没有构成影响”（uninfluenced）。拉斐尔·萨缪尔认为，其实不然。在他看来，民间艺术的组成极其复杂，其装饰图案既来自沙龙，也来自版画制作者的阁楼和顶楼，也就是说民间艺术来源很广，既有知识分子的因素，也有民间艺术家自己的创造。他举例说，镶在 19 世纪工会徽章旁边的缪斯女神像被发现用来装饰英国著名的建筑师吉尔伯特·斯各特勋爵（Sir Gilbert Scott）所设计建造外交部大楼的正面；其纹章的盾徽也往往是模仿伟大的伦敦城市同业公会（City Livery Companies）的盾徽，只不过加上了拉丁语的格言；而用来描绘这些行业的工作地点（被格温·威廉斯称为劳工的“教堂”）的锥形镶板，也是模仿文艺复兴时期的艺术和中世纪的教堂中的彩色玻璃。拉斐尔·萨缪尔还举了一个名叫乔治·图梯尔（George

---

① Raphael Samuel, “Art, Politics, and Ideology: Editorial Introduction”, *History Workshop Journal*, No. 6, 1978, p. 104.

Tutill）的丝网印刷师（silk-screen printer）的例子。这位印刷师是大多数现存的英国工会旗帜的制作者，在他作为市场上玩杂耍的人到处巡游时学习了写招牌的手艺，后来，当他成为“被授予专利权”（patent）的旗帜制作人并在都市路（City Road）建立了大公司后。他为主日学校、互助会（Friendly Societies）、希望与禁酒帮（Bands of Hope and Rechabites）以及工会制作旗帜，对这些旗帜他都采用同样标准的设计，他的图画常常取材于寓言。这些知识虽然并不能解释为什么工会会采用这样一种图案，但却能解释为什么这个图案会在那儿供他们选择。①

第四，拉斐尔·萨缪尔认为，历史学家不仅应该研究图片的表面价值，更重要的是研究其隐喻的意义。他承认，在大量的图像文字说明的帮助下，我们可以识别图像所采用的视觉上的惯例和讽喻式的代码。然而，在他看来，这些识别相对来说都是在肤浅的层面上进行的，原因是这些识别不能为我们“解释”（explain）图像，或者说不能显示图像制作时可能具有的不同含义。他认为，原始的资料可能和取代它们的图像有“很大的不同”（quite unlike），像纸面文字或者博物馆的展品一样，仅就图像所提示的内容毕竟是有限的。这里，我们就需要运用其他的历史知识或者其他形式的探究来对所出现的图像进行解释，或者将它作为一种历史的文本来加以使用。②

第五，拉斐尔·萨缪尔指出，社会主义者的艺术也同样不能摆脱马克思主义者在资产阶级画家的作品中所发现的意识形态决定论。相反，他认为，社会主义者的艺术的一个主要功能

---

① Raphael Samuel, “Art, Politics, and Ideology: Editorial Introduction”, *History Workshop Journal*, No. 6, 1978, pp. 104 – 105.

② Raphael Samuel, “Art, Politics, and Ideology: Editorial Introduction”, *History Workshop Journal*, No. 6, 1978, p. 105.

就是掩盖不和谐的事实，并创造出慰藉性的、也可能是鼓舞人心的神话。性别的不平等、工人阶级的分裂以及政治上的软弱都被象征性表述为团结和力量。在他看来，正是这种艺术和政治现实的分离使得艺术成为更有效地理解政治的工具，并强调社会主义理论的模糊性以及社会主义运动与其广大的工人支持者之间关系的模糊性。在第二国际的艺术中所出现的大多是标致的男女形象，他们精神抖擞，美丽动人，常常身着难以识别的粗布服装。在拉斐尔·萨缪尔看来，这样的形象与其说代表当时或者说任何时期的工人，还不如说是代表更加革命或者更加乌托邦式的人所希望成为的那种理想化的人。在他看来，霍布斯鲍姆在第三国际时代所讨论过的无产阶级的神化的人也是如此，只是在美学上和政治上他们属于不同的世界而已。拉斐尔·萨缪尔通过对不同时期社会主义者的五一劳动节的海报的对比，发现这些海报从一个时期到另一个时期的变化非常明显，这种海报的变化反映了社会存在与社会意识的变化。不过他提醒说，这种意识不是工人阶级整体的意识，而是少数梦想家和计划者的意识。社会存在也是社会主义运动本身的存在。比如，第二国际时期海报的布景是田园梦幻式的美景，在这种布景中，五一劳动节被设为民间的节日，社会主义就是那晴朗的黎明，由此可以推断，当时人们对解放的希望就是逃离无产阶级的处境。而第三国际时期海报所画的是革命者在他们自己创造的象征物——铁锤和镰刀下前进，所表现是斗争与反抗的形象。这样的海报不再表现对无产阶级处境的逃离，相反，是对无产阶级的处境大加歌颂，将工人描绘成反抗的核心，把工厂描绘成斗争的发源地。工人阶级不再被描绘成像经典的马克思主义理论所说的那样对自身的废除，即使这仍是共产主义想象的目标，而是被描绘成在世界范围内建立工人政权。在拉斐尔·萨缪尔看来，尽管这些海报所表现的内容不同，但它们都是理想化的结果。①

拉斐尔·萨缪尔指出，艺术给社会主义的历史所提出的问题给我们认识历史解释的性质和地位带来了极大的困难。艺术家不仅仅描绘主题，而且还运用特殊的美学形式，而形式和要表达的内容一样重要。他以政治艺术为例说明视觉图像在使用过程中可能会违背艺术家原初的意图，或者还会被其敌手所使用，这样就会产生一系列间接的、意想不到的结果。② 他提醒我们，艺术家画笔下的视觉图像往往并不直接表达历史的真实，人们所看到的图像往往是经过艺术加工处理过的东西。对于这样的艺术，采取批判的态度是理所当然的。历史学家只有在对图像所产生的社会历史环境进行全面考察的基础上，进行综合深入的分析才能做到去粗取精、去伪存真，才能正确地理解和解释图像的含义。

总之，在拉斐尔·萨缪尔看来，这是“一个图像意识日益增强的社会”，③ 不管历史学家如何选择，图像都有可能越来越持续不断地进入历史思考和研究的日程。他认为，原因之一，从自动柜员机到只读光盘，越来越多的信息以视觉的形式呈现出来，原因之二，在信息检索以及先进的技术的帮助下，历史的解释与重建的方法比过去更加成熟。最后，拉斐尔·萨缪尔还注意到，随着英国民族天命观的崩溃，在对过去的历史的理解中，“记忆的场所”（memory place）变得越来越重要。他以风景和建筑环境为例来说明视觉图像在历史记忆中的作用。风景，尤其是那些处于国民托管组织（National Trust）管辖之下的大片的风景地，现

---

① Raphael Samuel, “Art, Politics, and Ideology: Editorial Introduction”, *History Workshop Journal*, No. 6, 1978, p. 105.

② Raphael Samuel, “Art, Politics, and Ideology: Editorial Introduction”, *History Workshop Journal*, No. 6, 1978, p. 106.

③ Raphael Samuel, *Theatres of Memory*, Volume 1, Verso, 1994, p. 38.

在担当起唤醒人们记忆的角色，这种角色早些时候是由地区的归属感所承担的。建筑环境（built environment）的历史化在这一方面表现得更为明显。为了迎合人们寻根的喜好，当地居民常常被赶出自己的房子。对于旧房子，以前的做法是让其腐烂掉，而现在却被作为与过去联系的纽带而备受青睐，它们被看成是曾被称为“国家的重大利益”（a stake in the country）的视觉等价物。即使房子是崭新的，人们也要把它们弄成看起来长期有人居住的样子。[①]

从拉斐尔·萨缪尔所举的例子中，我们不难看出，尽管视觉图像没有引起历史学家足够的重视，然而，它们却越来越深深地扎根于人们的历史记忆中，成为唤起人们历史意识的重要工具，并和人们的日常生活紧密地联系在一起。从这个意义上说，历史学家重视和研究视觉图像已成当务之急。

第二节　历史是现在的玩物

德罗伊森曾经指出：“历史研究要成为一门学术，有它的条件，至少历史研究工作所追寻的要是真的，因为不管是经验科学或玄思的学科都在追求真实”。[②] 因此可以说，追求客观真实性是历史学的支柱，也是历史学与文学的根本区别之所在。尽管在许多人看来，要达到绝对的客观真实是一个“高贵的梦”，[③] 然而，古往今来，历史学家们大多相信通过自己艰苦的努力是能够揭示历史的真相的。在 19 世纪兰克史学独步天下的时代，历史的客观性几乎是毋庸置疑的。然而，随着 20 世纪后现代主义的

---

① Raphael Samuel, *Theatres of Memory*, Volume 1, Verso, 1994, p. 39.

② 〔德〕德罗伊森：《历史知识理论》，北京大学出版社，2006，第 2 页。

③ Charles Beard, “That Noble Dream”, *The American Historical Review*, vol. 41, No. 1, Oct., 1935, pp. 74 - 87.

出现及其向历史学领域的渗透，历史的客观性受到质疑，关于历史的主观性和客观性之争悄然兴起。最近美国学者格奥尔格·伊格尔斯（Georg Iggers）和海登·怀特（Hayden White）之间的论战，将这个问题的争论推向新的高潮。海登·怀特强调历史写作的文学性，他将历史等同于诗学，声称用学术的方法再现过去的每一次努力首先是一次“诗化行为”；并认为“历史在当今意义上不是，也永远不可能是一门科学”，[①] 从而否认历史学的客观性和科学性。伊格尔斯对此进行反驳，他承认“任何历史叙述都有一种文学的笔法”，[②] 但他反对因为历史写作中的文学色彩就将历史等同于虚构的做法。他认为，怀特的错误就在于“他认为因为所有的历史记述包含虚构的因素，所以它们基本上是虚构的，可以不受真理的控制”。[③] 不过，伊格尔斯也并不认同兰克的绝对客观的历史观，因此他所倡导的是一种徘徊于“学术与诗歌之间的历史编撰”。[④] 伊格尔斯和怀特两人谁也说服不了谁，因此他们的争论至今没有结果。

笔者提及海登·怀特及其与伊格尔斯的争论，并非要对他们的观点进行评述，而是要引出笔者所研究的拉斐尔·萨缪尔。在笔者看来，他和海登·怀特有着类似的史学观点，他们都将历史学等同于文学。在怀特那里，历史学是诗学，是“元史学”（metahistory）。在拉斐尔·萨缪尔那里，历史是现在的玩物，是“元小说”，（metafiction）。在这种小说中，“魔幻写实主义”（magic realism）使过去与现在交替出现，将事实与虚幻并列，在运用历史的同时又质疑历史的真实性，使时间旅行（time-travelling）成为一种国际的时尚，成为地下出版物、东欧和印度次大陆的著作以及

---

① 陈启能、倪为国：《书写历史》，三联书店，2003，第 27 页。

② 陈启能、倪为国：《书写历史》，第 11 页。

③ 陈启能、倪为国：《书写历史》，第 12 页。

④ 陈启能、倪为国：《书写历史》，第 2 页

马奎斯[①]和博尔赫斯[②]的小说中十分熟悉的通用语。在拉斐尔·萨缪尔看来，这些小说的特点是布满了铭文和引语，历史研究和虚构交织，有时还加入大量的学者们认可的原始材料，还适当添加脚注，或者在编后记中写入致谢辞。然而，其目的不是树立真实性，而是为了使其变幻莫测，并表明历史的真实其实是一种妄想。小说的叙述者还兼任玛士撒拉[③]那样的角色，将故事情节拉回到最早的时期，然后又将故事向前推进到“不久的将来”（the near future）这样一个不确定的时间。小说中的人物甚至连头也不点一下或者眼也不眨一下就过了一百岁的生日，这样，一个人的一生就可以作为线索将一个家族的传奇故事串在一起。时期感一旦建立就被作者介入或者被外星人入侵粗暴地打断，时间顺序遭到故意的破坏。故事发生在想象的空间中，在这个想象的空间里是没有正常的时间和空间的限制的。[④]

作为一名职业历史学家，拉斐尔·萨缪尔意识到，历史是对过去的摆弄——不管是以电子动画的方式，还是以古装戏的方式，或者是以历史重演的方式进行——这种观点是令历史学家非常反感的，而且试图取消和中断暂时性又将会对历史学家的职业带来问题。他也深知历史学的传统做法，即历史学家要预设一个可证明的客观的知识实体的存在，而且历史学家如果忠实于他的职业的话，就应该严格控制他的想象；在道德上保持中立，避免不必要的议论，消除价值判断，保持一种超然的态度；在方法论

---

① 马奎斯（Gabriel Garcia Marquez）：哥伦比亚裔墨西哥小说家，曾获诺贝尔文学奖，擅长创作短篇小说，作品有《百年孤寂》、《爱在瘟疫蔓延时》等。

② 博尔赫斯（Jorge Luis Borges）：阿根廷诗人、小说家兼翻译家，1950 年获阿根廷国家文学奖，1961 年获西班牙福门托奖，1979 年获西班牙塞万提斯奖，主要著作有《布宜诺斯艾利斯的热情》、《黑夜的故事》等。

③ 玛士撒拉（Methuselah）：《圣经·创世纪》中的人物，是一个非常高寿的人，据传享年 965 岁。

④ Raphael Samuel, *Theatres of Memory*, Volume 1, Verso, 1994, p. 429.

上，历史学家还要保持谦卑，要尽可能地让历史文献自己说话，历史学家是证据的仆人而不是主人；历史学家的首要任务是保持客观，对不能从材料中证明的东西不要发表评论，最好要不带偏见地使用资料，历史的整体性必须得到尊重；等等。尽管如此，他认为我们实际上在不断地按照现在的观点来诠释过去，而且是像其他领域的自然环境保护主义者（conservationist）和环境修复主义者（restorationist）那样重构过去。他指出，尽管所研究的对象距我们遥远，然而我们观察的视角则不可避免地是现代的，即使当我们一字不差地重建了文字和段落时，其所产生的共鸣也仅属于我们这个时代。不管我们多么忠诚地描述一个时代并全心钻研史料，我们也不能使自己摆脱事后的回想（afterthought）这种状态。总之，在拉斐尔·萨缪尔看来，不管我们多么忠实地保护我们所研究主题的完整性，我们都不能与主题隔绝开来，这也就是说，我们永远无法摆脱历史的主观性。[①]

拉斐尔·萨缪尔认为，历史既是对过去的论述，也是对过去的记录，其术语永远都是在变化之中。这种变化有时是受邻近学科领域思想发展的影响，有时受政治的影响。他以修正主义者处理历史的方法为例来说明这种变化。修正主义者在历史研究中的作法是不断地质疑旧的、已经被公认的观点，对历史的解释有时被奉为“权威”，有时又被看成是矫揉造作的，或者是无关紧要的。情节中充满了新鲜的人物以及以前未开发的主题，被遗忘的情节被发掘出来，旧的故事重新改写。人们的注意力被引向那些迄今被忽视的线索，以前看起来似乎重要的内容，现在仅仅被看成是一个短暂的小插曲。相反，那些显然是琐碎的事件却被提升到范例的地位，被当成先兆和标志。[②]

---

① Raphael Samuel, *Theatres of Memory*, Volume 1, Verso, 1994, p. 430.

② Raphael Samuel, *Theatres of Memory*, Volume 1, Verso, 1994, pp. 430 - 431.

在拉斐尔·萨缪尔看来，知识是完美无误的观念也是站不住脚的。他的完美无误的知识观念指的是那种坚持将研究控制在学科范围内，拒绝承认任何想象与真实之间的联系的思想。首先，他认为，书面材料中的空缺和未提及的内容只能通过推测来填补，在这一过程中，为了叙述的连续性，历史学家只能冒险作出陈述，这样就会有成千的案例得不到证实。其次，如果我们穷究经验主义的细枝末节，我们常常又会抛弃确凿的、可证实的事实的世界，而去追求更加可行的解释和推测。[①]

第三节　史料的伪造者

在拉斐尔·萨缪尔的眼中，史料都是伪造的，而伪造者就是历史的撰写者历史学家。他认为，历史的伪造从古代就开始了，最早的历史学家就是伪造者或者说发明家，其证据是这些历史学家替他们的研究对象代撰演说词。比如，恺撒在《高卢战记》中就曾为高卢起义领袖维钦托利（Vercingetorix）代撰演说词；塔西陀就曾为博阿迪西亚（Boadicea）女王代撰过演说词。因此，在拉斐尔·萨缪尔看来，创作历史性的演讲是历史女神克里奥的首要艺术。这样看来，历史学就是一种修辞的训练，于是，它也被看成是文学的一个分支。历史学家区别于编年史家的地方就在于其文学的夙愿，编年史家注重的是收集谱系的信息或者地形学方面的资料，而历史学家关心的是建构一个完整的叙述。拉斐尔·萨缪尔还以古代两位最著名的史学家希罗多德和修昔底德为例来论证历史的虚构性。希罗多德这位“历史之父”在其批评者眼中不过是“谎言之父”，他在其叙述中安插了不少神奇且非凡的故事；即使修昔底德这位历史学家中的历史学家，

---

① Raphael Samuel, *Theatres of Memory*, Volume 1, Verso, 1994, p. 431.

尽管极力回避描述那些神迹的和华而不实的东西，只相信他所声称的亲眼目睹的东西，然而，他也毫无内疚地赋予戏剧中的主人公以动机，或者为他们代撰演说词。拉斐尔·萨缪尔还引用英国学者康福德（F. M. Cornford）的《修昔底德：神话与历史之间》（*Thucydides Mythistoricus*）中表述的观点，说明代撰演说词的现象在修昔底德的著作中表现得比希罗多德更加突出。他分析之所以这样，是因为修昔底德是雅典人，这些由作者构思杜撰出来的演说词和埃斯库罗斯的悲剧具有一致性，都是为了表现人物的性格和理想。①

在拉斐尔·萨缪尔看来，中世纪历史的造假现象更加猖獗。那些缔造了文献研究、迷恋于原始资料的人的就是中世纪历史的造假者。他们用高超的写作技巧和历史知识创造了理想化的谱系，并制作出本该有、然而可能由于过分依赖口述传统在实际上并不存在的文献。历史的造假现象不仅存在于中世纪的职业历史研究者中，也存在于那些世俗的和教士的机构中。当这些机构需要建立自己古老悠久的历史时，当它们的特权受到质疑时，或者当它们为了保护自己的财产权利免受掠夺者可能的侵害时，它们就诉诸造假。在拉斐尔·萨缪尔的眼中，僧侣在造假方面最内行，其次是大学也与之相差不远。拉斐尔·萨缪尔还引用克兰奇（M. T. Clanchy）的话，证明法律文件中也充满了假造的契据。克兰奇在《从记忆到书面记载》（*From Memory to Written Record*）中说，法律文书的增加与假造的契据的增加是联系在一起的。拉斐尔·萨缪尔指出，在诺曼征服后的岁月里，各种各样的旧头衔遭到质疑时期也就是造假的黄金时期，就修道院的契据而言，出现货真价实的文书倒是不正常的现象，而不是相反。②

---

① Raphael Samuel, *Theatres of Memory*, Volume 1, Verso, 1994, pp. 431 - 432.

② Raphael Samuel, *Theatres of Memory*, Volume 1, Verso, 1994, p. 432.

拉斐尔·萨缪尔还一针见血地指出了格拉斯顿伯里（Glastonbury）的僧侣们的造假行为，称他们的造假是最具有雄心的造假之一；同时对我们今天的生活影响是最大的，因为没有他们的造假，新时代的旅行者和生态保护狂也就失去了他们的中心圣祠。由于缺乏详细的史料基础以及著名的遗物，于是他们就委托12 世纪最杰出的学者马姆斯伯里（Malmesbury）的威廉（William）为他们提供了一个谱系。威廉凭借那些类似考古的资料将这个修道院建立的年代断定为 7 世纪，并声称爱尔兰的守护神圣·帕特里克（St Patrick）早期就访问过这个修道院。这些僧侣们对此还不满足，于是他们着手为修道院的故事添枝加叶，先是将格拉斯顿伯里改为圣·帕特里克的墓葬地；然后，在 1911 年通过挖出所谓的国王亚瑟和王后吉妮维尔（Guinevere）的尸体，以此来证明格拉斯顿伯里就是传说中亚瑟王宫所在地（Camelot）；最后，他们一劳永逸地发明了这个修道院在新约时代的史前史，并断定在公元 63 年亚利马太的约瑟夫（Joseph of Arimathea）也曾访问过这里。①

在拉斐尔·萨缪尔看来，历史插图在造假或在以知识为基础的虚构方面起到急先锋的作用。为了说明这一点，他引用弗朗西斯·哈斯克尔（Francis Haskell）的话。哈斯克尔在其著作《历史及其图像》（*History and Its Images*）中谈到文艺复兴时期钱币收藏家利用伪造的罗马钱币来研究古代历史时，曾称赞“许多伪造物的制作精美”。17 世纪的历史肖像有时是按照勋章和钱币上的图案进行雕刻的，但常常是按照幸存下来的人的生动的描述画出来的。拉斐尔·萨缪尔认为，尽管这些画像在技术上可以归为伪造物，但它们也以自己的方式证明了历史知识的存在。②

---

① Raphael Samuel, *Theatres of Memory*, Volume 1, Verso, 1994, p. 433.

② Raphael Samuel, *Theatres of Memory*, Volume 1, Verso, 1994, p. 433.

拉斐尔·萨缪尔承认今天的历史学家并不是有意伪造史料，但是他认为，就历史学家本身的职业来说，却是不断地在虚构背景。他指出，虽然作为今天的历史学家，我们可能不会像修昔底德杜撰演说词，但通过对引语的选择，我们使研究对象表现出了我们认为是他们内心深处的思想感情。我们过分强调我们的研究对象的重要性，并尽力进行阐释以达至最好的效果。我们迷恋于脚注，并把它们当成权威来概括上千个无法证明的、不同的例子。为了让史料说话，我们还禁止使用作者的第一人称“我”。我们对原始材料进行改进，纵横穿插以填补历史故事中的空白，补齐文献中没有提及的内容。我们的那些看上去天衣无缝的图片是精心的艺术设计以及仔细的排版的结果，这样就能使人们接受历史学家的审美观。也许我们不像中世纪的前辈那样喜欢圣徒传记，但我们喜欢对画像进行加工润色，喜欢让迄今无人注意的人物担任历史的主角，喜欢赋予我们的男女主人公特殊的才能。像诺曼系英国的僧侣一样，我们擅长模拟古代的效果，也擅长使用原始文献中的术语和习语，然而，分析的模式和描述的范畴却是我们自己的。①

第四节　历史学的艺术性

同怀特一样，拉斐尔·萨缪尔也认为历史学是一门艺术。怀特将历史学说成是诗性艺术；拉斐尔·萨缪尔则将历史学说成既是一门模仿的艺术，也是一门讽喻的艺术，他的这个结论是通过对历史学家在历史研究中的种种行为的考察而得出的。他认为，历史学家不收集史料，收集史料的是古文物收藏家或者考古学家，历史学家引以为自豪的职责就是像其前辈同行那样整理这些

① Raphael Samuel, *Theatres of Memory*, Volume 1, Verso, 1994, pp. 433 - 434.

史料。在历史写作方面，历史学家以细节描述见长，并为此自鸣得意，在拉斐尔·萨缪尔看来，这些细节是不能用史料证明的，然而却往往成了历史学家所设置的真实性的标准。在史学才能方面，拉斐尔·萨缪尔认为，历史学家像寓言作家一样，也擅长于发现隐藏的或者半隐藏的秩序，擅长于在显而易见的简单的真相中发现玄机，在看起来平常的事件中寻找启示。在研究方法上，历史学家往往将遗迹看成标志，将思想看成范例。他们用魔术般的方式来处理数据，给叙述的典型赋予形式和特点，将成对的事物分成具有浪漫色彩的对立面，将三种事物拼凑成一个整体。他们还像寓言作家一样，将手头的资料随意掺和。历史学家对史料的解读就是从中抽取重要的内容，然后安放在不同的环境之中，将完全不同类型的史料并置在一起，从而构建出一个问题。就像那些大萧条时代成长起来的历史学家那样，把生存危机（crises de subsistence）设想为 17 世纪的宗教战争、法国大革命的爆发以及 1848 年宪章派在肯宁顿公地（Kennington Common）游行的失败等各种不同事件的起源或催化剂。①

在拉斐尔·萨缪尔看来，历史学家对史料的解读是一种虚构的尝试，一种将零碎的资料整合起来使之看起来像一个有意义的整体的方式，或者说是讲故事人的一种艺术训练。这种训练极大地依赖于人们对连续性的期待，并使用一系列手段来加强罗兰·巴特（Roland Barthes）所说的“真实的效果”（reality effect）。而历史写作的艺术就是能熟练地用一大堆杂乱无序的材料来建构叙述，受历史学家如此看重的综合的目的就是要将这一领域的所有内容都包括进去。历史学家的编目和分类也是无所不包的。历史学家使用范畴的目的，就是要把单个人变成具有代表性的典型。此外，历史学家还给事件赋予一定的开始、中期、结

① Raphael Samuel, *Theatres of Memory*, Volume 1, Verso, 1994, p. 434.

尾这样的先后顺序，而这些事件对那些事件的参与者来说可能是相当随意的。①

在对历史研究的行为进行考察的基础上，拉斐尔·萨缪尔还对历史研究所使用的工具——语言的功用进行了考察。他经过考察发现，历史学的语言远非事实传输的简单媒介，而是断章取义，为文献中所省略或者所载不明的内容赋予确定性和下定义。在他看来，历史学的语言功用在于将描述生动化，在于从那些没有多大价值的资料中炮制出令人难忘的细节，在于将修辞具体化，将历史学家自己的范畴人格化。时期的标签被用来代表时代，像“民族”或者“妇女”这样的一些抽象物被打扮成具有生命的历史的参与者，并被赋予思想和意志。在历史人口统计学家的手中，同一时期出生的人群也具有与众不同的特点，一会儿通过推迟结婚或者控制家庭规模的方式，来对他们的生存状况发泄马尔萨斯人口论式的怨恨；一会儿又是像18世纪欧洲出现的急剧增长的私生子出生率那样发疯似的人口膨胀。②

在拉斐尔·萨缪尔看来，在人格化主题方面表现得尤为突出的是经济史学家。他们对生命周期采用“时代和阶段”（ages and stages）这样的词语来进行分析，从而描绘出一系列的遗传变化过程，这种变化过程将经济从天真烂漫的童年状态推向悲观厌世的暮年。在他们时间表的一端，对消费主义的“产生”投以新的关注，另一端却又对衰退的迹象忧心忡忡。“更年期”（climacteric）一词本来是对妇女绝经期的委婉用语，现在却被用作一个学术词汇，也被赋予了和过去学校课本中的“分水岭”（watershed）、“转折点”（turning point）之类词汇一样的象征意义。“原工业化”（proto-industrialization）这个过去20年里被人们热衷

① Raphael Samuel, *Theatres of Memory*, Volume 1, Verso, 1994, pp. 434 - 435.

② Raphael Samuel, *Theatres of Memory*, Volume 1, Verso, 1994, p. 435.

研究的主题，现在变成了一个民族生命周期中的青年或者少年阶段。①

拉斐尔·萨缪尔还对历史学家所采用的时间分期进行了考察，他认为，历史学家对时间的计算既是按年代顺序排列的，也是想象的。日期，除了为教师提供记忆的手段以及为那些办事一丝不苟的人提供精确的时间定位外，还可以作为舞蹈设计的工具，为事件设计戏剧和历史的模式，来表现和规制那些看似无形的东西，并塑造一种线形进步的观念能够自由发挥的空间。在他看来，从古希腊时代起就采用的人类发展三阶段或四阶段模式，尤其是在15世纪70年代出现的“古代”、“中世纪”、“现代”的历史三分法，以及历史学上的千年、地质年代都不可避免地打上了历史进步观的烙印。②

拉斐尔·萨缪尔还向我们揭示了历史与宗教的密切关系，其中影响历史研究的宗教因素之一是人类堕落观和神义论。他认为，历史学家尽管不像其福音主义和天主教祖先那样相信宗教上的人类堕落的信条，然而，世俗化的人类堕落的观念依然体现在历史学家的身上，其典型例子就是历史学家所设计的一整套二元论。这套二元论以某个人类堕落以前的社会状态为标志，将过去与现在，或者将这之前的社会与这之后的社会对立起来。神义论（Theodicy）对历史研究的影响，主要表现为历史学家没完没了地纠缠于那些预示着未来的发展形式的衰落征兆，或者早期事例。③

在拉斐尔·萨缪尔看来，对历史研究造成影响的因素之二是宗教术语。他认为，一些历史学的关键术语都起源于神学，比如，将历史的时间按世纪来划分就是16世纪30年代路德派

① Raphael Samuel, *Theatres of Memory*, Volume 1, Verso, 1994, p. 435.

② Raphael Samuel, *Theatres of Memory*, Volume 1, Verso, 1994, pp. 435 - 436.

③ Raphael Samuel, *Theatres of Memory*, Volume 1, Verso, 1994, p. 436.

牧师的发明或者发现。此外，拉斐尔·萨缪尔还以诺夫乔伊（Arthur Lovejoy）的著作《存在的巨链》（*the Great Chain of Being*）为例说明宗教的影响，因为诺夫乔伊在著作《存在的巨链》中描述了中世纪的基督教神学观念是如何影响18世纪哲学家的上帝之城的观念的。拉斐尔·萨缪尔认为，中世纪的基督教神学观念和历史学家视为当然的趋势、模式以及过程的观念有密切的联系。[①]

第三，宗教末世论对历史研究也构成影响。拉斐尔·萨缪尔认为，末世论这种犹太教和基督教（Judeo-Christian）的残余仍像幽灵般地体现在历史学的命运观、历史必然性观念以及心照不宣地将进步视为从低到高过程的目的论，或者更为悲观的、从原来的道德状态自由下滑的观念中。历史学尽管不再像中世纪或者早期新教宣传中的那样起预言的作用，但是从人们对事情发展方向的征兆的好奇，“对起源的崇拜”，以及对从一粒沙子中发现永恒的强烈的兴趣中，不难发现其富于想象的魅力的存在。拉斐尔·萨缪尔还举出具体事例来证明末世论对历史研究的影响。比如，罗伯特·达恩顿（Robert Darnton）在《屠猫记》（*Cat Massacre*）中对18世纪30年代巴黎的印刷工的屠猫事件所作的夸张性处理，将屠猫事件看成是法国大革命的预演。普考克在其著作《马基雅维里时刻》中认为，“马基雅维里时刻”预示着公共服务道德以及福利国家时代的来临；16世纪的魔术被认为是现代科学的先导。[②] 在拉斐尔·萨缪尔看来，这些观念都是末世论在历史研究中的体现。

拉斐尔·萨缪尔认为宗教不仅对历史研究具有影响，而且宗教本身就是历史的一部分。在他看来，英国人民的第一部历史著

① Raphael Samuel, *Theatres of Memory*, Volume 1, Verso, 1994, p. 436.

② Raphael Samuel, *Theatres of Memory*, Volume 1, Verso, 1994, pp. 436 - 437.

作——比德（Bede）的《英吉利教会史》就是教会的历史。因为其所描述的是传教士和圣徒，而不是君主，转折点不是大的战争或者著名的征服，而是教会的宗教会议。而且从这部著作中还可以看出比德原初的观点：英国人之所以成为英国人就是因为他们皈依了基督教。宗教的影响不仅存在于《英吉利教会史》这样的信史中，而且也在伪造的历史中留下痕迹。拉斐尔·萨缪尔认为，英国民族历史中著名的克努特国王（King Canute）和海浪的故事、阿尔弗雷德大帝和烤糊了的蛋糕的故事，都是修道士们编造出来的，其目的是要证明国王也是普通的凡人。[①]

第五节　历史的混杂性

拉斐尔·萨缪尔对史料的虚构性以及历史的艺术性的论述，并不表明他和怀特一样是一个历史虚无主义者。其实，作为历史学家，他并不否认历史的科学性，他曾在一篇回击大卫·赛尔本（David Selbourne）对历史工场运动的责难的文章中指出："历史科学——毫无疑问历史是一门科学——首先是一门揭示'发展规律'的科学"。[②] 然而，他反对兰克式的治史方法，认为兰克的"如实直书"的观念是对史学家的误导。因此，与其将拉斐尔·萨缪尔对历史的艺术性的强调看成是对历史客观性的否定，毋宁将其看成是对历史学家在处理史料时要注意史料中虚构的提醒。在拉斐尔·萨缪尔看来，历史是混杂的，这种混杂性首先表现在历史的表现形式是多种多样的，并不只是有文献记录的历史这样一种形式。其他与档案文献媲美的，还有大众记忆中传统的永恒的

① Raphael Samuel, *Theatres of Memory*, Volume 1, Verso, 1994, p. 437.

② Raphael Samuel, "On the Methods of History Workshop: A Reply", *History Workshop Journal*, No. 9, 1980, p. 173.

过去、“从前”(once upon a time)、“当年”(good old days);演化为民间戏剧、扮装游戏、露天历史剧、宗教仪式的历史传奇;寓言故事,如关于博阿迪西亚(Boadicea)女王的埋葬地的传说、敦刻尔克大撤退的神话以及所谓英国军队被游船营救的故事等;它们都以不同的方式讲述过去的故事。①

在拉斐尔·萨缪尔那里,关于往昔的观念也总是混杂的,它由各种不同的成分构成,既有真实的东西,也有伪造的内容。不管真假与否,只要为人们所接受和相信,他认为就可以称得上是历史。因此,他将萨缪尔·本福德(Samuel Bamford)小时候在廉价的小人书上所读到的历史故事也称为历史,因为本福德本人一直都对这些故事信以为真。他还以宪章派人士、后来西雷丁(West Riding)地区的独立派大臣(independent minister)约瑟夫·巴克尔(Joseph Barker)的自述为例,说明历史知识的形成过程。巴克尔曾经读过《圣经》故事、班扬的《天路历程》,也读过在写作用法上类似克罗普史托克(Klopstock)的《救世主》(*Messiah*)或者弥尔顿的《失乐园》的《约瑟的历史》(*History of Joseph*),也读了不少童话故事,甚至还读了《鲁滨孙漂流记》等,他都把它们当成信史。②

从教育的角度来说,拉斐尔·萨缪尔认为,宗教的历史在传授方法上类似于民族的历史,它也是采用记忆的手段,如经常提及圣地(巴勒斯坦)的地图和描述日常生活的场景,通过这些方法来使孩子们记住以色列的国王,把他们当英国都铎王朝(Tudors)和金雀花王朝(Plantagenets)的国王一样对待。他还以1860年查尔斯·贝克(Charles Baker)的《学校、老师和家庭圣经课程》(*Bible Class for Schools, Teachers and Families*)为

① Raphael Samuel, *Theatres of Memory*, Volume 1, Verso, 1994, p. 437.

② Raphael Samuel, *Theatres of Memory*, Volume 1, Verso, 1994, pp. 438 – 439.

例说明这一点。在这本书中，地点、风俗、艺术、古迹、自然历史以及关于历史主题的诗歌和圣经经典（Holy Writ）放在一起，配有一百多幅版画，主要通过对东方人的礼仪和习俗的描述来解释课本；在正文的前面，插有按年代顺序编排的索引；在注释和诗歌后面还附有总索引。①

在拉斐尔·萨缪尔看来，不仅历史的内容和形式是混杂的，即使是同时期的历史也有不同的版本。他指出，在伊丽莎白时期的英格兰，关于过去就有好几种版本。第一种是蒙默斯的杰弗里（Geoffrey of Monmouth）的历史传说和《布拉特编年史》（*Brut Chronicles*），它们直到16世纪90年代都被认为是关于民族过去的信史。第二种是教会的历史，最著名的著作有两本：一本是福克斯（John Foxe）的《使徒行传与不朽事迹》（*Acts and Monuments*），这本书和《公祷书》（*Book of Common Prayer*）一起被放在讲道坛上；另一本是诺克斯（Knox）的《宗教改革史》（*History of the Reformation*），这本书很快就成为新教徒进行宣传的主要著作，同时在某种程度上成为启蒙运动哲学史的范例。第三种是致力于对地区进行描述的“地方志”（chorographies）。拉斐尔·萨缪尔认为，那些读地方志的人要比读编年史的人的基础要扎实，因为编年史讲的是帝王的故事，地方志作者所描述的是地方的情况。这里再次暴露了拉斐尔·萨缪尔对官方的、帝王将相的历史的反感，对非官方历史知识的喜爱。第四种是廉价的历史小册子（chapbook history）以及托马斯·德洛尼（Thomas Deloney）的“工匠”小说（“artisan” novel）。这些历史书介绍的是纽伯里的杰克（Jack of Newbury）这个男性版灰姑娘的故事，以及由学徒工变成伦敦市长的迪克·威灵顿（Dick Whittington）的故事。在拉斐尔·萨缪尔看来，这些都是新型的英雄的故事，

---

① Raphael Samuel, *Theatres of Memory*, Volume 1, Verso, 1994, p. 438.

故事的主人公由取得成功的穷人代替了古老传说中的巨人和巨型杀手。最后一种是历史舞台剧，这里既有莎士比亚和马洛（Marlowe）的历史剧，也有由历史小册子改编的哑剧（mummer's play）。[①]

在拉斐尔·萨缪尔看来，不仅伊丽莎白时期的英格兰存在不同版本的历史，就是在19世纪也有许多不同版本的历史，从极端好战的、非常流行的、"鼓和号"的历史，如爱德华·克里希（Edward Creasy）的《世界上的十五次决定性的会战》（*Fifteen Decisive Battles of the World*），到书名极富表现力的初级读本，如皮特（G. Pitt）的《没有战争的英格兰史》（*History of England with the Wars Left Out*）。这些书不仅版本不一样，而且所持观点也多种多样，但它们关于习俗和道德的历史可以与宪政发展史或者谱系血统史相抗衡。[②]

拉斐尔·萨缪尔认为，历史作为一门独立的学科的出现是很晚的事，是从历史的专业化写作与研究开始的，其时间可以追溯到两次世界大战之间。地方史作为一个名词是从20世纪20年代开始得到广泛使用，而在19世纪时对它的研究在很大程度上是对教堂的结构进行研究的神职人员和搜集动植物的博物学家们完成的。同样，在20世纪70年代进步教育学（progressive pedagogies）中被作为"做中学"（learning by doing）活动重要内容的日常生活的历史，在早期阶段乃是古文物收藏家的研究领域。而在19世纪，历史学在传统上仍被看成是文学的一个分支，在地位上比诗歌低，和演讲术相等，高于仅仅起娱乐作用的小说或者风尚喜剧（comedy of manners）。对此，拉斐尔·萨缪尔还举了著名历史现实主义作家沃尔特·斯各特（Walter Scott）的例子。斯各特作品中的人物和主要事件都是来自活的记忆（living memory）

---

① Raphael Samuel, *Theatres of Memory*, Volume 1, Verso, 1994, pp. 439–440.

② Raphael Samuel, *Theatres of Memory*, Volume 1, Verso, 1994, p. 440.

和家族的传说（family lore），且他在绪言和注释中一再强调它们和口述的传统是一致的。通过这些，拉斐尔·萨缪尔实际上是要表明，历史学作为一门独立的学科其历史还不长，它还远不是一门科学，它和宗教、文物收藏、文学等有着割不断的联系。他尤其相信文学是历史的重要组成部分。也许正是基于这样一种理念，当“文学的”历史学家分别在19世纪70年代、20世纪30年代以及50年代三次遭到攻击后，他坚持认为文学仍然是历史的魅力以及历史实践不可或缺的组成部分。①

拉斐尔·萨缪尔认为，自然史也应是历史的一个组成部分。拉斐尔·萨缪尔对自然史的发展过程进行了回顾：早在1566年，博丹（Jean Bodin）在《简易理解历史的方法》（*Method for the Easy Comprehension of History*）中就将叙述分为三类：第一类是关于人的，第二类是关于自然的，第三类是关于上帝的。自然史往往被包含在“自然哲学”（natural philosophy）或者“自然神学”（natural theology）中，而当它进入学校课堂的时候就以生物学的面目出现。19世纪的田野俱乐部和自然历史协会在当地很有声望，它们像博物馆的运行那样，展出自然的珍奇。但是，与之相对的是大写的历史，甚至是格林（J. R. Green）和麦考莱（Lord Macaulay）的社会史走的却完全是另一条道。不过，拉斐尔·萨缪尔很高兴看到，现在的自然史成为以档案为基础的研究和考古学研究中的一个增长点，因为他满怀信心地预测，将来有一天可能又会回到像博丹时代那样人的历史研究和自然的历史研究重新会合的状态。②

拉斐尔·萨缪尔将神话也纳入历史研究的范围，他将神话定义为一种按照观念的模式进行塑造的历史，不管它是艺术的还是哲学的，在对作品进行构思之前，就已经嵌入了作者思维

① Raphael Samuel, *Theatres of Memory*, Volume 1, Verso, 1994, pp. 440 – 441.

② Raphael Samuel, *Theatres of Memory*, Volume 1, Verso, 1994, pp. 441 – 442.

的结构中。[1] 在他看来，任何一部历史著作中都存在神话。他认为在研究方法上，历史学家和寓言作家是一样的，就是搜集大量的证据来说明或者证明相对来说简单的事实。历史学家努力要做的事情就是在看似相当偶然的联系中发现逻辑性或者模式，并为那些可能是一系列任意拼凑的事件赋予意义或者从中吸取教训，也就是说，叙述要符合故事类型。[2]

我们都知道，由于兰克史学的独行天下，19 世纪在西方被认为是“科学的史学”世纪。尽管如此，拉斐尔·萨缪尔却认为，这个世纪也是一个制造大量新的历史传说的世纪。他之所以这样认为是有事实根据的。比如，人们常说的关于历史发展的两个、三个、四个，或者（马克思的）五个阶段的理论是其中的一例，他认为这种理论就是中世纪以及前中世纪的关于人类四个年龄阶段（Four Ages of Man）学说的现代更新版。19 世纪大量流行的像主日学校的奖品书（prize book）中所描述的威廉·特尔（William Tell）的故事那样的伪经则是另一例。此外，还有法国作家尤金·苏（Eugene Sue）的著作《人民和秘密》（*Histoire d'une proletaire a travers les ages*）所描述的凯尔特神话（mythe celtique）、圣女贞德的故事，以及作为一种失乐园出现在科伯特（Cobbett）和卡莱尔（Carlyle）作品中的快乐英格兰（Merrie England）的观念，等等。[3] 在拉斐尔·萨缪尔看来，这些都是 19 世纪这个号称“科学的史学”世纪里所制造出来的传说和神话，这些例证表明“科学的史学”世纪并不科学。

最后，拉斐尔·萨缪尔还认为历史学的活力的保持也在于文学和政治学的同步前进。他指出，和詹姆士一世时期的（Jacobean）

---

① Raphael Samuel, *Theatres of Memory*, Volume 1, Verso, 1994, p. 442.

② Raphael Samuel, *Theatres of Memory*, Volume 1, Verso, 1994, p. 442.

③ Raphael Samuel, *Theatres of Memory*, Volume 1, Verso, 1994, pp. 442 - 443.

英格兰一样，在文艺复兴时期的法国，历史学的命运和法学紧密地联系在一起，因为要讨论封建主义的起源以及性质就要回溯到16世纪律师们的学术争论中去。在学校，历史往往与在爱德华七世时期的英国（Edwardian Britain）被称为“公民”（civics）的词汇联系在一起。在20世纪20年代，学校为了促进一个世界主义（One Worldism），历史又与国际联盟的联盟理想主义（Union idealism）绑在一起。而当历史学界兴起一股撰写日常生活历史的热情的时候，历史又得益于一种泰晤士河谷（Thames Valley）的或者科茨沃尔德丘陵（Cotswolds）的小英格兰主义（little Englandism）。①

总之，在拉斐尔·萨缪尔那里，历史既是一种知识形式，也是一种交流形式，同时又是一种具有自我意识的艺术。作为一种知识形式，历史是混杂的，它融合了过去与现在、记忆与神话、书面记载与口头传说。作为一种交流形式，历史不仅通过编年史、评注的方式得到表达，而且也以民谣、歌曲、传说、谚语、谜语、智力游戏的方式得以呈现。他认为，作为一种具有自我意识的艺术，历史开始于纪念碑和碑铭，尤其是画在墙上那些字画。而且电脑游戏和科幻小说的影响也使年代颠倒或者时光旅行的观念成为我们处理过去观念的一种正常的方式。他认为，当高等教育不断扩大、新的研究群体在学术圈外不断形成，以及个人和集体的身份认同问题将历史学变成学校的一门前沿学科的时候，历史学家如果要放弃自己的道德和政治立场，并试图回归到大写的历史，或者将自己封闭在图书馆的研究室里，是十分荒谬的。②

一般认为，历史的含义主要有两个：一个是指过去发生的事情，另个是指对过去所发生事情的记载、叙述和思考。需要指出

---

① Raphael Samuel, *Theatres of Memory*, Volume 1, Verso, 1994, p. 444.

② Raphael Samuel, *Theatres of Memory*, Volume 1, Verso, 1994, pp. 443 - 444.

的是，拉斐尔·萨缪尔并没有否认前者的真实性，他所提出的“历史是混杂的”中的“历史”主要是指后者，即史料以及由史料所呈现出来的关于历史的观念是混杂的。在内容上既有真实的部分，也有虚构的成分；既有官方的历史，也有非官方的历史；既包括人类的历史，也应包括自然的历史。在形上，既有官方档案，也有非官方的史料，如神话、民谣歌曲、传说等。相比之下，他更强调史料的虚构性部分以及非官方的史料。

笔者认为，拉斐尔·萨缪尔的“历史是混杂的”观点，不仅打破了兰克所标榜的客观主义史学的神话，使历史在内容上由官方的政治、军事史扩充到非官方的民间的历史，在史料的门类上由官方历史档案扩充到非官方的民谣、神话等史料；而且突破了“新史学”的“历史是研究人类过去事业的一门极其广泛的学问”的藩篱，将自然史也纳入历史研究的范围，使历史研究的范围再次得到扩大。

第六节　神话与历史

一般来说，历史以追求过去的真实为目的；而神话则“属于想象的王国，它和现实世界是有区别的，甚至是对立的。神祇虽然是神话中的人物，但是对于我们来说，他们是我们不相信真有其人其事的虚构的人物”。[①] 以往，神话是人类学家以及民俗学家研究的领域，历史学家很少涉足。“历史学家中对‘神话’一词最为盛行的使用方式是将其视为一种显然错误的解释方式”。[②] 然而，近年来，一些历史学家逐渐对这一领域产生了兴趣，历史和神话“这两个彼此排斥的概念似乎突然获得了重新诠释和整合

① 阿兰·邓迪斯：《西方神话学读本》，广西师范大学出版社，2006，第120页。
② 陈启能、倪为国：《书写历史》，上海三联书店，2003，第116页。

的机会”。[①] 这种现象的出现大概是由于两方面的原因促成的。一方面，近年来人类学家对神话研究以确凿的民族志证据证明神话并非绝对的无稽之谈，原始民族中的“神话”不仅不是非理性的幻想，不是理性“历史”的对立物；而是与“历史”一样具有严格的理性，它同我们社会中的历史成例一样充当着现实生活的“大宪章”。[②] 另一方面，随着后现代主义对历史学的渗透，历史的真实性受到质疑，历史变成和神话一样虚构的东西。这样，历史和神话之间的界限变得模糊。而且，随着新历史学研究的深入，多学科综合研究倾向的日益加剧，人类学、社会学、心理学等社会科学与史学的对话交流也逐渐深化。进入 20 世纪 70 年代以后，“历史人类学”被明确提了出来，并从此成为史学研究的一个主流研究范式。在历史人类学的视野下，历史与神话的关系得以重新审视。[③]

关于神话，不同的人有不同的看法。意大利的宗教史教授拉斐尔·贝塔佐尼（Raffaele Pettazzoni）在一篇名为“神话的真实性”中认为：“神话不是纯粹杜撰的产物，它不是虚构的无稽之谈，而是历史，它是‘真实’故事而不是‘虚构’故事”。[④] 美国学者艾伦·利克特曼（Allan Lichtman）和瓦莱丽·弗兰奇（Valerie French）对神话也给予肯定，认为神话是“一种特殊的思维模式以及了解过去的方法”。[⑤] 英国著名的历史学家霍布斯

① 魏爱棠：《“神话”/“历史”的对立与整合》，《史学理论研究》2006 年第 1 期，第 130 页。

② 魏爱棠：《“神话”/“历史”的对立与整合》，《史学理论研究》2006 年第 1 期，第 132 页。

③ 魏爱棠：《“神话”/“历史”的对立与整合》，《史学理论研究》2006 年第 1 期，第 133 页。

④ 阿兰·邓迪斯：《西方神话学读本》，第 125 页。

⑤ Allan J. Lichtman & Valerie French, *Historians and the Living Past*, Harlan Davidson, Inc, 1978, p. 81.

鲍姆则对神话持反感态度，他认为历史学家们研究的起点以及关键所在，“就是要区分确凿的事实与凭空虚构，区分基于证据及服从于证据的历史论述与那些空穴来风、信口开河式的历史论述”。[①] 他呼吁历史学家“必须在民族、种族及其他神话形成之时就加以抵制”。[②]

和前述的拉斐尔·贝塔佐尼、艾伦·利克特曼等一样，拉斐尔·萨缪尔对神话的价值给予充分的肯定。他认为：神话不只是古老的遗迹，而且是日常生活中一种强大的力量。当人们理解凌乱的、创伤的记忆并赋予他们的生活意义的时候，旧的神话不断地被改写，同时新的神话不断地被创造出来。然而，神话却莫名其妙地被历史学家忽视了。[③] 也许正因为如此，1987 年 9 月11 ~ 13 日，以拉斐尔·萨缪尔为首的历史工场运动的组织者在牛津大学的圣·约翰学院（St John's College）专门召开了以“神话与历史”（Myth and History）为主题的第六届国际口述史学大会，并将与会者向大会提交的关于这一主题的部分论文编成一部名为《我们赖以生活的神话》（*The Myth We Live By*）的论文集，专门就神话进行了论述。

（一）神话研究的重要性

关于“神话”一词，目前学术界没有统一的定义，学者们大多从各自学科和学派的角度阐述对神话的看法。比如，神学家认为，神话是对宗教真理的神秘阐述；历史学家认为，神话是虚构的或诗化了的历史；人类学家从进化论立场出发，认为神话是

---

① 埃里克·霍布斯鲍姆：《史学家：历史神话的终结者》，上海人民出版社，2003，前言第 2 页。

② 埃里克·霍布斯鲍姆：《史学家：历史神话的终结者》，第 10 页。

③ Raphael Samuel and Paul Thompson, *The Myth We Live By*, Routledge, 1990, p. i.

原始人所特有的近似于儿童心智的产物；仪式学派则强调神话与祭祀仪式之间的联系，认为神话是一种与祭祀活动有关的陈述；等等。[1] 神话的定义如此之多，以至于日本学者大林太良说："我们可以毫不夸张地说，有多少学者研究这个问题就有多少个神话定义"。[2] 从语源学的角度来看，在西方，神话一词最早源自古希腊语，意思是"关于神祗与英雄的传说和故事"。在人们常用的牛津英汉词典中，与汉语神话相对应的英语词是myth，其解释有两种：一种解释是"从古代流传下来的故事，尤其是指关于自然现象的解释或者人们早期历史的描述"；另一种解释是"许多人相信，然而实际上不存在或者虚假的东西"。[3] 词典中关于神话的解释是人们所熟知的，同时也代表了普通人对神话的理解。其实，每当人们提及神话一词时，其言外之意就是虚构。尽管学者们对神话没有统一的定义，但学术界仍然将不同学科和学派的神话观分为广义和狭义两类。狭义的神话观认为，神话是原始社会的主要"遗留物"，它会随着社会的发展逐渐消亡。马克思是持这种观点的代表之一，他在《政治经济学批判导言》中指出："任何神话都是用想象和借助想象以征服自然力，支配自然力，把自然力加以形象化。因而，随着这些自然力之实际上被支配，神话也就消失了"。[4] 狭义神话观对神话的看法和牛津英汉词典关于神话的第一种解释相似。广义的神话观主张神话没有时间界限，每个时代，甚至包括今天，都有新的神话不断产生。[5] 就像有的学者所说的那样，"凡有人类的地方，必有神话"。[6] 这样

① 陈建宪：《神话解读》，湖北教育出版社，1996，第6页。

② 〔日〕大林太良：《神话学入门》，中国民间文艺出版社，1989，第31页。

③ 《牛津高阶英汉双解词典》（第6版），2004，第1144页。

④ 马克思、恩格斯：《马克思恩格斯选集》第2卷，人民出版社，1972，第113页。

⑤ 陈建宪：《神话解读》，湖北教育出版社，1996，第9页。

⑥ 〔英〕凯伦阿姆斯特朗：《神话简史》，重庆出版社，2005，第2页。

神话的外延被无限地扩大了。应该说，广义的神话观和牛津英汉词典中关于神话的第二种解释是相对应的。

拉斐尔·萨缪尔所持的是广义神话观，他所理解的神话是指任何虚构的东西。这可以从他给《我们赖以生活的神话》所写的前言中反映出来："在这本书中我们所理解的神话含义是广泛的、包罗万象的"。[①] 在他看来，神话具有与众不同的特点。就拿民族神话中的人物来说，他们超越了传统历史学的范畴。在年代学上，难以对他们进行年代划分，他们就像古老的民谣中的英雄人物那样，属于从未发生过的过去；在地理学上，他们所占据的是象征性的空间，而不是实际领土上的空间，因此，即使他们被赋予确切的位置，那也是一种诗性化的虚构；在意识形态上，他们是变化无常的，有时被右派利用，有时被左派利用，且常常被民间激进主义所利用。他们是超脱性的人物，而超脱也正是他们的魅力所在，即使他们的名字来自现实生活中的真人，他们也属于寓言的范畴。[②] 总之，在拉斐尔·萨缪尔的眼中，神话属于虚构的范畴。对于神话这种虚构的东西，拉斐尔·萨缪尔却给予高度的重视。在他看来，神话是一种历史的力量，神话和历史并不是互不相容的，而是互补共存的，有时它们在再现过去的过程中互相交替。[③] 经过梳理，笔者认为，拉斐尔·萨缪尔对神话重要性的强调主要体现在以下几个方面。

第一，在拉斐尔·萨缪尔看来，神话不仅是古代的遗产，而且是人类思维的基本组成部分，它是日常生活中一种强大的力量。他认为，人们对权威的神秘感、对名人的迷恋，以及像爱尔

---

① Raphael Samuel and Paul Thompson, *The Myth We Live By*, Routledge, 1990, p. 3.

② Raphael Samuel and Paul Thompson, *The Myth We Live By*, Routledge, 1990, p. 3.

③ Raphael Samuel, *Island Stories: Unravelling Britain*, Verso, 1998, p. 14.

兰或以色列、斯里兰卡或黎巴嫩这样历史起源和文化传统不同的现代共同体的分裂，就说明神话既没有丧失其想象力的价值，也没有丧失其作为历史力量的活动能力。广告商贩卖梦想，政客们兜售希望和恐惧，在危机时刻，他们唤起沉睡的恐惧，在战争狂热或者外敌入侵的时候，那些创伤记忆使得“决不要再次发生”（never again）的话语成为强有力的动员口号。在拉斐尔·萨缪尔看来，这些商业社会人们的种种天花乱坠的促销行为，以及撒切尔政府利用人们对“苏伊士运河危机”的创伤记忆来煽动英国人的爱国主义情感，从而发动和阿根廷的福克兰战争的伎俩，就是神话的体现。拉斐尔·萨缪尔还认为，不仅一般人的思维中充斥着神话成分，而且历史学家本人也无法摆脱神话的影响，不管他的研究方法有多么的理性。他们所使用的如“民族”或者“普通民众”之类的象征性的范畴，他们所赞成的宏观理论，他们对事实的迷信，他们的进步观念，以及经常作为统一的叙述手段的“起源”和“发展”之类术语的使用，也都是历史学家迷恋于神话的表现。而历史学家对“我们所失去的世界”（The World We Have Lost）之类标题的使用，其实就是公开地玩弄从前美好时光的神话把戏。最为根本的是，很多历史学家用一种本能的天真来衡量证据，而造成这种天真的原因是没有认识到理性的现实主义就是西方文化的特殊神话。[①]

第二，拉斐尔·萨缪尔认为，神话的重要性还在于它作为“人类经验的要素”具有普遍性，它存在于任何历史证据的背后，[②]是我们的集体无意识的一部分。尽管拉斐尔·萨缪尔十分重视口述史资料，花大量时间和精力致力于口述史研究，但他并不否认

---

① Raphael Samuel and Paul Thompson, *The Myth We Live By*, Routledge, 1990, p. 4.

② Raphael Samuel and Paul Thompson, *The Myth We Live By*, Routledge, 1990, p. 6.

口述故事中存在大量的神话成分。他发现口述者对过去的日常生活的回忆是扭曲的，不仅事件的重要性发生了扭曲，有些被夸大了，而另一些则被贬低了；而且事件所发生的时间概念也发生了变化，偶然的相遇后来却被说成是重要的具有史诗般意义的会面，像梦境一样，一系列的事件被缩略为一个时刻；或者反过来，例外的事件被诠释成习惯性的行为，早已过去的夏天似乎变得既漫长又炎热，冬天则变得更冷，雪下得更大。此外，在口述故事中，社会空间的概念也发生了浓缩和置换，记忆中的童年要么是孤独的，要么就走向另一个极端，是群居的，有一大堆亲戚，随便到哪一家都会受到欢迎。家庭要么被描述成由熟悉的面孔组成的充满爱意的小圈子，要么就被说成是感情的荒漠。总之，在拉斐尔·萨缪尔看来，所有的回忆都是从现在的角度作出的。在讲述过程中，讲述者对过去进行理解，这就需要选择、整理、简化，并建构连贯的叙述。这种连贯叙述的逻辑使生活的故事更接近于寓言，这样神话就出现了。①

在拉斐尔·萨缪尔看来，神话的例子不仅存在于口述的故事中，书面的自传中也屡屡出现。他通过我们常见的两种版本的自传的对比来说明神话的普遍性。在一种版本的自传中，过去被描述成“美好的往日”(the good old days)：一种和旧约中所说的失去的伊甸园或者诗人所描述的黄金时代相应的原始的单纯的状态，那是一个“人人皆比邻”，生活更加稳定的时代，没有兄弟阋墙，没有夫妻争吵，等等。他认为，在这里，过去是以现在的反面形象出现的，往昔不再，一切都笼罩在一种空前的失落感之中。而另一种版本的生活史所描述的可能是从黑暗走向光明的过程。在这种版本的自传中，儿童时代往往被描述成遭受囚禁的时

① Raphael Samuel and Paul Thompson, *The Myth We Live By*, Routledge, 1990, pp. 7 - 8.

代，父母不是冷酷无情就是远在天边；对学生来说，老师是恶魔；对年幼的仆人或者学徒来说，老板是野兽；家庭生活是一种压迫；宗教是一种折磨；工作条件异常艰苦。拉斐尔·萨缪尔认为，在这种版本的自传中，过去成为评价后来成就的一种负面的标准，生活被有目的地概念化了："看，我们成功了"成为这种版本自传的主线。[①] 他认为，这种对过去的美化或者丑化就是神话。

总之，在拉斐尔·萨缪尔看来，任何生活的故事，不管是书面的还是口述的，也不管带有多少戏剧性，在一定意义上都是一种个人的神话，都是一种自我辩护。[②]

第三，在拉斐尔·萨缪尔看来，神话还是研究大众行动的最重要的工具，是理解和解释过去的重要手段，如果我们对神话继续采取视而不见的态度的话，我们将失去理解和解释过去的能力。他指出，如果我们不从内外两方面研究对敌人的妖魔化进行研究的话，我们是很难理解民族情感这种历史力量的。同样，在经济发展史的研究方面，至少就资本主义模式来说，如果不对自1972年南海泡沫事件（South Sea Bubble）以来对国内外投资造成重要影响的"狂热"和恐慌进行研究的话，那么是无法理解资本主义模式的。他认为，作为历史学家，研究宗教复兴就应该研究人们对再生（rebirth）的幻想；研究处于发展中的机构的身份认同，就要研究创世神话的作用。他还就英美两国历史学界进行对比，认为神话在美国受重视的程度远比英国高。在美国，"边疆的神话"在形成美国社会中具有重大作用的观念已经成为美国历史学界的共识；而英国历史学家很少提及英国人的自尊心

---

① Raphael Samuel and Paul Thompson, *The Myth We Live By*, Routledge, 1990, pp. 8 - 9.

② Raphael Samuel and Paul Thompson, *The Myth We Live By*, Routledge, 1990, p. 10.

在“光荣孤立”中的作用。[①]

第四，拉斐尔·萨缪尔认为，就历史学家来说，对神话采取一种更加敏锐的态度，可以提出一些新的问题，而有些问题极具挑战性。他认为，一方面，通过对神话的研究，历史学家可以发现西方文化以及历史职业中的神话因素，这对历史学家的种族优越感和职业优越感都会构成威胁。另一方面，通过对神话的研究，历史学家会发现人们的精神因素。这种精神因素将神话和无意识的欲望不仅视为历史中的力量，而且视为形成我们生活的力量，这样，历史学家就会打开一种不能用卡片索引或者电脑程序进行处理的历史。拉斐尔·萨缪尔的意思是说，通过神话的研究，一方面，历史学家会发现引以为自豪的西方文化以及自称为客观的历史职业中的虚构成分，这有助于历史学家重新客观公正地审视西方文化以及历史，消除盲目的文化优越感和职业自豪感，从而对西方世界以外的文化给予适当的重视，同时借用其他学科的知识来弥补历史学科的局限性。另一方面，通过对神话的研究，历史学家可以探索历史文献所没有记载的精神层面的内容，探讨过去与现在、主观与客观、诗性与政治性之间积极互动的关系。[②]

第五，在拉斐尔·萨缪尔看来，神话不仅是构造记忆的途径，而且是探索经历的手段。他的意思是说，从神话中我们能够发掘出真实的过去。比如，对食物的幻想和对过去真实生活的理解是相对应的：当人们在物质上极度匮缺时，一支冰淇淋或者一块糖都变成了一种奢侈品；当饥荒来临时，食能果腹就算是盛宴大餐了。拉斐尔·萨缪尔指出，这些对过去的神话般的描述，清

---

① Raphael Samuel and Paul Thompson, *The Myth We Live By*, Routledge, 1990, p. 5.

② Raphael Samuel and Paul Thompson, *The Myth We Live By*, Routledge, 1990, p. 5.

晰地再现了讲述人们以前的生活方式及其对当时生活的理解。这样，神话就比深描以及千辛万苦地积累事实更能使我们接近过去的含义和人们的主观想法。[①]

（二）神话研究的正确方法

尽管神话是如此的重要，然而，在拉斐尔·萨缪尔看来，历史学界对待神话的态度是错误的，主要表现为三种倾向。

第一种错误倾向是对神话研究的忽视。他指出，历史学家只偏爱那些“可靠的”（hard）事实，比如家庭、工作和住宅、政治和政府等。他们固守于对精确的地点、可断定的年代、限定的研究领域的研究。编年史是以纪年著称，而不是以表现一些世代或者过去的美好时光而见长。他们喜欢研究总体性的东西，而不喜欢研究图像；喜欢研究实用性的利益关系，而不喜欢研究想象本身。他们将传说交给古文物收藏家去处理；将童谣交给民俗学家去研究；将谚语和格言交给词源学家去分析。他们所受的训练预先决定了他们将事实或者爱尔顿（G. R. Elton）在其著作《历史的实践》（*The Practice of History*）中所称的“精确的知识”（exact knowledge）的研究放在首位。他们在文献中寻找具有真实性的内容，而不是寻找文献中所讲述的、能够从中觉察到真实性的关于象征性范畴的内容。历史学家立论的依据是经验式的可证实的事实。总之，就像柯林武德在《历史的观念》中所说的那样，历史学家的结论“不可避免地从事实中得出”。[②] 拉斐尔·萨缪尔认为，如果历史学家持续地对神话采取视而不见的态度的话，那么他们将毫无疑问地失去理解和解释过去的能力。

---

① Raphael Samuel and Paul Thompson, *The Myth We Live By*, Routledge, 1990, p. 13.

② Raphael Samuel and Paul Thompson, *The Myth We Live By*, Routledge, 1990, p. 1.

第二种错误倾向是视神话为真理探寻工作的障碍。拉斐尔·萨缪尔指出，即使神话引起了历史学家的注意，但历史学家也将它们视为真理探寻工作的障碍。比如，如果有谁将巨型杀手杰克（Jack the Giant Killer）的故事这样的童话当做原始资料来使用的话，历史学家会认为这是离经叛道的行为。同样，除了侠盗罗宾汉能吸引托利党人和马克思主义者外，其他的英国神话人物都被排除在学术研究的范围之外，沦为古文物收藏家感兴趣的对象。①

第三种错误倾向是去神秘化。拉斐尔·萨缪尔指出，当历史学家遇到神话时，他们本能的反映是贬低它，去除它的神秘性，将它拉回现实。在拉斐尔·萨缪尔看来，盎格鲁撒克逊派历史学家就是这样的例子，他们受埃里克·霍布斯鲍姆和特伦斯·兰格（Terence Ranger）的《传统的发明》（*The Invention of Tradition*）的启发，乐此不疲地从事着揭穿传说的真相的工作，试图证明古老传说的现代性，表明神话的人造性及其可操纵性和可塑性。②

以上就是拉斐尔·萨缪尔所认为的存在于历史学家中的对于神话的错误态度和认识。那么，我们对于神话应该怎么进行研究呢？拉斐尔·萨缪尔主张打破学科之间的界限，采用多学科结合的方式进行研究。多学科的结合主要是口述史学、人类学以及民俗学三者的结合。

口述史学是拉斐尔·萨缪尔所推荐的主要方式。在他看来，口述史学具有许多优点。第一个优点就是口述史学可以对传统史学进行挑战。口述史学不仅可以表述社会底层的少数种族人群的

---

① Raphael Samuel and Paul Thompson, *The Myth We Live By*, Routledge, 1990, p. 3.

② Raphael Samuel and Paul Thompson, *The Myth We Live By*, Routledge, 1990, p. 4.

心声，同时也能使口述文化得以被人们认可，比如，在文字占主导地位的社会中的移民的口述文化。此外，在他看来，口述史学还能开发新的、更加广泛的潜能。他指出，一旦我们认识到个人证词中主观方面的价值，我们就能挑战公认的历史范畴。[①] 也许正是为了打破传统史学的禁锢，摆脱公认的史学范畴的限制，他才从事口述史学的研究，并将 1987 年在牛津大学召开的第六届国际口述史学大会的稿件编辑成册，取名为《我们赖以生活的神话》（*The Myth We Live By*）。他的目的是要重新引入由记忆的隐喻所带来的激动、恐惧和幻想，而这些是历史学家急于从他们正式的叙述中所要删除的内容。同时，他还要通过对社会群体中不同经历以及个人故事的吸取强调共同的文化方式，使个人的故事不再成为进行概括的可怕障碍，而是成为意识建构中的重要文献。[②] 拉斐尔·萨缪尔的意思是说，不再将历史范畴作私人领域和公共领域的严格划分，而是将二者结合起来进行研究，将私人领域置于广大的公共领域的背景下进行研究。

口述史学的第二优点是通过对记忆的研究可以更加接近神话的建构与传送过程。他认为，通过口述史的研究，口述史学家可以观察到在个人和集体记忆中神话得以形成时所发生的置换、省略和重新阐释。对于这些现象，拉斐尔·萨缪尔告诫我们不能把它们看成是模糊的经历，也不能看成是杂乱无章的碎片，而应看成是有目标的叙述（shaped account）。在这样的叙述中，有些事件被戏剧化了，有些事件被融入到背景当中，另一些事件则被在沉默中被省略。这些行为是通过叙述的塑造（narrative shaping）过程来完成的，在这一过程中，有意识和无意识、神话与现实都

---

① Raphael Samuel and Paul Thompson, *The Myth We Live By*, Routledge, 1990, p. 2.

② Raphael Samuel and Paul Thompson, *The Myth We Live By*, Routledge, 1990, p. 2.

在其中起了重要的作用。[①]

拉斐尔·萨缪尔还提醒我们，在进行口述史研究中要注意两个问题。第一，尽管他认为神话普遍存在于人类的经历中，但他并不认为鉴别口述材料中的神话成分就是在和虚假的过去的记忆打交道。也就是说，他并不认为所有的口述材料是虚构的、无用的；相反，他认为在典型生活的故事中大量的细节描述都是客观正确的。在他看来，每一个生活的故事都是研究主观事物、甚至是无意识的潜在证据。因此，他认为口述记忆在理解过去和现在方面提供了双重的有效性，[②] 就是说，通过对口述记忆的研究，我们不仅能了解过去所发生的事情，而且还能知道口述者的现状。第二，在进行口述史研究时，要注意处理好口述史与心理分析两种学科之间的关系。口述史家在进行口述资料研究时，往往会借助心理学的方法，从心理分析的角度来进行解释。对此，拉斐尔·萨缪尔并不反对；相反，他认为将心理学与口述史学相结合进行口述分析具有广阔的前景，但他提醒人们不要忘记这两种学科之间的区别。他主张，在目标上，不能将口述史学对一般原因的追寻与心理分析师对个人意义的探求混淆起来，不能将心理学家对普遍心理过程的心理分析假设与口述史家寻找变化的执著追求等同起来。在实际操作方法上，口述史家的倾听和心理分析师的倾听是不同的，口述史家也不能照搬心理分析师的方法，不能像心理分析师那样让被调查者躺在睡椅上，或者是自由联想，或者是记录下被调查者的梦。口述史家有不同的约定，他们没有资格也没有指望能够完成移情（transference）或者消除困扰被调查者的症状。他们所能做的就是更加仔细地倾听，发现记忆中的

---

① Raphael Samuel and Paul Thompson, *The Myth We Live By*, Routledge, 1990, p. 5.

② Raphael Samuel and Paul Thompson, *The Myth We Live By*, Routledge, 1990, p. 6.

沉默以及有意或者无意识的压抑。①

拉斐尔·萨缪尔所建议的第二种方法是人类学的方法。在他看来，和传统历史学家不同的是，人类学家将认真研究超自然的现象作为自己基本的职业操守。他们擅长倾听，既研究口述资料，也处理书面文献。他们不仅在事实证据中，而且在神话、巫术以及萨满教（shamanism）中寻找解释社会的线索。应该说，在过去的30年中，人类学和历史学之间的距离更加拉近了。尽管如此，拉斐尔·萨缪尔认为，除了理论上有所借鉴以及在非洲史研究方面有所突破外，历史学界对待人类学的态度仍未发生什么变化。②他认为历史学界的这种态度是不对的，应该加以纠正。

拉斐尔·萨缪尔提出的对神话研究有帮助的第三种方法是心理分析的方法。他指出，心理分析著作可以让我们看到另一些神话的因素。比如，弗洛伊德的“家族浪漫故事”（family romance）就让我们看到：在儿童想象的世界里，其他的成年人，如爷爷奶奶、叔叔婶婶、良师益友代替父母给他无穷的爱。从心理分析著作中，我们还注意到祖先神话，这在英国人的自传中大量出现，并为家族提供了理想化的或者虚构的家谱。比如，贵族的血统在以前的英国阶级体系中非常受到重视，以至于富裕的中产阶级家庭宁愿自己家道中落，也不愿背上暴发户的诬名。而在最近的口述史研究中，这种现象发生了转变，人们开始庆幸自己的卑贱出身，于是，在最近大量涌现的家族历史协会中，能够将自己的血统追溯乡村教区和普通劳工的家庭是一件很光彩的事。“吉卜赛”或者爱尔兰血统非但不被看成是耻辱，而且还被看成是充满异国情调的东西。由此，拉斐尔·萨缪尔指出，在这两种情况

① Raphael Samuel and Paul Thompson, *The Myth We Live By*, Routledge, 1990, pp. 6 – 7.

② Raphael Samuel and Paul Thompson, *The Myth We Live By*, Routledge, 1990, p. 1.

下，不管是贵族的出身还是平民的出身，都有一种弗洛伊德所说的“家族浪漫故事”（family romance）在起作用。在这种家族浪漫故事中，假想的祖先提供了另一种身份，这种身份是一种比目前的身份更具魅力的替代品。①

拉斐尔·萨缪尔认为，如果从心理学的角度进行分析，通常我们还能发现个人的历史通过象征性的过去的观念得以告知和形成的途径。他对两种版本的自传进行了分析。在一种版本的自传中，过去被描述成“美好的往日”（the good old days），一种和旧约中所说的失去的伊甸园或者诗人所描述的黄金时代相应的原始的单纯的状态。这是一个“人人皆比邻”，生活更加稳定的时代，没有兄弟阋墙，没有夫妻争吵，等等。他认为，在这里，过去是以现在的反面形象出现的，往昔不再，一切都笼罩在一种空前的失落感之中。而另一种版本的生活史多以书写的形式出现，其所描述的可能是从黑暗走向光明的过程。在这种版本的自传中，儿童时代往往被描述成遭受囚禁的时代，父母不是冷酷无情就是远在天边；对学生来说，老师是恶魔；对年幼的仆人或者学徒来说，老板是野兽；家庭生活是一种压迫；宗教是一种折磨；工作条件异常艰苦。拉斐尔·萨缪尔认为，在这种版本的自传中，过去成为评价后来成就的一种负面的标准，生活被有目的地概念化了：“看，我们成功了”成为这种版本自传的主线。通过分析，拉斐尔·萨缪尔认为，任何生活的故事，不管是书写的还是口述的，或多或少都富有戏剧性，它们在一定意义上都是一种个人的神话，都是一种自我辩护；而且，它们都代表和说明了故事中主人公的理想。比如，对那些赞美自己童年的自由时光的人来说，这种理想就是获得独立；对于那些迷恋家族传统的人来

---

① Raphael Samuel and Paul Thompson, *The Myth We Live By*, Routledge, 1990, p. 8.

说，这种理想就是子女的忠顺。他还指出，在口头叙述中，通过讲述者对事件的重复讲述来表达道德价值观的过程中，我们尤其可以发现传统的大众神话。他认为，这样的故事普遍起到了寓言的作用，它们像古典的寓言和神话一样，以例子的形式证明了勇气、善良以及毅力的存在。①

拉斐尔·萨缪尔所建议的第四种方法是民俗学的方法。他认为，民俗学家尽管被受过专业训练的历史学家所鄙视和忽视，但他们在研究神话人物方面比历史学家更具有优势，而且他们对神话人物表现出极大的兴趣。他们不理睬历史学中的时期划分那一套；他们所追寻的传说人物跨越千年；他们采用比较的方法，忽略民族文化的界线；在理论上，他们采用俄国民俗学家弗拉迪米尔·普罗普（Vladimir Propp）的理论，为我们研究神话提供另一种解释框架，这种框架所寻找的是不同人物之间的家族相似性（family likeness），以及个人的叙述所遵照的“故事类型”（tale types）。② 在拉斐尔·萨缪尔看来，从民俗学的角度来研究神话有以下几种好处。

首先，民俗学鼓励我们将那些叙述者看成是故事讲述人，而不是“被调查的对象”（informant），并进入他们想象的世界，使我们关注我们的叙述、普通的人物以及一般性的传说中的公式化的主题，提醒我们注意我们的证词中隐含的道德观，注意与口传叙述（traditional narrative）中的“要点”（points）相似的事。同时，不管我们的口述史工作的环境多么具有地方性和特殊性，通过民俗学，我们即使不能发现荣格式的宏大的集体意识，至少也可以发现特定文化的共有特质（universals）。这样，我们就会发

① Raphael Samuel and Paul Thompson, *The Myth We Live By*, Routledge, 1990, pp. 8 - 10.

② Raphael Samuel and Paul Thompson, *The Myth We Live By*, Routledge, 1990, p. 11.

现在《我们赖以生活的神话》中所讨论的煤矿传说中的“大采煤工人”(big hewer）和英雄的伐木工（heroic logger）在工作场所的口头传说（workplace lore），以及武士民谣（warrior ballad）中可以找到相应的对象。在拉斐尔·萨缪尔看来，民俗学家和心理分析师一样都能引导我们采取关键性的一个步骤，那就是避免将我们所发现的神话与“真实”(reality）联系起来，而是将神话与其他神话联系起来，与支撑这些神话的想象的情结（imaginative complexes）联系起来。[①]

其次，拉斐尔·萨缪尔认为，民俗学还能使我们的注意力集中于故事的情节，并赋予这些故事情节更多的时间和空间，允许叙述中出现描述性的或者纪实性的细节，但不把这当成我们的主要目标。他还以口述史著作 *The Dillen* 为例，来说明民俗学的方法在口述史研究中的重要性。在拉斐尔·萨缪尔看来，由安吉拉·赫文斯（Angela Hewins）所编撰的 *The Dillen* 既是英国口述史最优秀的著作之一，也是民间叙事（folk narrative）的少数经典著作之一。从拉斐尔·萨缪尔对这本书的介绍来看，这是一本故事性很强的著作，语言朴实无华，细节充满直观感，且取材于下层民众（the Lower Depths)。而让拉斐尔·萨缪尔最为欣赏的是编者尊重故事讲述者的艺术，让讲述者自由展示其幻想。著作像小说一样充满了对话，至于这些对话是通过回忆得来的，还是捏造的，抑或是再造的，都难以辨认，但他认为这无关紧要，重要的是编者让叙述者成为剧中的主角，而不只是影子。[②] 由此可以看出，拉斐尔·萨缪尔所强调的是人在历史中的主体地位，特别是下层民众在历史中的主体地位，所重视的是人对过去的主观

---

① Raphael Samuel and Paul Thompson, *The Myth We Live By*, Routledge, 1990, p. 12.

② Raphael Samuel and Paul Thompson, *The Myth We Live By*, Routledge, 1990, p. 12.

看法和感受。他主张人们用第一人称“我”来撰写历史，反对以追求客观之名采用第三人称的做法；认为在历史写作中用第三人称单数来压抑作者“我”的做法，只不过是“给予了事件一种客观性的假象”。[①] 这不仅是对传统的兰克客观主义史学的抨击，同时也是对年鉴学派的无人的历史的一种矫正。

拉斐尔·萨缪尔反复告诫，不要拙劣地权衡“神话”与“真实”孰优孰劣，因为当他观察那些虚构时，他发现问题并没有那么简单。他引用了《我们赖以生活的神话》所记述的几个例子来证明这一点。其中一例是亚里桑德罗·波特利（Alessandro Portelli）对老意大利共产主义者阿尔弗雷多·菲利波里（Alfredo Filipponi）的采访。在采访中，菲利波里将他自己编的一句名言“当画眉飞过时，就是开枪射击之时”说成是列宁的话，其用意是在为他自己的政治行为寻找理由。拉斐尔·萨缪尔认为，这不过是一个普通的民间故事，将这个故事称为捏造的传说是一种误导，其实，在他看来，这是一种古老的传说再次运用于新的环境之中。[②]

拉斐尔·萨缪尔还将神话分为公共神话和私人神话两种形式。他认为，大多数历史只关注公共领域中的神话和传说，只有口述史学家才能看到这两种神话之间的联系和连续性，即近期历史的集体记忆、古老的象征性寓言、原型的形象、传记的框架与个人生活之间的持续互动关系。在拉斐尔·萨缪尔看来，公共神话与私人神话之间是互动的关系，个人为了使自己的生活更有意义，往往会盗用传统（tradition）的资源。在传统的传递方面，不管是否对传统进行了修改，个人都是最重要的传递者，公共仪

---

① Raphael Samuel, “Reading the Signs”, *History Workshop Journal*, No. 32, 1991, p. 93.

② Raphael Samuel and Paul Thompson, *The Myth We Live By*, Routledge, 1990, p. 14.

式只是例外的传统的传递者。公共仪式之所以有传递作用，是因为对于它们的记载异常的详细，且由于历史学家们对它们进行研究的误导。在拉斐尔·萨缪尔的眼中，最有力量的神话是那些影响人们的思想和行为的神话，即那些已经在他们的思维方式中内在化了的、有意识或下意识地传递给他们的子女、亲属、邻居、工友、同事，并已经成为他们个人故事一部分的神话；而个人经历的不断地相互交流，对人们从公共神话中所选择和吸收的内容产生决定性的影响。①

在拉斐尔·萨缪尔看来，公共的或者民族的神话不仅对私人的传统（private tradition）和经历产生影响，而且还对少数种族的传统与经历构成威胁。因此他认为，少数种族的集体记忆如果要避免被多数种族历史传统所同化和扼杀的命运的话，就必须不断得到积极主动的伸张。这种统治地位的取得并不取决于数量，而是取决于力量，只有强者才能将自己的意图加于过去之上。在他看来，撒切尔政府就充分利用了公共的神话为自己的统治服务。为了证明自己政策的合理性，撒切尔政府一会儿从“维多利亚价值观”（Victorian values）中寻找依据，一会儿又从“航行到未知的大陆进行贸易并将财富带回给我们的人民的冒险商人的成功”中觅求佐证。当英国和阿根廷因福克兰岛屿归属问题发生争端时，她还历数从丘吉尔到德雷克击败西班牙无敌舰队这些帝国的和民族的英雄故事来煽动人们的战争狂热。拉斐尔·萨缪尔认为，撒切尔夫人之所以这样做，是因为她看到了这些构建的神话在选举以及战场上所具有的非常强大的鼓动力。在拉斐尔·萨缪尔看来，民族的神话以及由这种神话所建立起来的民族历史感在施展这种鼓动力的同时，也提出了根本性的群体归属问题。这些

① Raphael Samuel and Paul Thompson, *The Myth We Live By*, Routledge, 1990, pp. 14 – 15.

神话在一次次地号召人们团结起来的同时，也排斥和迫害那些被排斥的人群。他认为，这就是为什么对那些少数种族、弱势群体以及遭排斥的人群来说，集体记忆和神话往往更显得重要的原因。就是说，这些人群往往用集体记忆和神话一方面来加强自我认同感（sense of self），另一方面作为一种生存的战略资源。在这种情况下，决定归属感的常常是压迫和共同的冤屈，就是说，共同的被压迫的状况使不同的人群走到了一起。①

此外，拉斐尔·萨缪尔认为，在失败或者屈辱中生存这个主题，不仅贯穿于少数种族的神话，而且广泛存在于其他的迫害的神话或者共同恐怖的故事中。这种迫害的神话或者共同恐怖的故事很多，比如，因为小孩子答错了问题，可恨的老师就敲打他们长冻疮的手指关节；表情冷漠的负责救济的官员要等家庭卖掉最珍贵的传家宝——钟之后才肯发放救济；等等。这样的人物形象在自传、口述记忆、幽默以及歌曲中反复出现，只不过细节不同而已。拉斐尔·萨缪尔指出，称这些故事为神话并不是从根本上否认事件和社会冲突的真实性；而是表明，不管我们如何看重这些故事的文学意义，这些故事如此大范围重复出现的事实，就是真正具有象征意义的集体意识的证明。这种集体意识就是不公正感，以及个人经历了磨难之后的愤怒感和自豪感。②

总之，拉斐尔·萨缪尔主张不仅要把神话看成是一种过去的证据，也要看成是当前的一种持续的历史力量。他希望对神话力量的承认能拓宽历史研究的途径。他认为，鉴别叙述中的神话因素，揭示传统中的虚构是重要的第一步，历史学家必须将这种发现置于更为广阔的文化竞争和选择的背景下进行研究。在他看

---

① Raphael Samuel and Paul Thompson, *The Myth We Live By*, Routledge, 1990, pp. 18 – 19.

② Raphael Samuel and Paul Thompson, *The Myth We Live By*, Routledge, 1990, p. 19.

来，传统既有可能被虚构，也有可能在变化了的背景下再生，而追溯起源只是察看证据的一种方法。他还希望历史学家能响应意大利口述史学家卢萨·帕塞里尼（Luisa Passerini）的号召，去研究个人生活的故事或者"神话传记"(myth-biographies)；去看看人们如何在选择神话，如何修改并重新解释神话的；同时也看看他们自己的直接经历是如何突破神话的框架的。此外，他还主张，历史学家不仅要把神话和记忆当成理解过去的特殊的线索，而且要当成构建和重构个人和集体意识的窗口，在这种个人和集体的意识中，事实和幻想、过去和现在都发挥了作用。①

第七节 英国的民族神话与英国历史

（一）创世神话：英国历史的重要内容

国王的传说是创世神话的内容之一。拉斐尔·萨缪尔选取了在爱丁堡的荷里路德宫（Holyrood Palace）大厅里陈列的一系列国王画像的长廊作为例子来说明，因为在他看来，这个例子可以"表明现代的英国和古代的希腊一样，传说是如何成为历史的前奏，想象是如何同真实重叠的"。② 在这个大厅的画廊里陈列着不少于 111 位国王的画像，它们按时间顺序排列。为首的是费格斯一世（Fergus Ⅰ）的画像，他是神话时代的人物，是王国的创建者，据称，他作为一名游侠在公元前 330 年首次登陆苏格兰。画廊最精彩部分是在一堵墙上挂着的斯图亚特时期国王们的画像。这些画像是查理二世聘请的荷兰艺术家雅各·德·维特（Jacob de Wet）所画，于查理二世的继任者统治期间完成。据

① Raphael Samuel and Paul Thompson, *The Myth We Live By*, Routledge, 1990, p. 21.

② Raphael Samuel, *Island Stories: Unravelling Britain*, Verso, 1998, p. 11.

称，这些画像覆盖了苏格兰约2000年的历史，生动地再现了王室的谱系和起源的神话。这些谱系和神话所展现的是苏格兰人民族观念形成的过程。这种虚构的历史在1286～1328年独立战争前后就有了一个大致的框架，它是反英格兰的武器，也是针对英格兰国王在宣布对整个不列颠实施宗主权时所抛出的布鲁图斯传说（Brutus legend）的反神话。14世纪时，一位名叫约翰·佛敦（John Fordun）的学者为这个框架填补了大量的细节。在此基础上，15世纪时的著作《苏格兰编年史》（*Scotichronicon*）又作了精细的补充，16世纪文艺复兴时期的作家赫克托·博斯（Hector Boece）又给它赋予了大众喜闻乐见的形式。这样，这部虚构的历史占据统治地位达4个世纪之久，删除了早期一两处夸大之词后，又增添了一些新的夸张之词。直到18世纪时，经古文物研究者托马斯·恩尼斯（Thomas Innes）的研究，这段历史才开始受到严重质疑。在拉斐尔·萨缪尔看来，这些画像本身并不是刻意要表现历史的准确性，因为，画像中斯图亚特王朝之前的所有国王的穿着相同，他们都穿着难以判断年份的新古典主义的服装，蓄着17世纪朝臣们所喜爱的小胡子。实际上，前40个国王都是虚构的。然而，很明显，这个画廊却被人们视为一个帝王的英烈祠，表明苏格兰历史的古老及其王朝的连续性。①

在拉斐尔·萨缪尔看来，国王和王后的传说不仅以画像的形式留存下来，珍藏在陈列馆里；而且还以出版物的形式广为流传，留存在大众的记忆中，它们是出版商们的最爱。约翰·斯必德（John Speed）在其1611的著作《大不列颠帝国的戏台》（*The Theatre of the Empire of Great Britain*）中，就曾用这些画像作为盎格鲁－撒克逊七王国时期的氏族王国的插图。他所构建的王国的历史起于亨格斯特（Hengist）这个可能是虚构的肯特

---

① Raphael Samuel, *Island Stories: Unravelling Britain*, Verso, 1998, p. 11.

(Kent）的创立者，止于公元622年南撒克逊（South Saxon）的国王埃瑟沃尔夫（Ethelwolfe），他给每个王国都指定了一个国父。画家还为插图上的每个国王配了权杖和宝剑。①

在拉斐尔·萨缪尔看来，国王的传说不仅出现在陈列馆和出版物里，而且在国家的戏剧表演中也有一席之地。市长大人的演出（Lord Mayor's Show）就是这样的戏剧表演，它既是伊丽莎白时期和詹姆士一世时期伦敦的一大景观，也是人们讨论政策事务的场合。拉斐尔·萨缪尔认为，在这些演出中，在位的或者被废黜的国王这些真实的历史人物，往往和寓言以及神话中的人物混杂在一起。比如，罗宾汉就是一例。舞蹈设计大师安东尼·曼迪（Anthony Munday）为1615年的市长大人的演出（Lord Mayor's Show）新设计的罗宾汉的形象是：他和他的同伴“都穿着绿色的服装，拿着弓箭和号角，背着新猎获的鹿”。②

此外，国王的传说还出现在游行的场合中。拉斐尔·萨缪尔为我们描述了约翰·维伯斯特（John Webster）在1615年担任典礼官期间所组织的一次游行。在这次游行的战车上载有8名国王的扮演者。游行时，爱德华八世（Edward Ⅷ）的扮演者带头说，让所有的好人都重复这样一句话：团结能让最小的事物变得伟大。于是，其他国王的扮演者齐声和唱：团结能让最小的事物变得伟大。像所有的市长大人的演出一样，果戈（Gog）的肖像被排在最前面。他是伦敦的保护神，是英国历史上记载的第一个爱国者，也是阿尔比恩（Albion）传说中的巨人；他曾向登陆德文（Devon）的托特尼斯（Totnes）的特洛伊人（Trojans）发起挑战，经过一场恶战之后，被摔在岩石上，粉身碎骨。③

---

① Raphael Samuel, *Island Stories: Unravelling Britain*, Verso, 1998, pp. 11 - 12.

② Raphael Samuel, *Island Stories: Unravelling Britain*, Verso, 1998, p. 12.

③ Raphael Samuel, *Island Stories: Unravelling Britain*, Verso, 1998, p. 11.

口头伪经（verbal apocrypha）是创世神话的第二个内容。拉斐尔·萨缪尔认为，口头伪经比起那些国王的画像这样的视觉道具来虚构的成分更多。就拿英格兰来说，口头伪经中虚构的内容是如此之多，如此地具有战略性，以至于人们禁不住会得出这样的结论：即伪经中除了阿布罗斯宣言（the Declaration of Arbroath）（1320 年）之外，民族神庙中的所有主要内容追溯起来都是虚假的。中世纪的爱丁堡被描绘成当时欧洲最美的地方之一，而实事并非如此，它的这种形象在很大程度上是在 19 世纪创造出来的，是作家沃尔特·司各特爵士（Sir Walter Scott）笔下的“老雾都”（Auld Reekie）的视觉再现。因此，拉斐尔·萨缪尔借用鲍勃·莫理斯（Bob Morris）的话说：“城堡和平原被重新塑造成巨大的纪念碑和舞台，用以在上面展现一个民族中的另一个新民族身份”。①在拉斐尔·萨缪尔看来，苏格兰高地的浪漫故事，盖尔语的再度流行，苏格兰詹姆士二世主义（Jacobitism）的复兴，所有这一切的直接原因是奥西恩（Ossian）这个捏造的人物。他曾是哥特式想象（Gothic imagination）中风靡整个欧洲长达 50 年之久的人物［据说拿破仑在指挥奥斯德里兹战役（Battle of Austerlitz）时还带着一本奥西恩的诗集］。拉斐尔·萨缪尔举的另一个虚构的例子是威廉·华勒士（William Wallace）（传说中苏格兰的民族英雄，因捍卫苏格兰的独立被英国政府杀害）的殉难。这个事件最近被好莱坞拍成了史诗性的电影《英雄本色》（*Brave Heart*）。这个故事的唯一来源是吟游诗人亨利（Henry the Minstrel）的诗集《布兰德·哈利》（*Blind Harry*），这本诗集使威廉·华勒士的名字家喻户晓。由于这首诗写于故事发生后约 150 年，因此很难说这首诗中的故事是作者所称的亲眼所见，而且，现在看来，诗的作者也根本不是布兰德·哈利本人，而是另有其人，作者只不过是想

① Raphael Samuel, *Island Stories: Unravelling Britain*, Verso, 1998, p. 12.

借哈利的名声来向大众推广这部著作。[①]

预言（prophecy）是创世神话的第三个内容。在拉斐尔·萨缪尔看来，预言是 14 和 15 世纪伦敦城市编年史正常的组成部分，它其实就是第一种非专业的历史。这种历史通常以人的四个生命阶段为开头，为其叙述构建一个巨大的来世的框架，然后再转向贸易关系以及谱系血统方面的细节描述。安德鲁·霍恩（Andrew Horn）的《伦敦年鉴》（*Annales Londoniensis*）中就被加进了一些蒙默思的杰弗里[②]（Geoffrey of Monmouth）的著作和但以理书（Book of Daniel）中的预言内容：爱情城堡里的公羊（the ram of the Castle of Love）这个被梅林（Merlin）喻为马其顿的亚历山大的神，将要用它云雾般的气息笼罩全岛，他将会不遗余力地夺取苏格兰、挪威、丹麦、法国，以及所有的阿瑟王这位战无不胜的骑士用剑所获得的土地。[③]

超自然的事件（supernatural event）——奇人异事——是拉斐尔·萨缪尔所说的创世神话的第四个内容，同时，它们也是经院编年史家经常采用的素材。拉斐尔·萨缪尔举的第一个例子是英国的教会史学家比德（Bede）。比德用彗星和麻雀来表示神秘

---

① Raphael Samuel, *Island Stories: Unravelling Britain*, Verso, 1998, pp. 12 - 14.

② 蒙茅斯的杰弗里（Geoffrey of Monmouth，约 1100 ~ 1155）原是威尔士的修士，后来被提升为圣阿萨夫主教。杰弗里宣称，他的《不列颠列王纪》（*Historia Regum Britanniane*，约 1130 ~ 1138）是从“一本用不列颠语写的非常古老的书”翻译过来的。它不仅是最早记载亚瑟王和圆桌骑士传奇的文字资料；它也有助于宣传这样一个善良的观念：不列颠人的祖先是特洛伊王子布鲁特斯（Brutus），即西尔维乌斯的儿子和埃涅阿斯的曾孙。布鲁特斯成了不列颠古代历届国王的祖先。这些国王的故事，包括高布达克（Gorboduc）、李尔（Lear）、辛白林（Cymbeline）的故事，强烈地吸引了伊丽莎白一世时期的作家们。虽然古代和现代的更为严肃的历史学家大概会认为杰弗里的作品是不可靠的，而且在编年叙述方面是不可信的，但它长期以来一直是历代诗人、讲故事人和民族宣传家的丰富宝藏。

③ Raphael Samuel, *Island Stories: Unravelling Britain*, Verso, 1998, p. 15.

的暗示，从而使他的叙述活灵活现。拉斐尔·萨缪尔举的另一个例子是比德较晚12世纪的另一个历史学家纽堡（Newburgh）的威廉（William）。威廉对蒙默思郡的杰夫里笔下的神奇故事尽管公开地表示怀疑并提出了尖锐的批评，但他还是认为有必要对神灵及其活动进行详细描述。因此，他在著作《历史》（*Historia*）中写进了一些被人们熟知的征兆：如愤怒的上帝在1196年用饥荒和瘟疫折磨英格兰人和高卢人，作为对他们的国王发动战争的惩罚。①

拉斐尔·萨缪尔创世神话的第五个内容是石头巨人（petrified giant）。在他看来，在民间历史编纂中，那些以口传方式流传下来的石头巨人，比如在英格兰传说中享有突出地位的石头巨人。它们的功能等同于经院历史学家笔下的奇人异事，它们通常都被认为代表着英国的过去，因此，这些东西在古不立吞人（ancient Britons）的老巢（ultimate lair）——威尔士以及西南——出现得最多就绝非偶然。在威尔士，巨人的故事流传很广，而且许多巨人还有专门的名字，比如，卡代尔埃·德瑞斯山（Cadair Idris）就是一例。据当地人传说，这座山有一把巨大的椅子，德鲁伊德教的祭司②（Druid）们常常来到这里。巨石阵（Stonehenge）这座英国最著名的史前时代的纪念物，最初也被蒙默思郡的杰夫里归为巨人的杰作。杰夫里认为，这些石头是巨人们按照梅林（Merlin）的指令，从爱尔兰的基拉劳斯山（Mount Killaraus）上"巨人环"（Giant's Ring）上搬运来的（另一版本的传说赋予了巨石阵一个威尔士名字，并说，就像格拉斯顿伯利突岩那样，这些巨石最初是从中部威尔士搬运过来的）。③

---

① Raphael Samuel，*Island Stories*：*Unravelling Britain*，Verso，1998，p. 15.

② 德鲁伊德教的祭司：古代盖尔或不列颠人中一个牧师等级的成员，他们在威尔士及爱尔兰传说中是预言家和占卜家。

③ Raphael Samuel，*Island Stories*：*Unravelling Britain*，Verso，1998，pp. 15 - 16.

拉斐尔·萨缪尔的创世神话的第六个内容是传说中的著名人物曾经出现过的地方。这些地方以名人的墓地居多，这些地方因为传说中的名人而变得尊贵，从而进入大众的记忆中，这种现象在日常生活中是常见的。拉斐尔·萨缪尔举威尔特郡（Wiltshire）的白马村（Villages of the White Horse）为例，这里有很多神奇的地方。工人阶级的民俗学家阿尔弗雷德·威廉姆斯（Alfred Williams）在其编纂的民俗学杰作中说：每一块石头都包含一段故事，好像居民们在当地每发现一个奇特之物，就一定要编造一个故事一样——这里是古阿瑟王曾经战斗过的地方，那里又曾是修道院的庄园。[①]

此外，到达的神话（arrival myth）或者迁徙的神话（migration myth）也是拉斐尔·萨缪尔所说的创世神话的一个分支。在拉斐尔·萨缪尔看来，这种神话所展示的是历史上最广为人知的时刻，如朝圣的先辈们到达新英格兰。即使在今天，如果对加勒比人在战后移居英国的事件进行一番考察就会发现，这些迁徙的神话在移居观念形成过程中起了重要的作用。和其他种类的传奇一样，迁徙的神话后来所承载的意义远比它们当时所承载的意义重大。就像在英格兰建立了盎格鲁撒克逊人统治的亨吉斯特（Hengist）和霍萨（Horsa）兄弟二人的传奇故事那样，后来人们又在里面加上生动的细节。"帝国疾风"号（Empire Windrush）[②] 也一样，这条在 1949 年到达英国的船开启了新的共和国移民的时代，后来的规划、扩大以及更替似乎远比最初的事件更加重要。[③]

---

① Raphael Samuel, *Island Stories*: *Unravelling Britain*, Verso, 1998, p. 16.

② "帝国疾风"号是 1948 年将第一批加勒比地区移民带到英国来的海船。

③ Raphael Samuel, *Island Stories*: *Unravelling Britain*, Verso, 1998, pp. 16 – 17.

（二）神话人物：英国史研究的切入点

除了对英国历史上的创世神话进行研究外，拉斐尔·萨缪尔还对英国的神话人物进行了总结。他认为对神话人物的研究是揭示英国历史的有效途径。那么在英国历史中存在哪些神话人物呢？他们对理解英国历史都有什么作用呢？拉斐尔·萨缪尔在其编纂的《爱国主义：英国民族认同的建构与解构》（*Patriotism: The Making and Unmaking of British National Identity*）第三卷中给出了答案。

在他看来，第一类神话人物是民族的神话人物，也就是传说中的民族英雄和伟人。这些神话人物长期以来被人们所忽视。除了侠盗罗宾汉曾让保守党人（Tory）和马克思主义者着迷外，其他的民族神话人物都没有被历史学家认真地对待过。他们有的被归入民俗学家研究的范围，有的成为文物收藏家研究的主题，这样的例子很多。比如，像不列颠和约翰牛（John Bull）这样的国家标志（state symbols）被看成是当然的。圣·乔治（St George）这位归化了的希腊人成为英格兰的守护神达 8 个世纪之久，尽管他周期性地被新纳粹分子和英国的极右势力所利用，但他仍然只是哑剧小品中一个虚幻的人物。Gog 这位曾包围过市政厅（Guildhall）的石器时代的巨人，在狄更斯生活的时代还曾被看成是伦敦的“守护天才”（Guardian genius），现在却落入民族记忆的空洞里，尽管詹尼弗·韦斯特伍德（Jennifer Westwood）在著作《阿尔比恩，传说中的不列颠指南》（*Albion, A Guide to Legendary Britain*）中表明，这位保护神仍旧为古文物收藏家所熟知和喜爱，等等。在拉斐尔·萨缪尔看来，这样一些神话人物在过去曾经在相当大的程度上控制着大众的想象。比如，阿尔比恩（Albion）这位古不列颠人虚构的国王，直到莎士比亚时代还被看成是真实的历史人物，为这个民族提供了英雄的祖先。班扬在

《天路历程》中也曾谈到食人恶魔（Ogres）和巨人的形象存在于民间的想象中，同时也活灵活现地出现在基督徒的想象中。拉斐尔·萨缪尔认为，这些民族的神话人物的作用就在于他们是形成人们关于过去的观念的重要素材。①

在拉斐尔·萨缪尔眼中的民族的神话人物除了那些虚构的人物外，还包括那些来自生活中的人物。他认为，如果对这些生活中的人物进行研究的话，可能会使民族历史中被隐瞒了的章节熠熠生辉。比如，海军上将弗农（Vernon）是在所有的海军将领中最受公众喜爱的，他之所以在下层甲板上极受人尊敬，是因为他发明了配给水兵的“格洛格酒”（Grog）（一种用水稀释了的朗姆酒）。格兰比侯爵（Marquis of Granby）是另一位七年战争时期的将军，当他的假发掉落下来后，他仍然光着头指挥他的军队战斗。拉斐尔·萨缪尔认为，他死后，人们赋予他的称号可以让我们领会到 E. P. 汤普森所说的 18 世纪的“道德经济”。格兰比侯爵对他的部下很热情，他手下的许多伤残军官都因他的帮助成为旅店的老板，因此，在英国出现了许多名为“格兰比侯爵”的旅店。②

不过，在拉斐尔·萨缪尔看来，在民族的神话人物中，对研究大众的意识最有价值的是那些曾经名噪一时却又被排除在民族英烈祠之外的陨落的偶像和被遗忘的英雄。这些人物中最值得研究的是那些“戏剧的和色情的”（theatrical and amatory）人物，因为大部分印刷品所印制的是这些人物的形象，且在威斯特敏斯特地区的穷人用于家庭装饰的印刷品中，印有这些人物的印刷品数量远比那些表现“严肃”主题的印刷品多。这样的人物有斯

---

① Raphael Samuel, *Patriotism: The Making and Unmaking of British National Identity*, Volume Ⅲ, Routledge, 1989, p. xiii.

② Raphael Samuel, *Patriotism: The Making and Unmaking of British National Identity*, Volume Ⅲ, Routledge, 1989, p. xiv.

塔福德郡（Staffordshire）装饰器皿上印的赤手空拳的职业拳击手；有被遗忘的军士迈克福雷（Sergeant MaCaffery），在民谣中他是普通士兵心中的英雄，其原因是他射杀了他的队长；此外，还有地方英雄（local hero）西普敦婆婆（Mother Shipton），她是英国小镇纳尔斯伯勒（Knaresborough）最著名的女士，她的话被看成是神谕，她那押韵的预言以及后来的质询（interpellation）经常被印在廉价的小故事书中，她的预言包括德雷克在西班牙无敌舰队作战的胜利，盖伊·福克斯（Guy Fawkes）及其黑火药阴谋（Gunpower Plot），英国内战，以及伦敦大火。①

拉斐尔·萨缪尔认为，第二类值得研究的神话人物是那些普通的人物（Everyman figure）。这些人物多为女性，关于他们的信息来自日常生活中的幽默。他认为，他们中的很多人物，比如“乡巴佬”（country bumpkin）这样的称谓，首先就是滑稽的创作物，是抓住了人物的特点并将其夸张到极致的结果。有些人物来源于修辞，比如“外粗内秀的人”（rough diamond）；有些来源于讽刺作品，如“多愁善感的人”（namby-pamby），最初是作家波普（Pope）和凯瑞（Carey）给诗人安布罗斯·菲历普斯（Ambrose Philips）的诗所取得绰号，以取笑后者的诗过分伤感；还有些人物形象则来自生动的笑话，比如“故作文雅的人”（Lah-di-dah），作为对上流社会讥讽的词汇就来自维多利亚时期的音乐厅，“葛兰底太太”（Mrs Grundy）就来自一部现在已经被遗忘了的戏剧《快快耕田》②（*Speed the Plough*）。拉斐尔·萨缪尔建议，对于这些神话人物进行历史研究时，研究者首先要查阅

① Raphael Samuel, *Patriotism: The Making and Unmaking of British National Identity*, Volume Ⅲ, Routledge, 1989, p. xv.

② 莫登（T. Morton, 1764 ~ 1838）的名为《快快耕田》的戏剧于1798年出版。剧中有一个从未露面的角色叫葛兰底太太，现已成为拘泥礼法的英国人的象征。

记录在俚语词典或者当地的术语表中的口语单词，研究者可以追溯这些词最早出现的时间。比如，对于“霍奇”（Hodge）这个描述英国庄稼汉形象的词就可以这样处理。研究者还可以考察这些词汇从下层社会向上流社会传播过程中的际遇。比如，对于“自命清高的人”（the prig）以及“势利小人”（the snob）就可以这样处理。在拉斐尔·萨缪尔看来，那些被废弃的术语对历史研究是有价值的，它们可以使我们回忆起那些处于被遗忘或者半遗忘状态的、曾经给这个世界带来巨大震撼的人物。对于这样的人物的研究，拉斐尔·萨缪尔所倡导的是回归分析法（regressive analysis），这种方法以当前走红的人物为起点。比如，可以从“男孩”（boy）的反面俚语“游手好闲的年轻人”（yob）开始，向后追溯并建立语源学的谱系。在拉斐尔·萨缪尔看来，高菲·彼尔森（Geoffery Pearson）的著作《流氓：体面的恐惧的历史》（*Hooligan: A History of Respectable Fears*）就是使用这种方法的范例，它向人们展示了这种老方法在研究新现象过程中的作用。①

拉斐尔·萨缪尔的神话人物中的第三类是那些快活的人物（carnivalesque figure），这些人物所展示的是越矩时的快乐。他列举了很多这样的人物形象，比如，混世魔王（Lord of Misrule）福斯塔夫（Falstaff）就是一个受公众喜爱的人物，他以与荣耀、公正、忠贞相对的负面人物形象一起出现在莎士比亚的戏剧中；莎士比亚笔下的另一个人物托比·培尔契爵士（Sir Toby Belch），为了捍卫他的“寻欢作乐”（cakes and ales）的权利，他和未来的迫害者展开斗争；乔叟笔下的胖女人巴思太太（Wife of Bath）就是一个女好色之徒；等等。在拉斐尔·萨缪尔看来，这些受公众喜爱的人物大多是滑稽的或者具有讽刺意味的创作物。他们身

---

① Raphael Samuel, *Patriotism: The Making and Unmaking of British National Identity*, Volume Ⅲ, Routledge, 1989, pp. xv - xvi.

上所表现的是令人感到亲切的弱点，而不是理想中的力量。如果用传统的标准来衡量的话，他们的行为是不可容忍的，他们的外貌也常常是古怪的，然而，他们以可爱的老顽固或者活宝的形象赢得人们的喜爱。就拿约翰牛（John Bull）这个人物形象来说，他肥得出奇，脾气暴躁，头脑简单，常常受人愚弄；然而，他却成为英国民族存在的理想化的象征，受欢迎的程度超过了所有代表英格兰荣耀的船长和国王。[①]

拉斐尔·萨缪尔提出的第四类神话人物是地区性人物（regional character），这些人物形象是乐天派的类型。比如，由18世纪洛厅代尔市（Rochdale）的一位教师所创作的咧着嘴笑的提姆·博宾（Tim Bobbin）就是这样一个人物，他成天快快乐乐地用古怪的语言来训练自己；约翰·哈特利（John Hartley）笔下的瑟米维尔·格莱默斯（Sammywell Grimes）是一个来自约克郡的流浪汉，他敢于冒险到伦敦去试试自己的运气；纽卡斯尔的矿工鲍勃·克兰基（Bob Cranky）在罗伯特·科尔斯（Robert Colls）笔下是伟大的度假者，他的特长是很会寻欢作乐；等等。拉斐尔·萨缪尔认为，这些乡村中的大众神话人物的出现，与新的交通方式如运河、收费公路以及地区性报纸等将地区纳入民族的轨道在时间上是同时的。他们方言式的文学表现方式在维多利亚中期英国成为世界工厂时达到鼎盛，这种文学表现形式首先在新的或者广大的工业地区发展繁荣。[②]

通过对神话人物的观察，拉斐尔·萨缪尔发现两个特点。第一个特点是反女性主义倾向。在神话人物中，女性人物少于男性人物，除非她是美女，即使有女性人物，她也是以负面形象出现

---

① Raphael Samuel, *Patriotism: The Making and Unmaking of British National Identity*, Volume Ⅲ, Routledge, 1989, p. xvi.

② Raphael Samuel, *Patriotism: The Making and Unmaking of British National Identity*, Volume Ⅲ, Routledge, 1989, pp. xvi - xvii.

的。在日常生活中，她们不是缺位，就是以老套的“邋遢女人”（slattern）、“懒婆娘”（slut）、“泼妇”（shrew）的形象出现。在拉斐尔·萨缪尔看来，这种厌女症（misogyny）深刻地反映了整个英国民族生活中强烈的反女性主义心理倾向。由这种厌女症演变而来的辱骂之词，不仅直接对准女性，而且还指向那些被认为具有女人气的男人。这种厌女症为中世纪神迹剧（miracle play）塑造了著名的诺亚的妻子（Noah's Wife）这个泼妇的原型：她是一个不听话的妻子，一个家庭和睦生活的捣乱分子，一个游手好闲的人，一个长舌妇。所有坏的或者残酷的母亲形象，以及不忠的或者妖艳的妻子形象中，都打上这种厌女症的烙印。同时，这种厌女症还是大众的平凡主角的丰富素材。比如，在早期的木偶剧版本中，潘趣（Punch）① 是一个惧内的丈夫形象；而在后来的版本中，他变成了一个有必胜信念的人，一个热衷于打老婆的人。②

第二个特点是在形成道德以及建构“常态”（normality）的理念方面，负面形象的影响比理想形象的影响更明显。比如，在中世纪晚期和近代早期被称为“民间恶魔”的高利贷者的形象，就为商业上的不正当手段以及贪婪的欲望设立了限制。狄更斯笔下的吝啬鬼斯克鲁奇（Scrooge），在创建维多利亚圣诞节（Victorian Chistmas）以及恢复慈善事业方面起了重要的作用。对“暴发户”的辱骂，对“同性恋者”的歧视，以及对那些“好管闲事者”的仇视，这些在构建人们的行为道德的过程中也起到重要的作用。③

---

① 潘趣是英国传统滑稽木偶剧《潘趣与朱迪》（*Punch and Judy*）中爱惹是生非的鹰钩鼻的木偶形象，是朱迪的丈夫。

② Raphael Samuel, *Patriotism*: *The Making and Unmaking of British National Identity*, Volume Ⅲ, Routledge, 1989, p. xviii.

③ Raphael Samuel, *Patriotism*: *The Making and Unmaking of British National Identity*, Volume Ⅲ, Routledge, 1989, p. xviii.

拉斐尔·萨缪尔认为，民族的神话不管是在其流传的第二或第三阶段都不是意识形态的反映，而是意识形态的组成部分，它是人们想象的基础或者伪装。[①] 因此他主张，如果民族的画廊试图要反映大众的记忆的话，就必须给予民族神话人物留下和历史真实人物同样多的展示空间；在图像塑造上，可以参照廉价印刷品和木版画中神话人物的形象，而不应该画得像参观者在位于特拉法加广场（Trafalgar Square）的国家肖像画廊（National Portrait Gallery）所见到的庄严肃穆的人物那样。也就是说，在创作这些神话人物时，要赋予他们生活气息，让他们更贴近大众。在他看来，这些神话人物总是在庆典和游行集会上占有十分荣耀的位置，是他们构成了传说和故事、谚语和笑话的素材。他们是伤感画（sentimental painting）、游戏纸牌、驱邪符、吉祥物、徽章、商标、标签、广告、广场和集市中常见的人物；他们是小说中的人物以及浪漫故事情节中的范例式的原型。[②] 总之，在拉斐尔·萨缪尔的眼中，民族的神话是和真实的史料一样重要的研究民族的历史的素材，应该引起历史学家的高度重视。

---

① Raphael Samuel, *Patriotism: The Making and Unmaking of British National Identity*, Volume Ⅲ, Routledge, 1989, p. xix.

② Raphael Samuel, *Patriotism: The Making and Unmaking of British National Identity*, Volume Ⅲ, Routledge, 1989, pp. xvii – xviii.

第三章　英国民族性的历史考察

第一节　关于民族及相关概念定义的讨论

尽管不是本章的主要任务，但由于内容的相关性，在开始本章之前，我们有必要对“民族”、“民族认同”、“民族主义”等概念略加讨论，以厘清学术界对民族及其相关问题的认识。

说到“民族”，人们往往能列举出一些作为民族的表征，如共同的语言、共同的地域、共同的宗教信仰等。但就是这样一个人们十分熟知的词，要给它下个确切的定义却十分不容易，而且，从民族问题的复杂性和定义的相对性来看，无论怎样完美的定义似乎都失之于纰漏和偏颇。因此，塞顿－沃特森（Huge Seton-Watson）悲伤地承认，我们根本无法为民族下一个“科学”的定义，而且，这个现象从以前到现在一直持续存在着。[①] 埃里克·霍布斯鲍姆也说：“事实上，民族根本不可能具有恒久不变、放之四海而皆准的客观定义，因为这个历史新生儿才刚诞生，正在不断变化，且至今仍非举世皆然的实体。”[②]

然而，不管难度多大，也不管愿意与否，出于研究的方便，学者们必须首先对所研究的客体作出一番界定。对于民族这一概

① 〔美〕本尼迪克特·安德森：《想象的共同体——民族主义的起源与散布》，上海世纪出版集团，2005，第3页。

② 〔英〕埃里克·霍布斯鲍姆：《民族与民族主义》，上海人民出版社，2000，第6页。

念的界定，国外有所谓主观派和客观派之争。主观派以法国的厄内斯特·勒南（Ernest Renan）、英国的塞顿－沃特森（Huge Seton-Watson）等人为代表，他们强调民族的主观因素，认为它是人为建构的产物。勒南说，一个民族是一个灵魂，一种精神原则。塞顿－沃特森（Huge Seton-Watson）认为："当一个共同体中相当一部分人认为自己构成一个民族，或他们的行动如同他们自己已经形成一个民族时，该民族就诞生了。"[①] 英国的厄内斯特·盖尔纳认为相互承认是民族形成的关键，他说："如果某一类别的人（比如某个特定领土上的居民，操某种特定语言的人），根据共同的成员资格而坚定地承认相互之间的权利和义务的时候，他们便成为一个民族"。[②] 美国的本尼迪克特·安德森（Benedict Anderson）把民族定义为一种想象的政治共同体，并且是被想象为本质上有限的、同时也享有主权的共同体。[③] 安德森和盖尔纳等人的观点当属于主观派。客观派以意大利的马志尼、英国的安东尼·史密斯等人为代表，他们坚持族际划分的血缘原则和地理原则，强调民族是历史演化的自然产物。如马志尼断言：阿尔卑斯山和地中海规定了意大利民族的界限。凡是说意大利语的地方，就是意大利人民的家园。[④] 中国国内学者以前出于意识形态的原因，习惯于援引苏联领导人斯大林的定义："民族是人们在历史上形成的有共同语言、共同地域、共同经济生活以及表现于共同的民族文化特点上共同心理素质这四个基本特征的

---

① Hugh Seton－Watson, *Nations and States, an Enquiry into Origins of Nations and the Politics of Nationalism*, London: Methuen & Co. Ltd., 1977, p. 5.

② 〔英〕厄内斯特·盖尔纳：《民族与民族主义》，中央编译出版社，2002，第9页。

③ 〔美〕本尼迪克特·安德森：《想象的共同体——民族主义的起源与散布》，上海世纪出版集团，2005，第6页。

④ 爱·麦·伯恩斯：《当代世界政治理论》，商务印书馆，1990，第426页。

稳定的共同体”。[①] 这样的定义因明显将犹太人排除在民族的范畴之外而受到质疑。众所周知，长期以来，犹太人处于散居状态，根本谈不上有共同的地域。近年来，由于思想开放、意识形态对学术的束缚减轻，中国学者开始重新审视这一问题。鉴于国外的主观派和客观派各自的缺陷，主观派不能给出“意识”的度，以致容易造成过于狭窄或者过于宽泛的局面；客观派的定义不足以揭示民族的情感特征。于是，中国学者从主客观两个角度对这一问题进行阐释。王逸舟将二者综合而得出如下结论：民族必须生成于特定区域、文化或语言环境，经常要借用血缘的、种族的纽带才能结合成某种共同体。它在发展演化过程中可能发生形体上的裂变或脱节，但历史上已经培育出的民族情感已无法割断，后者已成为民族存在和民族团结的象征和支柱。[②] 尽管如此，关于民族的定义，学术界可谓见仁见智，至今仍没有统一的认识。

如果说学术界对民族的定义存在诸多分歧的话，那么对民族主义含义的理解就更是五花八门了。笔者无意在此进行系统的归纳，仅就所读到的著作列举一些学者的观点略加说明。英国历史学家爱德华·卡尔认为：“民族主义通常被用来表示个人、群体或一个民族内部的成员的一种意识，或者是增进民族的力量、自由或财富的一种愿望”。埃力·凯多力认为：民族主义是 19 世纪初在欧洲被发明的一种学说。[③] 厄内斯特·盖尔纳认为：民族主义是政治原则，是一种情绪或者一种运动；并指出，民族主义只会在国家的存在早已为人们熟视无睹的地方出现。[④] 和对民族概念的处理一样，埃里克·霍布斯鲍姆也没有对民族主义给出一个

---

① 斯大林：《斯大林全集》第 11 卷，人民出版社，1955，第 286 页。

② 李世涛主编《知识分子立场：民族主义与转型期中国的命运》，时代文艺出版社，2000，第 5 页。

③ 转引自王联主编《世界民族主义论》，北京大学出版社，2002，第 15 ~ 16 页。

④ 〔英〕厄内斯特·盖尔纳：《民族与民族主义》，第 1 ~ 6 页。

明确的定义，但他从民众的观点出发，勾勒出了两种“民族主义的原型”。[①] 翻开《中国大百科全书》，其中关于民族主义的定义带有强烈的意识形态意味：“民族主义是地主、资产阶级思想在民族关系上的反映，是他们观察、处理民族问题的指导原则、纲领和政策。”[②]《现代汉语词典》也持类似的看法，认为民族主义是“资产阶级对于民族的看法及其处理民族问题的纲领和政策。”[③] 从学者们对民族主义的定义来看，尽管他们的看法和表述不同，但都没有否认民族主义的主观性。

第二节 拉斐尔·萨缪尔对民族性问题的认识

拉斐尔·萨缪尔并没有像前述的理论家那样对普遍性的民族理论进行系统详细的阐述，作为一名英国的史学家，他关注更多的是英国社会的个案。尽管如此，拉斐尔·萨缪尔对于民族问题还是有其基本认识的，而且对民族问题的看法也是基于当时英国的社会背景。

和本尼迪克特·安德森一样，拉斐尔·萨缪尔将民族界定为想象的产物。在他看来，民族的观念尽管十分强大，但仍属于想象的范畴，而不是真实的。[④] 不过在更多的时候，拉斐尔·萨缪尔喜欢用“神话”来界定民族的性质，认为“民族”的观念就是神话，是意识形态的虚构。[⑤] 霍布斯鲍姆和盖尔纳都将民族与

---

① 〔英〕埃里克·霍布斯鲍姆：《民族与民族主义》，上海人民出版社，2000，第 54 页。

② 《中国大百科全书·民族》，中国大百科全书出版社，1986，第 330 页。

③ 中国社会科学院语言研究所词典编辑室：《现代汉语词典》，1996，第 885 页。

④ Raphael Samuel, *Patriotism*: *The Making and Unmaking of British National Identity*, Volume Ⅰ, Routledge, 1989, p. 16.

⑤ Raphael Samuel, *Patriotism*: *The Making and Unmaking of British National Identity*, Volume Ⅰ, Routledge, 1989, p. xi.

政治联系起来，认为"政治单位与民族单位是全等的"。[①] 而且，霍布斯鲍姆还宣称："'民族'的建立跟当代基于特定领土而创生的主要国家是息息相关的，若我们不将领土主权国家跟'民族'或'民族性'放在一起讨论，所谓的'民族国家'将变得毫无意义"。[②] 盖尔纳也认为，民族主义是一种关于政治合法性的理论，它要求族裔的疆界不得跨越政治的疆界。[③] 霍布斯鲍姆和盖尔纳的观点显然存在纰漏，历史上犹太民族的例子就足以证明民族有时既可以不与政治实体等同，也可以不与领土相联系。拉斐尔·萨缪尔作为一名具有犹太血统的学者，也许是意识到了这个问题，所以他得出的结论同霍布斯鲍姆、盖尔纳的结论刚好相反。他认为民族与领土没有关系，它只占据象征性的空间，而不具备实际领土上的意义。[④] 他还举例说，盎格鲁撒克逊时期的英格兰的边界是变动的、模糊的，第9、10、11世纪时斯堪的纳维亚人对苏格兰的进攻更加表明民族边界的无关紧要。[⑤]

拉斐尔·萨缪尔认为民族的含义处于时刻变化中，这和霍布斯鲍姆的观点相同。霍布斯鲍姆"不认为'民族'是天生一成不变的社会实体"；[⑥] 而认为："民族认同及其所代表的含义是一种与时俱进的现象，会随着历史进展而嬗变，甚至也可能在极短

---

① 〔英〕埃里克·霍布斯鲍姆：《民族与民族主义》，上海人民出版社，2000，第9页。

② 〔英〕埃里克·霍布斯鲍姆：《民族与民族主义》，上海人民出版社，2000，第10页。

③ 〔英〕厄内斯特·盖尔纳：《民族与民族主义》，中央编译出版社，2002，第2页。

④ Raphael Samuel, *Patriotism: The Making and Unmaking of British National Identity*, Volume Ⅰ, Routledge, 1989, p. 16.

⑤ Raphael Samuel, *Island Stories: Unravelling Britain*, Verso, 1998, pp. 23 - 24.

⑥ 〔英〕埃里克·霍布斯鲍姆：《民族与民族主义》，上海人民出版社，2000，第10页。

的时间内发生剧变。”[1] 所不同的是，拉斐尔·萨缪尔十分强调民族的易变性，可以说，民族含义的易变性是拉斐尔·萨缪尔民族思想的核心内容。

在对待民族以及民族主义态度的问题上，拉斐尔·萨缪尔与本尼迪克特·安德森以及安东尼·史密斯不同。本尼迪克特·安德森将民族主义的起源与殖民地的反殖独立斗争联系在一起，因此他赋予了民族和民族主义以正面的、积极的意义。安东尼·史密斯认为，尽管民族主义会广泛地带来恐怖和毁灭，但民族和民族主义也为现代世界秩序提供了唯一现实的社会文化框架，因此他要“为民族辩护”。[2] 而从拉斐尔·萨缪尔的著作的字里行间中，我们感觉更多的是他对民族及其派生物的消极的态度。他认为，民族及其一系列的保护机构并非天生就存在的，而永远都是被人为地捏造（fabricated）、或者说是“发明”（invented）出来的，即强加（foist）在毫不怀疑的公众身上的东西。它的形成与现代的监督措施以及福科（Foucault）所说的“大控制”（the great confinement）有关，也和庇护所的“发现”、官方档案的创造以及一些囚禁机构如济贫院、工厂、学校的出现相联系。[3] 在拉斐尔·萨缪尔看来，民族本身就代表着强制，它与现代的监督措施相关，是官方控制人们的手段和工具。因此，在他的眼中，英国 1870 年的初等教育法案和同期第三共和国的创立者们（instituteurs）具有异曲同工之妙，前者使英国开始了义务的、民族的教育，后者则是民族思想的传播者。19 世纪最后 25 年出现的“英国人”（Englishness）这种刻意的信条和做法有两种用途：

---

① 〔英〕埃里克·霍布斯鲍姆：《民族与民族主义》，上海人民出版社，2000，第 11 页。

② 〔英〕安东尼·D. 史密斯：《全球化时代的民族与民族主义》，中央编译出版社，2002，第 178 页。

③ Raphael Samuel, *Island Stories: Unravelling Britain*, Verso, 1998, p. 4.

一方面它可以通过唤起过去的记忆来支撑起当今岌岌可危的价值观，另一方面也为英国的帝国事业大造种族优越的舆论。基于对民族观念的反感，拉斐尔·萨缪尔主张“历史学家的工作就是要贬抑它”。[①] 他认为，历史学家对于不变的民族认同的神话的态度应该是颠覆，而不是认可和支持。[②]

在拉斐尔·萨缪尔看来，民族这个概念还是“混乱之源”，[③] 而造成这种混乱的根本原因是对这个概念的滥用和误读。在英国的学校里，在学习英国近代早期也就是通常所说的“都铎王朝和斯图亚特王朝”时期的历史时，孩子们被告知：英国民族国家开始于1485年的博斯沃思战役（Battle of Bosworth）以及亨利七世建立“新的君主国”。莎士比亚在其历史剧中也持类似观点。直到今天，牛津历史学派认为1485年是英国封建社会的终结。长期以来，教会历史学家们、至少是新教历史学家们认为，宗教改革是现代性的启明星，1536年的信仰划一法案（the Act of Uniformity）是民族独立的大宪章（Magna Carta）。最近，在“新历史主义”（New Historism）思想的影响下，英裔美国历史文学家在其著作中，将16世纪90年代定为具有里程碑意义的10年。因为在这10年里，在西班牙无敌舰队被英军击溃后，莎士比亚创作了他的历史剧，其中最著名的当然是爱国主义的戏剧《亨利五世》。在这10年里，文物工作者重新发现了博阿迪西亚（Boadicea）（她是英国抗击罗马人入侵的领袖，她从历史记录中消失了一千多年的）。在这10年里，以前被认为是“粗鲁的”、庸俗的英语向拉丁语的霸权发起挑战并取得了胜利，或许部分是

① Raphael Samuel, *Patriotism: The Making and Unmaking of British National Identity*, Volume Ⅰ, Routledge, 1989, p. xi.

② Raphael Samuel, *Patriotism: The Making and Unmaking of British National Identity*, Volume Ⅰ, Routledge, 1989, p. 17.

③ Raphael Samuel, *Island Stories: Unravelling Britain*, Verso, 1998, p. 3.

由于林达·柯蕾（Linda Colley）的著作《布立吞人》（*Britons*）的影响，部分是由于对英格兰和苏格兰联合的不稳定性的新的担忧。有人将英国民族主义兴起的时间定为18世纪40年代，因为这时，克罗登战役（the Battle of Culloden）已使联合王国开始引起世界的关注，“大不列颠统治”（Rule Britannia）的国歌声响彻云霄，新教民族主义的兴起赋予了英国一种世界性的历史使命。①

拉斐尔·萨缪尔认为，人们对民族概念的滥用和误读不仅表现在对英国历史的处理上，在处理世界通史方面也是如此。在学校里，学生们被告知的“民族的春天”不止一个，而是多个。像英国一样，16世纪被认定是向罗马教皇权威挑战的世纪，同时也是民族国家兴起的世纪，这样的民族国家具有宗教改革与反宗教改革的性质。接下来是法国大革命、人民主权以及共和国，在这里，无权的市民阶层走上政治舞台，民族就等同于国民。浪漫的民族主义则从完全不同的视角来解释民族，其代表人物是马志尼而不是雅各宾派，其关注的中心问题是被压迫人民争取民族自决的斗争，比如南美西班牙殖民地的反抗斗争，希腊的独立战争，以及1831年的波兰起义。对于喜欢使用老式课本的人来说，凡尔赛条约是民族的起点，因为它意味着哈布斯堡王朝和奥斯曼土耳其帝国的垮台以及基于民族国家的世界秩序的建立。最后，在多元文化主义和第三世界主义（Third Worldism）的影响下，人们将注意力投向了后殖民时期的社会，并决心为这些社会撰写其前殖民时期的历史。②

拉斐尔·萨缪尔认为，混乱还来自人们对于民族主义兴起的原因的众说纷纭、莫衷一是的解释：马克思主义者将它与资本主

① Raphael Samuel, *Island Stories: Unravelling Britain*, Verso, 1998, pp. 3 - 4.

② Raphael Samuel, *Island Stories: Unravelling Britain*, Verso, 1998, p. 4.

义的兴起联系在一起（尽管马克思本人在《共产党宣言》中似乎认为专制君主制的出现是民族主义兴起的开始）；经济学家们则将其与国际国内市场的建立相联系；而在自由主义者看来，它是民主思想的产儿，是近代民族自决运动的表现形式。在著作《想象的共同体》（*Imagined Communities*）中，本尼迪克特·安德森（Benedict Anderson）将民族主义首先归为他称之为“印刷资本主义”（print capitalism）的产物，也是大众的、“基于本土的”政治知识产生的结果；埃里克·霍布斯鲍姆在《民族与民族主义》（*Nations and Nationalism*）一书中，尽管对当代民族主义现象的表现形式提出了严厉的批评，但他仍将民族的建立看成是19世纪进步的重要组成部分；而持种族优劣论的民族主义分子汤姆·奈恩（Tom Nairn）则力图证明民族主义是未来的潮流，是对英帝国解体和所出现的泛欧洲团结的回应。[①] 或许是出于学术上的谨慎，或许是由于对民族主义这个现代物的反感，拉斐尔·萨缪尔并没有对这个问题作出正面回答，但他还是基本认同民族主义理论家和历史学的观点，即民族主义是现代性的产物。

笔者认为，拉斐尔·萨缪尔对民族以及民族主义的反感态度与他所生活的时代背景密切相关。人们普遍认为第二次世界大战是英国从强盛走向衰落的分水岭。一方面，西欧曾是希特勒军队进攻的主要目标之一，是遭受纳粹铁蹄蹂躏的重灾区。尽管英国没有被纳粹军队直接占领，但战争的炮火也使这个国家千疮百孔，经济实力严重受损，马歇尔计划的重要的受援国之一就是英国。另一方面，二战后，前殖民地国家纷纷独立。这对于世界上拥有殖民地最多的国家英国来说无疑是一个沉重的打击，英国从而失去了广大的海外殖民地，大英帝国的殖民体系土崩瓦解，“日不落帝国”成为明日黄花，英国在国际上的地位一落千丈。

① Raphael Samuel, *Island Stories: Unravelling Britain*, Verso, 1998, p. 5.

尽管英国已经衰落，大英帝国已不复存在。然而，英国的帝国主义情结并没有随着大英帝国的崩溃而消解，帝国主义的幽灵时时出现，而这种帝国主义幽灵却披着民族主义的外衣，英国的统治者常常打着维护民族利益的旗号，推行霸权主义政策，实行对外扩张，以达到恢复帝国的盛时辉煌，维护自己统治的目的。这可以从战后的一些事件中反映出来。1956 年英国在苏伊士运河的冒险就是一例。英国不顾联合国的反对，联合法国出兵埃及，侵占苏伊士运河，后来，由于国际社会的干涉和国内进步人士的强烈反对，英国军队才撤出埃及。另一例是英国和阿根廷之间因马尔维纳斯群岛（福克兰群岛）主权问题所爆发的福克兰岛战争。这次战争从 1982 年 4 月 2 日持续到 6 月 14 日，英国派出陆海空军 2.5 万人，花费战费两亿英镑，最后战争以英国获全胜而结束。这次战争似乎使英国人的民族自信心得到部分恢复，使民族主义的幽灵再度复活，同时也使撒切尔夫人在党内和国内的地位得到巩固，使她能够连任首相。因此，1982 年英国首相撒切尔夫人在一次保守党集会中充满激情地说："过去几个星期发生的事情表明，这个古老国家的人民能够团结一心迎接挑战，也许我们自己都感到惊奇，更不用说那些以为我们不敢这样做的人了。我们的民族自尊被淹没、贬低、忘记的时间太长了，但是，现在这种自尊又一次在人民的血管中奔涌了。"① 然而，英国的这些以维护民族利益为借口所进行的侵略行径，不仅给被侵略国家和地区的人民带来灾难，也使英国人民自己的利益受损。耳闻目睹了发生在自己的时代、由自己的国家所实施的暴行，拉斐尔·萨缪尔作为一个热爱和平、有正义感的人是十分难受的，他深深地感到英国的帝国主义远没有消失，它借重民族主义的光彩外衣又

① 〔英〕肯尼斯·哈里斯：《撒切尔首相传》，职工教育出版社，1989，第 164 页。

死灰复燃了。因此，他拿起笔对英国的爱国主义实质进行了揭露。他在《爱国主义：英国民族认同的建构与解构》（*Patriotism: The Making and Unmaking of British National Identity*）第一卷的前言中陈述，编纂该书的原因是出于对福克兰战争的愤慨，对反战运动中半数国人声张自己权利的失败的极度惊愕。他还进一步指出："我们的目的是解构性的，是将爱国主义放在理性阐释和历史探寻的范围内进行考察。"①

第三节　对古代民族含义的历史考察

为了进一步弄清民族的实质，拉斐尔·萨缪尔对民族的起源进行了考察。在他看来，民族并不是什么新鲜玩意儿，它是一个古老的概念，其历史"和最古老的书写历史一样古老"。②

拉斐尔·萨缪尔对民族的含义进行了历史的追溯，他发现民族的概念最早存在于古希腊罗马时期，不过那时民族的含义是不确定的。在古希腊历史学家希罗多德的著作中，民族一词被用来指称那些色雷斯的游牧部落以及小亚细亚和阿提卡的城邦国家。在古典拉丁语（拉丁语用氏族 gens 一词而不用民族 natio）中，这一称谓有时被用来指一个种族，有时指一个群体，有时指像罗马那样正在形成的帝国。在拉斐尔·萨缪尔看来，尽管古代民族的含义不十分明确，但他们都是以集体的形式出现，并具有很强的战争功能："民族就好像是历史场景中的表演团体，时而扮演的是征服或者抗击敌人的角色，时而是和邻近的对手联盟的角色。"③

---

① Raphael Samuel, *Patriotism: The Making and Unmaking of British National Identity*, Volume Ⅰ, Routledge, 1989, p. x.

② Raphael Samuel, *Island Stories: Unravelling Britain*, Verso, 1998, p. 5.

③ Raphael Samuel, *Island Stories: Unravelling Britain*, Verso, 1998, p. 5.

在拉斐尔·萨缪尔看来，古代的民族尽管和近代早期欧洲的民族相比规模小，但具有高度的统一性和民主性，不容小视。在统一性方面，他们那时已经有了公民的观念并且制定了至高无上的法律；他们确立了外交政策，吞并邻邦的领土，并把各部落纳入一个更大的统一体中。在民族的防卫方面，他们设置了坚固的边境哨所，在战时，他们统一行动的程度和自我牺牲的精神恐怕会令现代的政府赞叹不已。他还借用一位牛津的编辑的话来表明古代公民在民族事业上的牺牲精神。这位编辑在 1943 年曾说，伯里克利在阵亡将士墓前的演说本身就是民族观念的绝妙表达。[1] 在民主性方面，拉斐尔·萨缪尔认为，古代的民族并不只代表上层的意志，他们也表达下层民众的心声。他举例说，在古希腊雅典的喜剧家阿里斯托芬（Aristophanes）的作品中，就有嘲笑“无穷无尽的法律诉讼和微不足道的官僚”的内容；古罗马时期也是一样，喜剧大师普劳图斯（Plautus）的戏剧《吹牛的军人》（*miles glorious*）中所描绘的那个夸夸其谈、胆小如鼠、贪赃枉法的军人形象就经常成为讽刺家们的笑柄；塔西陀在著作《历史》中描写那些通过幕后操纵来获取高位的人时的笔调也是十分尖刻的。[2]

拉斐尔·萨缪尔认为，古代的民族不等同于部落，而是多种族的集合体。他指出：在古罗马史学家李维笔下，威尼斯人是指特洛伊人和埃涅托伊人（Eneti）的杂合体。罗马在发展过程中，在原初居民拉丁人的基础上吸纳大量的外来流民，它的军队通过征召帝国边境的居民得到补充，它的奴隶则来自四面八方。即使古希腊城邦只将公民权授予那些本土出生的人，但在这些城邦里也不乏说各种不同语言的人，还有那些被流放的人。比如，写伯

---

① Raphael Samuel, *Island Stories*: *Unravelling Britain*, Verso, 1998, pp. 5 - 6.

② Raphael Samuel, *Island Stories*: *Unravelling Britain*, Verso, 1998, p. 6.

罗奔尼撒战争的历史学家修昔底德（生于雅典一个富裕而显贵的家庭，因斯巴达进攻雅典的重要据点安菲波利斯，修昔底德指挥色雷斯舰队驰援不力，城陷后获罪流放20年，伯罗奔尼撒战争结束后才返回雅典）。位于欧亚非交叉口的埃及更像是一个国际性的大都市，在希罗多德人种学著作中，他的埃及人的含义是指“所有饮尼罗河水的人”，其居民包括黑人、白人、爱奥尼亚人和埃塞俄比亚人；腓尼基人和叙利亚人把自己安置在地中海沿岸（后来他们把亚历山大城建成了最大的国际大都市之一）；利比亚人则移居到内地的沼泽地区。[①]

拉斐尔·萨缪尔认为，古代的民族具有战争性质，战争是维系民族的纽带。为了说明这个问题，他引用古代两位著名的历史学家希罗多德和修昔底德关于希腊民族的论述。到19世纪20年代第一个希腊国家成立时为止，希腊和希腊人的概念作为一个通用的术语已经存在了至少2000年，但这个概念首次使用者是希罗多德，他把希腊人和波斯人的战争看成是世界历史上具有重大意义的事件；修昔底德在其历史著作中不厌其烦地解释下面这种变化：特洛伊战争之前的希腊没有任何统一行动的迹象，也没有人给这个国家取一个实实在在的名字，它是以各个不同部落的名义进行运作的，是战争把人们和国家团结到了一起，共同迈向他称之为“伟大的、民族的目标”，因此，对特洛伊人的战争首次将各部落联合起来抵御“蛮族”于国门之外；只是后来当希腊开始颓废堕落时，他们内部才开始你争我斗，当然，他所宠爱的雅典也在其中。[②]

在拉斐尔·萨缪尔看来，除了古希腊罗马之外，另一种研究早期民族观念的资源是《圣经·旧约》。他在《圣经·旧约》这

---

① Raphael Samuel, *Island Stories: Unravelling Britain*, Verso, 1998, p. 6.

② Raphael Samuel, *Island Stories: Unravelling Britain*, Verso, 1998, p. 6.

部书中找到了功能完备的民族国家原型。众所周知，《圣经·旧约》是犹太教的经典，拉斐尔·萨缪尔在这部书中不仅发现了王朝和王国、民族主义和帝国的野心，而且还发现近代国家的一整套机构，如税收机构、征兵机构、驻军、法令。他认为，这样的民族虽没有国家之名，但有国家之实。让拉斐尔·萨缪尔感到惊奇的是，他还发现这本书还描述了豪华的宫殿和富丽的宫廷，所罗门国王就是在这样的宫廷里会见希巴女王（Queen of Sheba）的。当尼布甲尼撒二世（Nebuchadnezzar）这个“王中王”想举行一场全民族的节庆时，他就将王子、总督、军官、法官、司库等都召集到这里。因此，拉斐尔·萨缪尔总结说，犹太国拥有众多种族（希伯来民族由以色列各部落构成），是其后来发展变迁的民族原型；其首都耶路撒冷即神殿（Temple）的所在地，不仅是国王的行政总部，同时也是一个统一民族的宗教中心。而且，在拉斐尔·萨缪尔看来，这样的民族不仅在其外观上像一个国家，其内部的政治斗争也使他们和近代国家相差无几。随着哈斯摩年王朝（the Hasmoneans）的兴起，以及犹太史学家称之为“第二犹太共和国”（the Second Hebrew Commonwealth）的建立，其所展现在人们面前的是一幅十足的争取政治独立的斗争的画面。在拉斐尔·萨缪尔的眼中，犹太国存在的最后一个世纪中，撒都该教派（Sadducees）的那些富裕的精英们和法利赛派（Pharisees）所展开的争霸斗争，就是民族主义党派的原型。①

拉斐尔·萨缪尔通过对古代民族观念的追溯和回顾，给我们展示了古代民族的图景。这些古代的民族规模虽小，但却是统一的、多种族的、和谐的、民主的、功能齐备的和具有内部向心力的。如果将拉斐尔·萨缪尔的这种回顾置于他所生活的环境中进行考察的话，我们不难发现他其实是在影射当时英国的时政。在

---

① Raphael Samuel, *Island Stories: Unravelling Britain*, Verso, 1998, pp. 6 - 7.

二战前，英国是世界上拥有殖民地最多的国家，曾经统治着地球上1/4的地区，其领地内的人种和文化多种多样，从而也就理所当然地成为多种族的殖民帝国。二战后，英帝国土崩瓦解，但作为帝国遗产之一的种族主义思潮却没有瓦解，对于占帝国人口绝大多数的非白种人，英国人一直保有深刻的种族偏见。[①] 随着二战后前殖民地居民大规模移居英国，原先深藏的种族偏见这时越来越显现出来。这种越来越显现的种族偏见反映在政府政策层面上的结果，是《1962年英联邦移民法》、《1968年移民法》以及1981年撒切尔夫人当政时期的新的国籍法相继出台。这些法案在限制移民方面一个比一个严厉，不仅引发了严重的种族骚乱，而且使种族歧视和压迫公开化和合法化。拉斐尔·萨缪尔关于古代民族多种族性的论述告诉人们，既然古代那么小规模的民族尚且能容纳众多的种族，那么作为重要的现代西方文明国家的英国有什么理由对境内的少数种族不采取包容态度呢？拉斐尔·萨缪尔所描述的古代民族是具有高度统一性和向心力的，在抵御外敌入侵时人们表现出高度的爱国主义热情和忘我的牺牲精神。而且，反观撒切尔政府时期英国发动的对阿根廷的福克兰战争，不免让人觉得这是一个绝妙的讽刺。尽管撒切尔夫人以民族的名义号召英国人民齐心对阿根廷作战，但是，当英国航空母舰的护卫舰“谢菲尔德”号被击沉的消息出现在新闻媒介之后，英国街头第一次出现了反战示威活动，许多群众自发地走上街头，手持标语牌，要求立即停止战争、举行和谈。下院关于战争的辩论也日趋激烈，工党领袖富特就撒切尔首相在战争中的所作所为提出谴责。英国士兵中也出现牢骚之声。一位海军陆战队军官声言：为女王和祖国捐躯是一码事，为撒切尔夫人卖命则是另一码事”。[②]

---

① 王涌：《战后英国移民政策透视》，《世界历史》2002年第3期，第47页。

② 刘德斌：《撒切尔夫传》，黑龙江人民出版社，1995，第173～174页。

第四节 激发民族意识的因素

既然民族是主观的产物，是“想象的共同体”，那么这个共同体是如何构建起来的？在民族观念的构建中，哪些因素起了重要的作用呢？拉斐尔·萨缪尔对这一问题进行了回答。

1. 宗教

拉斐尔·萨缪尔认为构成民族观念的第一要素是宗教。这恐怕是大多数学者都认同的观点。霍布斯鲍姆说：“宗教跟民族意识的关联可谓相当密切……因为宗教原本就是人类用来团结力量、交流心灵的最古老组织之一。”① 本尼迪克特·安德森在探讨民族主义的文化起源时，将民族设想为“宗教的共同体”。② 在拉斐尔·萨缪尔看来，宗教的作用首先在于唤起人们的民族意识，它是处于散居状态民族的人们的心灵纽带。犹太民族就是其中一个显著的例子，当犹太神殿被毁之后，犹太人离开故土，先是流散到波斯帝国的偏远角落，后又被罗马人赶得四处逃散，是宗教唤醒了他们的民族意识，将他们的心紧紧地联结在一起。③

其次，宗教对于民族的作用还表现在建立民族国家的过程中，它是号召民族战争的重要工具。比如，新近独立的国家塞尔维亚和克罗地亚，它们的独立是基于历史上基督正教与罗马天主教之间分裂。还有，历史上犹太人发动的直到大卫王的联合王国时期才结束的“圣战”（Holy War），以及今天的伊斯兰“圣战”（jihad）也属于这样的例子。这些所谓“圣战”的号召，要么与

① 〔英〕埃里克·霍布斯鲍姆：《民族与民族主义》，上海人民出版社，2000，第77页。

② 本尼迪克特·安德森：《想象的共同体——民族主义的起源与散布》，上海世纪出版集团，2005，第11页。

③ Raphael Samuel, *Island Stories: Unravelling Britain*, Verso, 1998, p. 7.

民族防御的主张相重合，要么干脆就像巴勒斯坦起义（Palestinian intifada）那样宣布成立民族实体。[①]

再次，宗教对于民族的作用还表现在征服与反征服的斗争中，它是将这些战争神圣化、合法化的外衣。拉斐尔·萨缪尔引用约翰·莫里尔（John Morrill）的话来证明这一点。约翰·莫里尔曾写道：对爱尔兰人的战争是神的旨意。克伦威尔认为他自己是在执行上帝正义的审判，他还告诉爱尔兰天主教神职人员说，他来就是为了"铲除天主教的"。[②] 当然，正如中国革命的领袖毛泽东所说的那样，哪里有压迫，哪里就有反抗。征服战争带来的必然是反征服战争，而反对宗教压迫往往是被征服地区的人们号召拿起武器进行反抗的依据。

此外，拉斐尔·萨缪尔认为，宗教还是增强民族自信心的动力，其支撑力量是"特选"（elect）民族的观念。他指出，"特选"民族的观念是通用的比喻词。威廉·哈勒（William Haller）曾将这种观念归因于加尔文神学理论的影响，并与16世纪50年代新教激进分子（Protestant-radicals）联系在一起（伊丽莎白的主教说：上帝是英国人）。在拉斐尔·萨缪尔看来，早在《圣经·旧约》中就有了"选民"（chosen people）的观念；并且撒都该教派（Sadducees）相信，神是民族的神，而且是"以色列人独有的神"。拉斐尔·萨缪尔认为特选民族观念激发民族自信心的事例不仅古代有，而且现代也不例外。他指出，至少在19世纪，这种观念都是受以色列这个"上帝自己的国家"（God's Own Country）土地上的人们所信奉的观念；并且自从伍德罗·威尔逊（Woodrow Wilson）提出"十四点建议"（Fourteen points）之后，它便成为了美国外交政策的主要特色；而20世纪英国的

---

① Raphael Samuel, *Island Stories*: *Unravelling Britain*, Verso, 1998, p. 7.

② Raphael Samuel, *Island Stories*: *Unravelling Britain*, Verso, 1998, p. 7.

和平运动也正是得益于这种古老的清教民族观念所倡导的“道德引领”（moral lead）的思想的指导。[①]

2. **战争**

拉斐尔·萨缪尔认为，战争是激发民族情感的第二要素，将战争浪漫化是各民族的文化普则。在他看来，战争之于民族的重要性首先表现在国家解构和建构的过程中。曾经肢解南斯拉夫的可怕的冲突应该就是国家解构的一例，它使人们看到了民族观念的力量。加利波利战役（Gallipoli campaign）的灾难则属于国家建构例子，它标志着澳大利亚国家的形成。其次，战争的重要性表现在民族防御方面，他举了希腊的例子。当人们谈起古代历史学家所说的希腊联邦观念产生的时候，很少人不会提及塞莫皮莱（Thermopylae）战争。而且，拉斐尔·萨缪尔认为，民族防御无论是成功的还是失败的，都能激发人们的民族情感，为此，他以马奇诺防线为例批评了现代民族主义历史学家在处理这一问题上的片面性。在他看来，马奇诺防线是“愚蠢的戏台”（theatre of the absurd），而安纳托利亚要塞才是更有效的防御工事。因此，他质问那些民族主义历史学家：你们凭什么把马奇诺防线归为现代民族主义历史范畴，而把安纳托利亚要塞推给考古学家去研究呢？[②] 再次，在拉斐尔·萨缪尔看来，战争之于民族内部团结的重要性不仅表现在近现代，而且在古代就得到了彰显。他指出，由希罗多德所称的“民族”所发动的战争，是古代历史的一大主题，也是《圣经》中记载得最多的活动，以至于在《圣经·旧约》所记载的千年历史中，在近东，国家或民族之间不发生战争的年份是微乎其微的。[③]

---

① Raphael Samuel, *Island Stories: Unravelling Britain*, Verso, 1998, pp. 6 - 7.

② Raphael Samuel, *Island Stories: Unravelling Britain*, Verso, 1998, p. 8.

③ Raphael Samuel, *Island Stories: Unravelling Britain*, Verso, 1998, p. 8.

3. 民族的特征

拉斐尔·萨缪尔指出，人们很早就开始了对民族特征的类型学研究，而且这些研究在欧洲书写的文化史上具有很强的知识的传承性（intellectual lineage）。他认为最早研究民族特征的是历史学之父希罗多德，是希罗多德首先向人们提供全套的关于民族特征的资料，他将研究的范围从埃及人和色雷斯人（Thracian）扩大到整个人类。在他的笔下记录的有：塞西亚人（Scythians）因一种神秘的、被称为“女性病”（the female disease）的疾病而受尽折磨。马萨格泰人（the Massagetae）虽然和塞西亚人有诸多相似之处，但不煮食死人肉成为他们与塞西亚人质的差别。波斯人认为他们自己“在各方面都优于其他人”，于是，他们将相邻的民族列为次等民族。古代斯巴达人的特点是“在不断运动中”。不过，在拉斐尔·萨缪尔的眼中，希罗多德尽管是个天生的人种学家，但他也有其不足之处，那就是喜欢道听途说、胡乱联系。他将他那绚丽的假设和所观察到的日常生活的细节调和起来。他在著作中，一会儿采信于旅行者的讲述，一会儿又根据个人的印象，还经常取材于神秘的传说。和荷马一样，他的著作的核心部分是对风俗和习惯、服装和样式、航行和住宅的描述，这其实就是布罗代尔的《地中海世界》的最早版本。[①]

在拉斐尔·萨缪尔看来，继希罗多德之后对民族特征的类型学进行更加系统研究的古代著名人物是古希腊医学之父希波克拉底（Hippocrates）。他试图将人的特征与生态环境联系在一起，用气候、居住地以及土壤来解释这些特征，并赋予被研究群体以心理品质，如远见、抱负、坚强或者是缺乏毅力。这样一种种族或民族个性的分类形式还出现在普林尼的《自然史》和中世纪

① Raphael Samuel, *Island Stories: Unravelling Britain*, Verso, 1998, p. 8.

的百科全书中。这些书中的“民族的邪恶与缺陷方面”的篇目——有时是抄自文学经典，但更多的是利用了老百姓的仇外情绪——被对道德者的溢美之词所抵销。从马可·波罗时代起，对这种民族外部特征的简单描述就出现在旅行者们的见闻录中。同时，这些描述在16世纪宇宙学家们的著作中也占据头版头条的位置。①

拉斐尔·萨缪尔认为，这些老套的学说的起源非常神秘，它们就像有关的谚语和谜语，或大众纹章学（Blasons Populaires）中对风俗习惯的简略描述一样，很容易成为公式化的东西，一经确立，就很难推翻，并且不断地得到复制。此外，它们还十分受人们的喜爱，不仅是中世纪的抄写员和插图画家最佳选择，而且深受17世纪广大印刷商们的欢迎。正因为如此，它们的生命力特别强，它们度过了16世纪的“新学”（the New Learning）时期，并且被“新学”所吸收，“每个地区都有其相应的精神”和“每个人都有其自然的气质”的信念成为那个年代人们的常识。就连让·博丹（Jean Bodin）这样的新学中宪法领域的创立者都对这些警句乐此不疲，他把贪食归为英国人的特点，酗酒归为意大利人的爱好，虚伪则归为爱尔兰人的本性。而墨卡托（Mercator）在其世界地图（Mappa Munai）中对这种人种的分类有更为详细的描述：法兰克人头脑简单、固执且脾气暴躁；巴伐利亚人（Bavarians）奢侈、贪吃且厚颜无耻；瑞典人轻浮、夸夸其谈且爱吹牛；图林根人（Thuringeans）不可信、懒惰、爱吵架；撒克逊人虚伪、三心二意且固执己见；比利时人是骑马好手，他们敏感、温顺而且娇气；意大利人骄傲、报复心强且有独创性（这种人比较势利）；西班牙人傲慢、谨慎且贪婪；高卢人正统、放纵、鲁莽；辛布里人（Cimbrians）慷慨，具有煽动性，

---

① Raphael Samuel, *Island Stories*: *Unravelling Britain*, Verso, 1998, pp. 8 - 9.

令人敬畏；等等。荷兰宇宙学家海霖（Heylyn）同样欣然地将各民族的优缺点编成顺口溜，使之广为传诵。海霖还运用文字游戏和辨证的技巧使他的顺口溜更加生动：据说西班牙人看起来聪明，实则愚蠢；法国人看起来愚蠢，实则聪明；意大利人表里都聪明；葡萄牙人表里都不聪明……拉斐尔·萨缪尔认为，这些都进一步加强了这种学说的生命力和流传的广度。①

不过，在拉斐尔·萨缪尔看来，关于民族特性的陈词滥调常常是相互矛盾的，有的就是根本相反的品质的杂糅。从这种理论的依据来看，他认为是不可靠的，并以英国为例说明这一点。这种关于民族特性的陈词滥调在英格兰非常流行，而且得到了独树一帜的发挥，其理论的凭据有些是从动植物群中得到启示，有些从气候中得到灵感，有些则表达了上帝万能（omnipotence）的奇想。拉斐尔·萨缪尔还通过不同的人用这种理论得出不同甚至相反的结果来进一步说明这个问题。比如，约翰·福德斯鸠爵士（Sir John Fortescue）的《英格兰的治理》（*Governance of England*）是对民族特质进行归纳的最早的、流传时间最长的著作之一，这部书对那些老套的理论进行了放大。在书中，英国人被描绘成肉食民族（a nation of meat-eaters），甚至被描述成"贪吃者"（gluttons），其原因就是英国人生活在富足之中，在海峡的另一边却是处在饥饿中的民族。在以伯顿（Burton）的著作《解剖忧郁》（*Anatomy of Melancholy*）为代表的另一类归纳中，英国人被认为患有可怕的、遗传性的忧郁症，有人认为这种病是由气候引起的，有人认为是因这个民族摄入的牛奶量不足造成的。在18世纪，人们认为自杀是"英国病"。这种观念还在1733年激发了一篇医学论文的发表，论文的作者切恩医生（Dr Cheyne）将英国的自杀率（据称是欧洲最高的）归罪于空气的

① Raphael Samuel, *Island Stories: Unravelling Britain*, Verso, 1998, pp. 8 - 9.

“潮湿”（moisture）、天气的“反复无常”（Variableness）、土壤的“肥沃”（Rankness）、食品的“丰足”（Richness and Heaviness），以及至少在工作条件优越的人中间存在不运动（inactivity）和久坐习惯（sedentary）。[①] 地理环境研究的对象都是英国人，但不同的人根据这套理论所得出的结果如此不同，足见这套理论的荒谬。

在拉斐尔·萨缪尔看来，这套理论之所以能流行的另一个原因，是它能牵强附会，随时代变化满足不同时期人们的心理需要，从而激发人们的民族情感。以英国的天气为例，从20世纪20年代时兴日光浴开始到至少是全球变暖时为止，它一直是人们诅咒的对象；而在早些时候，它却被看成是英格兰的一种荣耀。它富于变化，使人们时刻警惕，而其他地方的天气则是单调的。它温和适中，容易促成“温和”的政府，而其他国家的天气不好容易产生暴政。继孟德斯鸠以及地理环境决定一国人才的理论之后，英国天气的“益处”是18世纪的哲学家和经济学家所谈论的老话题。在这些人看来，英国的天气适合人们行动，它激发人们的尚武精神，培养人们的“勇敢”品质；而在那些气候暖和的国家，人们容易怠惰、娇气。约瑟夫·坎贝尔（Joseph Campbell）在《不列颠的政治考察》（*Political Survey of Britain*）中说，它（英国的气候）是旅行和探险的天赐之物：有些人认为我们的气候的嬗变带来极大的不便，但如果你仔细想一想就会觉得，这种嬗变对我们是非常有利的。应该承认，我们的四季和大陆大相径庭，但它们赋予了国人生机与活力，使他们习惯于变化而趋向于旅游的生活，这样，人们就会体察到长途航行或旅行的劳累，领略探险过程的艰苦。[②]

---

① Raphael Samuel, *Island Stories*: *Unravelling Britain*, Verso, 1998, p. 10.

② Raphael Samuel, *Island Stories*: *Unravelling Britain*, Verso, 1998, pp. 10 - 11.

拉斐尔·萨缪尔通过对民族意识构成要素的分析，旨在证明民族完全是虚构出来的，是人们主观想象的产物，而且随着历史的变化，它也处于不断的变化之中。总之，在拉斐尔·萨缪尔的眼中，民族就是神话。

第五节　对“四个民族”历史观的评论

（一）关于英国历史的解释问题

在外人眼中，英国也许是一个统一体，大英帝国曾经的辉煌让人觉得英国民族作为一个整体是一个伟大的民族；英国人民一定是和睦相处、患难与共的。然而，英国人自己却不这么看，他们单对自己的身份问题就争论不休。“其他国家的居民可以毫无困难地称自己是‘法国人’、‘德国人’甚至是‘意大利人’，但是，不列颠群岛上的居民却希望别人称他们是英格兰人、苏格兰人、威尔士人或者英国人，更不用提泽西人（Jerseymen）、格恩西人（Guernseymen）或者马恩岛人（Manx）”。[①] 对这种区别，外人一般很难理解，也容易混淆。在法国人眼中，“English”、“Anglais”和“Britannique”都是同义词。中国以往的辞书大多将“British”和“English”的意思等同起来。中国人常用的《新英汉词典》对“English”一词的解释是：①英语，②（总）英吉利人，英国人。[②] 对 the British 的解释是：（总称）英国人。[③] 在张其春、蔡文萦编写的《简明英汉词典》中，English 用作名词时的意思是：①英语，②英国国民、英国人；[④] British 用作形

① Frank Welsh, *The Four Nations*, Harper Collins Publisher, London, 2002, p. xix.

② 《新英汉词典》编写组：《新英汉词典》，上海人民出版社，1976，第 395 页。

③ 《新英汉词典》编写组：《新英汉词典》，上海人民出版社，1976，第 143 页。

④ 张其春、蔡文萦：《简明英汉词典》，商务印书馆，1977，第 318 页。

容词时指的是“大不列颠的、英国人的”[①] 梁实秋先生所编的《远东常用英汉辞典》认为，“England”通常即指英国，而“English”作为集合的称呼指的是英国人。[②] 郑易里等人编的1984年版的《英华大词典》以及由外语教学与研究出版社1990年出版的《现代英汉词典》对这两词的解释还是和以前一样。不过笔者发现，在第6版的《牛津高阶英汉双解词典》中对English一词的解释有所修正，the English仅指英格兰人，并指出该词有时误用以指包括苏格兰、威尔士和北爱尔兰人在内的英国人。[③] 尽管如此，对大多数中国人来说，“England”就是“英国”；“Englishman”就是“英国人”，因为他们都说“English”。对这些称谓的不加区分，对非英国人或者英格兰人也许无关紧要；然而对那些苏格兰人或者威尔士人来说，即使不会招致勃然大怒，至少也会使他们感到恼火，因为他们从来就不承认自己是英格兰人（English）。[④]

英国各民族间的矛盾和独立倾向不仅表现在称谓上，而且表现在日常生活中。英国国歌《天佑吾王》中的第四段是苏格兰人拒绝吟唱的，因为这段歌词中有征服苏格兰的内容。苏格兰和威尔士也都有自己非正式的“国”歌，在本民族的节日和重大集会上唱。苏格兰的非正式“国”歌叫《苏格兰人》；威尔士的“国”歌叫《我父辈的国土》。英国的四个部分英格兰、苏格兰、威尔士和北爱尔兰都有各自的保护神和国花，也有各自重要的节日。英格兰的保护神叫圣·乔治，4月23日是圣·乔治节，也是英格兰的“国庆日”，玫瑰是其“国花”；苏格兰的保护神是圣·安德鲁，11月30日是圣·安德鲁节，也就是苏格兰的“国庆节”，其“国花”是小蓟；威尔士的保护神是圣·帕特立克，

---

① 张其春、蔡文萦：《简明英汉词典》，商务印书馆，1977，第115页。

② 梁实秋：《远东常用英汉辞典》，远东图书公司，1978，第395页。

③ A. S. Hornby：《牛津高阶英汉双解词典》，商务印书馆，2000，第564页。

④ Frank Welsh, *The Four Nations*, Harper Collins Publisher, London, 2002, p. xix.

3月17日的圣·帕特立克节是南北爱尔兰民族共同庆祝的节日，南北爱尔兰的“国花”是三叶酢浆草。[①]

此外，这种独立的倾向还表现在体育竞赛中。“六个民族”的橄榄球联赛是在英格兰、苏格兰、威尔士、爱尔兰、法国和意大利之间进行的，而不是英国队对法国队或者意大利队。尽管爱尔兰橄榄球队员是从北爱尔兰和爱尔兰共和国的球队中选出，但在国际足球比赛中，两个爱尔兰都有各自的球队。英格兰的运动员在爱尔兰也许会受到热烈的欢迎，但在苏格兰只会得到残酷的待遇，在威尔士也会受到极度的反感。在运动场上，苏格兰的橄榄球队唱的歌曲是“苏格兰之花”，所吟诵的是1990年苏格兰球队在赢得“大满贯”之后所创作的调子“1314年班诺克本，马里菲尔德13比7”，以表示对“老冤家”（英格兰）的憎恶。[②]

这些现象引起了历史学家们的关注，因为这些现象并非偶然发生，也并非一朝一夕的事情。对这些现象的解释必须在历史中去寻找，其实，这也是历史学的魅力所在，否则，“历史如果不能以某种方式对我们的今天做出解释的话，那它还有什么趣味呢？”[③] 然而，在这种民族情绪高涨、分裂趋势日益恶化的情况下，怎样解释才能不至于伤害各方的民族感情，不至于进一步挑起纷争呢？以怎样的框架来解释英国的历史才能让各方都相对满意呢？这是历史学家在构建英国历史过程中必须小心处理的问题。“历史的思考从来就不可避免地要对当前做出解释，而所有

---

① 梁丽娟：《从内部看英国——一个女记者的见闻》，世界知识出版社，1989，第2~3页。

② Alexander Grant and Keith J. Stringer, *Uniting the Kingdom?* Routledge, 1995, pp. 3-4.

③ Arthur Aughey, Nationalism, *Devolution and the Challenge to the United Kingdom State*, Pluto Press, 2001, p. 3.

的解释本质上都是容易引起政治争议的”。① 历史学家在构建英国历史过程遇到的第一个问题就是命名问题，即以什么样的名称来概括英国的历史。这或许对不用英语写作英国历史的人来说是一件非常容易的事，但对以英语进行写作的历史学家来说却不是那么容易。正如一个历史学家所抱怨的那样：我们的群岛有不下六个不同的名称，英格兰、不列颠、大不列颠、不列颠群岛、联合王国，以及在非常尊贵时称呼阿尔比恩。所谓的英国民族中的每一个民族都感到自己与其他民族不同，② 这种状况的确让历史学家感到为难。如果用“English History”作为英国历史的标题，那势必会触怒苏格兰人、威尔士人以及爱尔兰人的民族情绪，因为“English History”的字面意义是“英格兰的历史”；如果用“British History”作标题，那又会将爱尔兰扔在一边，从而招致爱尔兰人的不满。历史学家在重构英国历史时所要处理的第二个问题是英国历史的解释框架问题。19 世纪辉格历史学派以英格兰的历史为英国的历史，认为英国的历史是以英格兰为中心的、统一的、进步的历史。辉格学派所采用的是英格兰中心主义的单一民族的解释框架。随着联合王国内民族主义情绪的高涨以及王国分裂趋势的逐渐明显，辉格主义的解释框架显然已经过时，不能满足当今英国现实的需要。用多民族、分裂的历史框架来代替辉格派的单一民族的、统一的历史框架成为当务之急。在这种情况下，“四个民族”的历史解释框架应运而生。这种历史解释框架一反以往辉格历史学派英格兰中心主义的做法，将英格兰、苏格兰、威尔士和爱尔兰四个民族平等地纳入历史考察的范围之中。

---

① Arthur Aughey, Nationalism, *Devolution and the Challenge to the United Kingdom State*, Pluto Press, 2001, p. 3.

② Krishan Kumar, *The Making of English National Identity*, Cambridge University Press, Cambridge, p. 12.

（二）拉斐尔·萨缪尔对“四个民族”历史观产生的背景的论述

经典的马克思主义者认为，物质决定意识，意识是物质的反映。类似的观点也在出现的黑格的著作中。黑格尔在论述哲学与现实的关系时说：“无论如何哲学总是来得太迟。哲学作为有关世界的思想，要直到现实结束其形成过程并完成其自身之后，才会出现。概念所教导的也必然就是历史所呈示的。这就是说，直到现实成熟了，理想的东西才会对实在的东西显现出来，并在把握了这同一个实在世界的实体之后，才把它建成一个理智王国的形态……密纳发的猫头鹰要等黄昏到来，才会起飞”。[①] 经典的马克思主义者和黑格尔所论述的都是理论相对于现实的滞后性问题，也就是说理论是现实的反映。同样的原理被拉斐尔·萨缪尔运用到四个民族历史观产生的问题上，他说：“历史声名狼藉地在黄昏起飞，在这黄昏时分，黑暗在加深，寂静在加剧，（信神的人认为）思绪会飞向天国，可怕的幽灵会出现”。[②] 在拉斐尔·萨缪尔看来，当四个民族历史观念产生之时，四个民族的现实早已存在，而且正在向新的方向转化。然而，这种观念的产生也不是没有作用的。他认为，这种“即将逝去的眩晕之感”有助于解释目前小规模流行的英国人的观念，而这种英国人的观念正好是在民族国家的存在受到质疑时出现的。它也有助于解释人们对“英国的”历史的发现或者重新发现，以及在过去20年里出现的人们对民族过去的多元化的理解：用“四个民族”（Four Nations）或者“英国人”（British）的视角取代英格兰中心主义，打破英格兰、爱尔兰、苏格兰和威尔士之间的藩篱，通过对它们

---

① 黑格尔：《法哲学原理》，商务印书馆，1979，第13～14页。

② Raphael Samuel, *Island Stories*: *Unravelling Britain*, Verso, 1998, p. 21.

之间联系、区别和差异的思考来丰富我们的理解。①

拉斐尔·萨缪尔认为，作为一个项目，也作为一种视角，四个民族历史这种关于"英国的"（British）历史观念，形成于民族性问题成为国内政治骚乱的中心问题之时，这时，英国政府的合法性不断受到质疑。发生在阿尔斯特（Ulster）的内战开启了爱尔兰分离主义历史的新阶段，国内的秩序被分裂的两派之间各自设置的禁区和警务人员的巡逻所取代。《桑宁德尔协议》（*Sunningdale agreement*）的签订，以及1974年阿尔斯特的工人罢工（the Ulster Workers Strike）之后，"忠诚者"（loyalist）——这些被困于世俗世界的不妥协的新教徒们，因对英国统治的敌意，与位于威斯敏斯特的政府产生嫌隙，他们和共和党和天主教敌人一样，醉心于恐怖的威胁手段。在苏格兰，一股更加世俗化的分离主义烈火正在熊熊燃烧，能源危机、北海石油业的兴旺显然为分离主义火上浇油，20世纪70年代末的威斯敏斯特政治日程中的权力下放使火势更加强劲。在威尔士，虽然民族的分裂所造成的山区农场和采矿谷地地区的人口减少限制了民族主义的兴起，但在学校教育、广播电视传播以及术语命名和路标中，语言运动势如破竹，要为威尔士语赢得同样的尊严。②

他认为，造成人们对英国的观念疑问的更为重要的方面是后帝国时期国家的冗余。随着英国势力的衰落，那些过去曾是习以为常的确定性（首先是人们对英国人的天赋领导素质的信念）的消失，而这种确定性在帝国鼎盛时曾使英国成为世界奇迹之一。随之而来的是20世纪60年代重新制定的非洲地图上不再涂有英国的红色，根据新解放的前附属地区的人民的意愿，一些英文的名字也被废除。人们对计划经济的幻灭也使政府的权威受到

① Raphael Samuel, *Island Stories: Unravelling Britain*, Verso, 1998, p. 21.

② Raphael Samuel, *Island Stories: Unravelling Britain*, Verso, 1998, pp. 21-22.

质疑。在数十年现代化的尝试中，英国政府的政策一直摇摆于合理化改革与国家主导性的增长之间。此后，经济似乎正走向崩溃，加入欧洲共同市场的举措，非但没有振兴国家的经济，反而加速了其衰落。最后，1981 年经济的极度低迷使曾经享誉世界的英国工业观念日益成为历史的纪念物。同样，议会也发现自己的影响已日薄西山；多国公司和超国家的机构的盛行已使国家主权变得不合时宜。①

拉斐尔·萨缪尔认为，英国目前的衰落以及其未来的不确定性，使人们更加意识到英国过去的偶然性特征。在他看来，不列颠群岛的联合绝不是一种范式，而是一种特例，它起于 1746 年的库洛登战役（battle of Culloden），止于 1921 年《爱尔兰条约》（*Irish Treaty*）的签订，其寿长总共不足 200 年。这似乎在提醒人们，许多世纪以前设得兰群岛（Shetland）还是挪威的领土，而在此之前又曾是罗马人的天涯海角（Ultima Thule）。在 1707 年的《联合法案》（*Act of Union*）签署之前，苏格兰还曾是一个独立的王国，在地理位置上爱尔兰离英格兰的距离要比离法国的距离远。因此，拉斐尔·萨缪尔认为，不应把英国人（Britishness）看成是一个稳定的、可遗传的认同，而应该看成是受文化和历史条件的限制总是在不断的形成过程中，但从来就没有真正完成过的事物。②

拉斐尔·萨缪尔认为，四个民族观念的产生还与格温·威廉姆斯（Gwyn Williams）所提出的葛兰西式的问题有关。格温·威廉姆斯在 1982 年的文章中提出“威尔士是何时形成”的问题。对这一问题，格温·威廉姆斯认为要确定某个建国的时间是不现实的，这无异于寻找极乐世界。英国的历史学家在采用四个民族

---

① Raphael Samuel, *Island Stories*: *Unravelling Britain*, Verso, 1998, p. 22.

② Raphael Samuel, *Island Stories*: *Unravelling Britain*, Verso, 1998, p. 22.

历史的视角时，觉得有必要对这一问题作出回答，与格温·威廉姆斯观点不同的是，他们宁愿给出一个确定的答案。于是，有些人选择13世纪作为威尔士形成的时间，因为那时英格兰的统治权伸及爱尔兰和威尔士；另外一些人选择1547～1548年，因为那时在以国家控制的新教主义的影响下，大不列颠的观念开始得到人们的积极支持，英格兰和苏格兰联合的意识形态的基础已经奠定；还有一些人选择18世纪40年代，因为那时是爱国主义的日子，强烈的恐法症漫延，新一轮的对法战争开始了。①

（三）四个民族历史的代表人物和学派

拉斐尔·萨缪尔主张，要理解“四个民族”的视角对英国历史的解释，方法之一是将这种历史观的出现看成是英国退出帝国的表现，看成是文学理论家所说的“后殖民主义话语”（post-colonial discourse）的一种局部性的展示。在他看来，四个民族的历史作为一种视角，首次在1975年英国实行公民投票决定是否加入欧洲共同市场时就得到了预演。这时，英国作为母国已经抛弃了英联邦，废除了帝国特惠制（imperial preference）。在这种情况下，当人们用英国的历史（British History）的视角进行观察时，就发现过去用“英格兰人”（Englishness）指代英国人是有问题的，英格兰人只能被看成是众多相互竞争的民族中的一支，而不应是代表所有的民族。四个民族的历史观能使人们意识到双重忠诚和多重认同的重要性，也就是说，当面对一个即使是统一的主题，比如说国家的形成或者民族同一性的构建时，这种历史观所强调的是差异性而不是相似性。②

拉斐尔·萨缪尔认为，四个民族的视角与以往其他的历史视

① Raphael Samuel, *Island Stories*: *Unravelling Britain*, Verso, 1998, pp. 22－23.

② Raphael Samuel, *Island Stories*: *Unravelling Britain*, Verso, 1998, pp. 24－25.

角不同，它不是按照教会和国家、王权和贵族、国王和下院的架构来构建英国历史的，也不是像20世纪60年代的“新潮”历史学那样按阶级与阶级的模式来构建英国历史的，而是按照核心与边缘、都市与地方（metropole and provinces）的架构来构建英国历史的。在他看来，首次用“四个民族”历史的视角进行研究的著作是1975年美国加州大学社会学教授迈克尔·赫克特（Michael Hechter）所著的《内部的殖民主义》（*Internal Colonialism*）。在这部书中，赫克特对英格兰人和凯尔特人之间的关系进行研究后认为，长期以来，英格兰用内部殖民主义的思路掠夺和控制着凯尔特人，因此，民族矛盾依然存在。[①] 在拉斐尔·萨缪尔看来，赫克特的著作首次用殖民主义的理论来研究一个国家内部的民族关系，从而引起了轰动，也为后继的研究者设置了理论范式。殖民主义的理论被用于许多方面的研究中，从此，“封建的殖民主义”这样的殖民隐喻就经常出现在研究早期中世纪的史学家的著作中。这些史学家也依葫芦画瓢，将凯尔特人描绘成潜在的次等人，将从约翰王统治时候起所建立的新的民族主义英格兰看成是一个内陆帝国。有些人认为，1174年的《温莎条约》（*the Treaty of Windsor*）就是对爱尔兰殖民的开始；佛兰芒人（Flemings）向彭布罗克（Pembroke）地区大量移民就预示着后来对阿尔斯特的殖民；爱德华一世（Edward Ⅰ）所偷取的司康石（Stone of Scone）[②] 就是那时的爱尔金大理石雕（Elgin marbles）[③]。在拉斐尔·萨缪尔看来，休·科尔尼（Hugh Kearney）也采用了这种范式，因为休·科尔尼曾针对修道院等级制的“诺曼化”问题指

① http://book.joyo.com/detail/product-more.asp? prodid = zhbk016317&c = booksummary&k = 111034&uid = wmsglmyqi9uwug55uggm5sag7.

② 司康石通称命运石或者加冕石，是苏格兰历代国王加冕时使用的一块砂石。

③ 爱尔金大理石雕是指一些雅典的建筑残件，19世纪由英国伯爵爱尔金（Thomas Elgin）运至英国，现存于大英博物馆。

出，殖民主义不只是存在俗界。此外，格温·威廉姆斯（Gwyn Williams）也一样，他也把 14 世纪的威尔士人看成是“被征服的民族”（subject people），他们被强大的殖民政权剥夺了财产和继承权，欧文·格林·杜尔起义（rising of Owain Glyn Dur）就是一场民族解决战争。[①]

拉斐尔·萨缪尔认为，四个民族或者“群岛”（archipelago）的历史观的产生，在很大程度上是由于英国的散居状况所造成的。而真正把四个民族历史的视角推上议事日程，并极力倡导它的是普考克（J. G. A. Pocock）。普考克是新西兰人，在剑桥大学受过教育，曾在新西兰任教，后来迁移到美国的约翰·霍普金斯大学。他在新西兰任教期间，在新西兰的坎特伯雷大学的一次纪念大会上发表了题为“英国的历史：一个新的主题的呼吁”的演讲。普考克是针对泰勒（A. J. Taylor）的著作《牛津英国史》（*Oxford History of England*）而作这篇演讲的。在《牛津英格兰历史》中，泰勒否认“不列颠”（Britain）一词的意义，认为它只是罗马一个行省的名称，并不包括现在的苏格兰，它是作为 1707 年议会联盟的一部分由北方王国的居民强加给英格兰人的。泰勒进一步指出，“大不列颠”一词——恰当地说只表示英格兰—苏格兰的联合——和“联合王国”一词是不一致的，因为后者的范围包括从 1801 年起的整个爱尔兰以及从 1922 年该岛的那该死的尾部。[②] 泰勒的意思是觉得学术界用“British history”来取代“English history”没有任何意义，认为那只不过是“在名称上大惊小怪，而不关注事情本身”。在他看来，“只要不同的民族接受‘英格兰人’这个称呼，那么我们就使用这个称呼；

① Raphael Samuel, *Island Stories: Unravelling Britain*, Verso, 1998, p. 24.

② J. G. A. Pocock, “British History: A Plea for a New Subject”, *Journal of Modern History*, Vol. 47, No. 4, p. 601.

当他们开始反对时我们就称他们是爱尔兰人或者是苏格兰人”。[1]普考克不这样看，他认为，英格兰的权力和文明的扩张，已经产生了多个相互作用的、不同的、自治的文化，文化的冲突、语言的障碍、边疆现象、高地与低地，这些因素共同使“英国历史”（British history）成为不断创造新的亚文化甚至是亚民族的历史。而每一种亚文化都有自己的历史以及自己的历史意识，也就是说，这些文化都有自己的身份认同。为了正确地反映这种事实，“描绘密纳发猫头鹰的飞行模式”，[2] 他提出“我们有必要再用‘英国历史’（British history）一词，并赋予它意义，因为它与一些基于历史的身份认同有关”。[3] 可以看出，普考克将英国历史的定义与民族性联系起来，这就驳斥了泰勒的“在名称上大惊小怪”的说法。其实，普考克在这篇演讲稿中并没有明确“四个民族历史”的概念，他只是呼吁用多样化的角度来考察英国的历史。在他看来，英国的历史约从1700年起就存在，现在似乎正在走向末路，在其存在期间有三个突出的特点：第一是保持帝国和海洋的地位；第二是保持大西洋群岛的政治统一；第三是保持与欧洲事务一定的距离。普考克认为，目前英国的第一个和第三个特点已经决定性地消失了，第二个特点尚未完成其转变。在这种情况下，他认为放弃英格兰中心论，采取多中心的视角不仅是必要的，而且是对知识视野的扩充，可以使人们用新的方法来看待历史的经验。[4] 需要说明的是，普考克的历史考察范围不仅限于不列颠，而是包括不列颠在内的大西洋群岛的历史。他认为这

---

① A. J. P. Taylor, “Comments”, *Journal of Modern History*, Vol. 47, No. 4, p. 622.

② J. G. A. Pocock, “British History: Reply”, *Journal of Modern History*, Vol. 47, No. 4, p. 628.

③ J. G. A. Pocock, “British History: A Plea for a New Subject”, *Journal of Modern History*, Vol. 47, No. 4, p. 603.

④ J. G. A. Pocock, “Reply”, *Journal of Modern History*, Vol. 47, No. 4, p. 628.

样的考察方法使英国历史更易于理解，而这是“中心”和“边缘”、“片段”和“整体”这样的术语所无法做到的。

拉斐尔·萨缪尔认为，普考克的这篇文章汇集了他对历史研究方法的讨论，以及他对称为“群岛”的历史越来越大的可能性和产生这种群岛历史的生存状况的深思。在拉斐尔·萨缪尔看来，普考克的态度是十分悲观的。这种悲观不仅表现在他忧伤地谈起阿尔斯特的内战，将阿尔斯特定义为爱尔兰留给英格兰的“黑暗的、血腥的残渣”；还表现在对英国历史和文化的看法上。普考克的悲观情绪如此之甚，以至于担心“英国”这个词将来是否存在，于是他主张用一种价值中立的、非历史的词汇来取代它。通过对这些现象的分析，拉斐尔·萨缪尔捕捉到了普考克悲观后面的内容。他认为，普考克的悲观情绪的背后所隐含的是被压抑了的对英帝国以及旧的殖民体系时期“英格兰——大西洋文化”的怀乡之情，而且他的新的历史课题的名称——大西洋群岛——和18世纪的重商主义的地理政治学是相吻合的。[①]

在拉斐尔·萨缪尔看来，尽管普考克对英国的历史具有悲观的情绪，但他观点还是有可取之处的。他的著作属于现代主义的文本。他是用非目的论的眼光看待过去，用反民族主义的态度来看待未来——他认为历史是“多元主义的”（pluralist）和“多元文化的”（multicultural）。他的“英国人”（British）的概念是一般性的（ecumenical），包括了奥兰治（Orange）和格林（Green）。比如，他称加拿大是英国的海外新域（outremer）；在一次激烈的争论中。他还试图提出1919~1922年爱尔兰的革命是英国自己的革命的观点。普考克还预见到了今天的“混血儿”（mongrel）的潮流——这是当代英国人庆典中的主题——并主张构建一个

① Raphael Samuel, *Island Stories: Unravelling Britain*, Verso, 1998, p. 26.

"不同文化间的……涉及冲突和杂交的历史"。[①] 对于这些，拉斐尔·萨缪尔是十分赞同的。

拉斐尔·萨缪尔提及的另一个重要人物是休·科尔尼（Hugh Kearney）。他是出生于利物浦的爱尔兰人，曾在剑桥大学受过训，后来先后在都伯林大学学院（University College, Dublin）、苏塞克斯大学（University of Sussex）、爱丁堡大学（Edinburgh University）以及匹兹堡大学（University of Pittsburgh）执教。现在，他有时待在英格兰的腹地萨福克（Suffolk），有时留在美国。科尔尼属于英国少数民族的成员，这或许是使他的观点十分激进的原因。他在1989年写成了著作《不列颠群岛：四个民族的历史》（*The British Isles, A History of Four Nations*）。在拉斐尔·萨缪尔看来，这部著作所表达的是后殖民主义的话题，尽管科尔尼本人不愿承认。和普考克一样，他从英国的现状入手来解析英国的历史，带着反目的论的情绪，从前往后回读资料，他将不列颠群岛以及在一定时期内在岛上居住的人群分散开来进行研究。这样，他所研究的主题不再是一个国家或者一个民族，而是一个地域以及在地域中地理和文化上的差异。拉斐尔·萨缪尔认为，科尔尼的著作需要更大的解释框架，因为他的著作涉及的历史跨越千年，他试图将古代的历史（或者史前史）以及所谓的"黑暗的历史"（Dark Ages）与现代联系起来。然而，拉斐尔·萨缪尔感觉到，作为一名历史学家，科尔尼真正感兴趣的不是宏大的视野，而是那些细微的差别，那些在内部各种文化之间的断裂带。读他的书，人们会有一种身处大世界中的小世界的感觉，他给我们提供了三个看似合理的英格兰文化带，威尔士也同样被他按照宗教和阶级分成了两个文化带。[②]

---

① Raphael Samuel, *Island Stories: Unravelling Britain*, Verso, 1998, p. 26.

② Raphael Samuel, *Island Stories: Unravelling Britain*, Verso, 1998, p. 27.

拉斐尔·萨缪尔提及的上述人物在用四个民族历史的视角研究英国历史时，强调得更多的是英国历史中冲突分裂的一面。笔者姑且将他们称为分裂论派。然而，在谈到四个民族历史观的时候，拉斐尔·萨缪尔还提及另一位著名人物林达·科蕾（Linda Colley）。在其著作《不立吞人，民族的形成，1707～1837》（*Britons*, *Forging the Nation*, *1707－1837*）中，科蕾采用了和上述学者不同的方法和观点来分析和解释英国的历史。她跳出了英格兰历史的框框，回归到一个更大的不列颠（greater Britain）范围来考察英国的历史，重新提及几乎成为古语的"不立吞人"（Britons）这个词。这个词在维多利亚中期被盎格鲁撒克逊语言学家的"英格兰人"（Saxonist）的观念所掩盖，在18世纪40年代又开始流行。林达·科蕾向人们展示了这个词是如何成为爱国主义忠诚的场所（site），并被那些苏格兰的"北不列颠人"（North British）或者在英格兰的英格兰人（English）所接受，甚至所喜爱。她还巧妙地运用漫画和讽刺的手法将丑恶的东西说成是美好的事物，将最穷凶极恶的仇外情绪变成滑稽和强壮的象征。此外，她还不惜笔墨对新教徒的想象进行了描述，认为人们对罗马天主教的憎恨是构成英国人更广泛的民族意识的关键因素，这种民族意识在对法国的战争中得到很好的演练。[①]

拉斐尔·萨缪尔认为，林达·科蕾的这本书并不是真正意义上的关于四个民族的著作，因为她在著作中没有提及爱尔兰。她的创新之处是抓住了英格兰与苏格兰之间的矛盾，并用它来重塑一个统一的英国历史。[②]

除了上述代表人物外，拉斐尔·萨缪尔还将下述两个学派也纳入用四个民族视角研究英国历史的学者行列中：一个学派是研

---

① Raphael Samuel, *Island Stories*: *Unravelling Britain*, Verso, 1998, pp. 27－28.

② Raphael Samuel, *Island Stories*: *Unravelling Britain*, Verso, 1998, p. 28.

究 17 世纪英国史的修正派史学家，另一个则是研究中世纪史的史学家。

拉斐尔·萨缪尔认为，修正派史学家在研究了三个、在某些方面是三个以上的民族的相互作用的历史过程中，关注的重点是不列颠的（British）层面，从而终结了"英格兰"革命或者"资产阶级"革命的说法，同时也终结了伴随这种观点的宗教社会学研究。在他们的著作中，人们所看到的不是普特尼辩论、新模范军、五成员的被捕以及船费案，而是三个王国的战争，人们想象中的最革命的英格兰被放在战场的最后，而不是第一。拉斐尔·萨缪尔认为修正派史学家康纳德·罗瑟尔（Conard Russell）的著作就反映了这种观点。在《英国君主制的衰落》（*The Fall of the British Monarchies*）中，康纳德·罗瑟尔洋洋得意地说，英格兰是查理一世的三个王国中"最温顺的王国"，"也是唯一的让国王的支持者发展壮大成一个党派并将抵抗运动变成大规模内战的王国"。康纳德·罗瑟尔还认为，阿尔斯特（Ulster）这个 1641 年天主教起义的发源地变成了"英国问题的汇集点"，与伦敦和东英格兰相比，它更加速了内战的爆发；而苏格兰的"主教战争"以及查理一世和公约派（Convenanter）的斗争是危机的顶点（primum mobile）。①

拉斐尔·萨缪尔还谈到了研究中世纪史的史学家在这一问题上的研究方法和态度。他们从编年史家、诗人这些知识阶层获取材料，然后描绘出英格兰帝国内部命运的沉浮。他们注重回溯民族观念的起源，并强调早期民族观念的表达方式。他们使人们了解威尔士的"想象的共同体"在部落王国时期就是独立存在的；并且早在本尼迪克特·安德森所说的作为民族意识存在的前提条件的"印刷文化"到来之前，就受到吟游的历史学家和传教学

① Raphael Samuel, *Island Stories: Unravelling Britain*, Verso, 1998, p. 29

者们的赞颂。研究中世纪史的史学家不仅谈到威尔士民族和民族意识的存在，而且还谈到了12世纪出现的英格兰的民族主义，这种民族主义是以反对“野蛮的苏格兰人”、“疯狂的爱尔兰人”以及“残暴而野蛮的威尔士人”的方式来确立的。他们把13世纪法律和行政部门的扩大看成是英格兰民族主义到来的标志。拉斐尔·萨缪尔认为，中世纪史的史学家使用“四个民族”的历史视角进行研究的价值就在于凸现了英格兰的民族主义，不然的话，这种民族主义也会被历史所湮没。①

以上就是拉斐尔·萨缪尔所提到的用四个民族的视角研究英国历史的人物和派别。从上面的归纳中我们可以看出，拉斐尔·萨缪尔所界定的四个民族的视角是相对于以往的英格兰中心论而言的，并不具有绝对性；也就是说，在拉斐尔·萨缪尔看来，只要打破了英格兰中心主义的藩篱，将视野扩大到其他三个民族中的三个、两个甚至一个，都算是用四个民族的思维框架。因此，拉斐尔·萨缪尔常常用“不列颠的”（British）、“群岛的”（archipelagic）历史指代“四个民族”的历史。笔者认为，拉斐尔·萨缪尔之所以选取四个民族的历史视角作为民族性研究的重要内容，主要是因为用四个民族视角来研究英国历史的学者和著作都不同程度地涉及英国的不同民族及其民族性，这对全面理解和把握英国人的民族性是十分重要的。因为历史是打开民族性奥秘的一把钥匙，“许多研究民族的理论家在重建民族的过程中，把历史、尤其是历史学家的作用摆在了中心位置”。②

（四）对四个民族历史观的评价

拉斐尔·萨缪尔认为，四个民族的历史观推翻了以往关于英

---

① Raphael Samuel, *Island Stories*: *Unravelling Britain*, Verso, 1998, p. 30

② Helen Brocklehurst and Robert Philips, *History*, *Nationhood and the Question of Britain*, Palgrave Macmillan, 2004, p. xx.

国历史的观念，在这种视角之下，英国历史中的许多问题都将重新解释。首先，这种史学视角对英格兰中心论构成挑战。一个多世纪以来，英格兰中心论曾占据统治地位，它是英国标准的历史和学校课本中的主要内容。[①] 在拉斐尔·萨缪尔看来，斯塔布斯、斯坦顿以及辉格历史学派是英格兰中心论的主要代表。按照他们的解释，盎格鲁撒克逊人的英格兰是早期的统一体，是"我们岛的故事"的起点和代议制政府的基石。而在四个民族视角下，英格兰是一个政治动荡的、民族模糊的、语言多元的混合体。地名是用多种语言来命名的，这就表明了人口在民族上的异质性以及居民区的临时性特征。以往的观点认为，基督教会是由坎特伯雷大主教建立的；而现在看来，事实并非如此，基督教会是由爱尔兰的流浪僧人和地中海的传教士们建立的，基督教的世界性特征得到了确立。在拉斐尔·萨缪尔看来，与持英格兰中心论的历史学家相比，以四个民族视角研究的历史学家更重视史料。斯坦顿曾极力抹杀这个国家中不列颠人的遗迹，并证明英格兰的盎格鲁撒克逊人"坚持他们本土的传统"。而用四个民族历史研究的学者则更为关注残存下来的史料，不管这些史料是古不列颠的（British）、半古不列颠的（half-British）以及带不列颠腔的（British-sounding）名称，还是亚罗马时代（sub-Roman）的金属制品，抑或是凯尔特人的耕作制度。于是，越来越多地方的史料都显示出过去罗马人在不列颠的痕迹，其中沃伦珀西（Wharram Percy）就是英格兰的3000个消失的村庄中最著名的村庄之一。不仅凯尔特西部，而且伯尼西亚（Bernicia）这个跨越哈德良墙（Hadrian's Wall）并向东北延伸的古不列颠王国，以及其西北的坎布里亚（Cumbria），也引起了人们的注意。在突破

---

① Krishan Kumar, *The Making of English National Identity*, Cambridge University Press, 2003, p. 4.

英格兰中心主义方面，考古学也帮了四个民族历史的忙。考古学不拘泥于政治疆界，将不列颠群岛地理上的地域作为当然的研究范围，这就对盎格鲁撒克逊的霸权构成极大的挑战。由于考古学家钟情于跨文化研究，并且被外来的奇异之物所吸引，他们用发掘出来的爱尔兰遗物的“丰硕成果”来比照书面记录，结果从盎格鲁撒克逊的坟墓中发掘出了罗马人和凯尔特人的遗物。①

其次，拉斐尔·萨缪尔认为，在采用历史时间的框架上，“四个民族”的历史方法对宏大的叙事以及几个世纪以来为研究民族的过去提供框架的年代学构成了挑战，它强调至少四种不同历史的共存性，并寻找这些共存性历史之间的交叉点。这种历史方法使我们抛弃了传统的时期观念。比方说，对布拉斯基特岛（Blasket Island）的人来说，近代早期这个时间概念又有什么意义呢？苏格兰的特罗萨克斯山（Trossachs）地区的人有谁知道都铎王朝和斯图亚特王朝呢？所以，拉斐尔·萨缪尔认为，四个民族的历史方法迫使研究者必须采用新的时间框架。在这种视角下，“不列颠的历史”（British history）就很难像斯塔布斯主教的三卷本著作《英格兰宪政史》（*Constitutional History of England*）那样将罗马人和凯尔特人排除在外了；也不会像 J. R. 格林（J. R. Green）在《英格兰人民简史》的开篇那样，武断地认为英国的历史起源于农民共和国或是盎格鲁撒克逊时期的森林开垦地。②

再次，拉斐尔·萨缪尔认为，在“四个民族”的视角下，诺曼征服的历史纪年必须重新划定。他指出，1066 年是“普天下的人都知道的英国历史上的年代”，但这个年代在爱尔兰人那里根本得不到认可。那里的编年史家没有记载哈斯丁战争这件

① Raphael Samuel, *Island Stories: Unravelling Britain*, Verso, 1998, p. 23.

② Raphael Samuel, *Island Stories: Unravelling Britain*, Verso, 1998, p. 28.

事，对爱尔兰人来说，北方的威京人的袭击给他们带来的危害比诺曼人更大。因为诺曼系英国人对爱尔兰的袭击是间接的，这种袭击首先表现为军事的或者封建冒险家们的冒险行为，而且他们常常是受邀而来。尽管英格兰的国王声称“对爱尔兰拥有统治权”，但直到都铎王朝时期，他们的权力也仅到达爱尔兰东部的都柏林（Dublin Pale）。在威尔士，诺曼系英国人的渗透尽管更早更深入，但这种渗透是“渐进的、长期的、不完全的”。在向低地殖民的过程中，农民和城市自由民的作用比诺曼军阀更大。直到爱德华一世时期，边界上的战争是双向的，既有袭击也有抵抗，这种袭击与抵抗不仅发生在外敌入侵或渗透时，也发生在威尔士部落王国之间的内讧中。诺曼人进入苏格兰则是另一种情况，部分是通过与贵族联盟的方式，部分是通过盎格鲁撒克逊人迁徙和移民的方式进行的，然而就政治上来说，其作用不过是加强了已经存在的王权。用四个民族的视角来看的话，诺曼人留下的最重要的遗产是苏格兰人赢得了独立战争的胜利。①

最后，拉斐尔·萨缪尔认为，四个民族的视角的另一个优点是，只要我们试图对“大不列颠”（Great Britain）这个词以及与之相伴的约4个世纪的帝国进行解释的话，我们就必须考虑到英国历史中的帝国方面。也就是说，四个民族的视角可以把我们的视野扩大到不列颠本土以外的地方，扩大到日不落帝国极度辉煌时曾拥有的海外领地，这些地区包括加拿大、新西兰、澳大利亚等。在他看来，在殖民开发这些地区的过程中，苏格兰和英格兰的作用同样重要。他指出，从1843年起，苏格兰传教士就开始在这些地区传教，这些地区大量的山脉、河流和领海用的都是苏格兰式的名字，以至于一些地区有“小苏格兰”之称，这些都

① Raphael Samuel, *Island Stories*: *Unravelling Britain*, Verso, 1998, pp. 29 - 30.

证明，苏格兰的探险者可能是最早到达这里的人。比如，新西兰的达尼丁（Dunedin）被称为“南部海域的新的爱丁堡”，它最初就是由一个叫“自由教徒”（Free Churchers）的党派组织建立起来的，它的街道都是按爱丁堡的方式命名的。这样的例子还有很多，一些地名如布鲁士（Bruce）、小佩斯利（Little Paisley）、埃垂克（Ettrick）、坎贝尔镇（Campbelltown）等都是苏格兰式的地名。苏格兰带有 Ben 字的山名也被模仿，如 Ben Nevis、Ben Lomond、Ben More、Ben Ohau，Invercargill 街也是以苏格兰河流的名字命名的。[①]

总之，在拉斐尔·萨缪尔看来，四个民族的历史拓宽了学术研究的视野，它使人们对以前深信不疑的观念开始产生质疑。和那些年轻的学者们为了使自己的著作上升到理论的高度而进行的硬性类比和牵强的对照相比，“四个民族”的历史给人们提供了一个更加自然的框架。四个民族的历史还激发人们用地缘学的方法去思考，将伦敦看成是一个世界大都市，将卡迪夫（Cardiff）看成煤城。它描绘了英国散居的状况，记录了横跨大西洋的人民之间以及思想之间的双向交流，它还恢复了北海和波罗的海之间的联系。[②]

尽管四个民族的视角有很多优点，但在拉斐尔·萨缪尔眼中也不是完美无缺的，它存在着诸多问题。首先，大量的四个民族的历史背后都暗含某种目的论。他指出，普考克在 1975 年的著作中，就把“英国历史”（British history）的模式描述为“一个英格兰作为一个政治和文化的实体，不断地扩大其统治模式”。在同一篇文章中，他又将英国的历史界定为“以血族关系为代价所进行的政府扩张”的记录。中世纪史的史学家把单一民族国家

① Raphael Samuel, *Island Stories: Unravelling Britain*, Verso, 1998, p. 35.

② Raphael Samuel, *Island Stories: Unravelling Britain*, Verso, 1998, p. 36.

的形成作为主题，他们倾向于描述单一民族国家在英格兰王国和苏格兰王国并行形成的过程。林达·科蕾在其著作《不立吞人》（*Britons*）中也是这样，她置现代人对文化差异的关注于不顾，所提供的是统一的英国历史，所描述的是帝国视角下的民族性格。民族扩张是她叙述的主线，忠诚派（loyalist）的胜利是她的目标，合并与联合被她特别强调，而那些明显的突发性冲突事件则被她轻轻地一笔带过。①

其次，在他看来，四个民族历史仍然没有跳出传统的西方史学的窠臼，其所关注的中心问题是国家的形成，所描述的大多是社会上层精英分子的活动。他将这种历史定义为从上至下的、鼓与号（drum-and-trumpet）的历史。② 这可以从一种名为《历史社会学杂志》（*Journal of Historical Sociology*）的刊物反映出来。在这种刊物中，一些研究中世纪和近代早期的主要的历史学家发表自己的观点，他们有时用葛兰西的霸权理论；有时用韦伯的现代化理论，将国家的形成描绘成一个"巨大的拱形结构"，这种结构处在不断的发展过程中，它向后延伸到诺曼征服，向前构成现代国家的守护综合体和惩罚机器。拉斐尔·萨缪尔还指出，在中世纪史的史学家的著作中，贵族的地位、宗主的权力、封建的义务是叙述的框架，"统治者的意识形态"是当然的论述要点，战争是重要的议题。在修正学派的叙述中，征服是具有划时代意义的事件。"三个王国"的方法（"three kingdom" approach）对以前所称的英国内战的研究也是从上至下的，是以宫廷为中心的，或者说是王权至上的。查理一世在苏格兰和爱尔兰的失败以及英格兰武装冲突的爆发都被归咎为多个王国的存在。在拉斐尔·萨缪尔看来，普考克和林达·科蕾所关注的都是上层人物。普考

① Raphael Samuel, *Island Stories: Unravelling Britain*, Verso, 1998, p. 31.

② Raphael Samuel, *Island Stories: Unravelling Britain*, Verso, 1998, p. 33.

克将历史的推动力归为地方官员和王子之间对自由和义务、财产和法律权利的协调，归为有爱国责任感的贵族共和派，而把以“民族”、“农民”形式出现的人，或者是从国王那里领取薪金的人都当成静止的陪衬。林达·科蕾尽管赋予大众更多的想象空间，但她叙述的主人公却是她所说的“君主和野心家”，而“一个更加地道的统治阶级的形成”是她衡量最后成功的尺度。①

再次，拉斐尔·萨缪尔认为，由于四个民族的历史是多中心的，因此，它们也就没有其自然的核心，其叙述往往缺乏连贯性。而且，如同任何领域里的研究一样也有其盲区和禁区，比如性别问题就是一个盲区，那种支撑着现代民族主义的父权制的构想仍没有受到挑战。其实在这里，拉斐尔·萨缪尔是在呼吁历史学家在研究民族问题过程中要关注女性，关注弱势群体的作用。此外，拉斐尔·萨缪尔还认为四个民族的历史没有解决历史研究的对象这个基本问题，于是他提出这样的问题：历史研究的对象是什么？是国家，是市民社会，是组织的宗教，是耕作制度，还是孩子的哺养？用政治的组织结构抑或是人造环境，哪一个作为主线更好些呢？②

休·科尔尼（Hugh Kearney）说，“四个民族”历史的标签提醒人们，联合王国是不同民族的联合，然而，这种联合本质上也是随时间变化的。在他看来，四个民族的历史只适合于1801～1921年这段从联合法案制定时起到承认爱尔兰独立的一个多世纪的时期，而从1921年到现在的英国就不适合用这种标签来界定了。尽管四个民族还会继续存在，但会发生急剧的变化，二战以来的移民浪潮已经改变了这些岛国的面貌，因此，四

① Raphael Samuel, *Island Stories: Unravelling Britain*, Verso, 1998, p. 33.

② Raphael Samuel, *Island Stories: Unravelling Britain*, Verso, 1998, p. 36.

个民族的历史可能很快会面临着更加明确的多民族的、后帝国历史的挑战。[1] 拉斐尔·萨缪尔也认为，随着英国局势的变化，四个民族的历史也会发生改变。不过，与科尔尼不同的是，他更关注英国的分裂趋势所带来的变化。他预测，如果英国的分裂继续快速地进行下去，如果阿尔斯特分离主义及其从本土英国的分离得到承认的话，如果下一次大选后苏格兰在爱丁堡另立政府，并宣布成立苏格兰共和国，那么，另一个完全不同的英国的“四个民族”的历史将会进入议事日程。这种历史将会更强调民族的顽强性格，并给分裂活动和脱离行为留下更多的概念上的空间；也就是说，更多地会强调国家的分裂而不是统一。同时他也认为，新的四个民族的历史在宗教上也会是多元的，“想象的共同体”不再被新教一教独占，基督教和非国教之间的分歧也将会写入历史。与林达·科蕾对英国历史“清教式”建构不同的，将会有对刑法时期和自由邦早期的爱尔兰的“天主教式”的建构。阿尔斯特分离主义根源可能会到1641年的天主教起义中去寻找，因为那次起义中所引发的暴行和心灵的伤痛长久留在新到达的苏格兰移民与当地爱尔兰人的记忆里。同样，现代爱尔兰民族起义的根源要到伊丽莎白一世对爱尔兰所施行的“和解”政策中去寻找，这种“和解”政策激起了一场反英格兰人的圣战，或者说一场“宗教上的十字军东征”，英格兰人将会被描述成异端分子、杀人犯的角色，而爱尔兰人将会被描写成为殉道者。拉斐尔·萨缪尔甚至还担心，如果联合王国继续解体的话，四个民族的历史是否还会存在。他认为历史学家作为记忆的保持者，有特殊的责任去保存记录，并加深对正在消失的世界的理解。他认为历史不应是政治的傀儡，研究历史最好的方法是反周期运作去评

---

① Helen Brocklehurst and Robert Philips, *History, Nationhood and the Question of Britain*, Palgrave Macmillan, 2004, p. 10.

价那些濒临遗忘的东西；也就是说，作为历史学家，要对英国的历史作精细的研究，而不应想当然。①

第六节　对英国人民族认同的变化的考察

在拉斐尔·萨缪尔看来，英国的民族意识是不定的，处于不断的变化之中，这种变化可以通过英国人对两件事情的不同态度反映出来。一件是1995年5月8日举行的欧洲胜利日（VE Day）庆典。对于这次具有历史意义的庆典活动，英国不同地区的不同人群所表现的态度不一样。在阿尔斯特（Ulster），这次庆典被新教徒当成是一次极好的表现对英国国旗忠诚的机会；而爱尔兰共和国的人们对这次庆典不予理睬；在苏格兰，尽管政府向人们紧急呼吁要忠实于团队，但人们对此还是十分冷漠，只有帕斯（Perth）有公众集会，在那里大约有5000人观看了第51高地师（51 Highlander）的分列式表演；在伦敦，成千上万的人结队进行大型的一日游，他们在海德公园进行野餐，即兴跳舞，进行分列式表演，举行空中飞行检阅，并举行盛大的焰火晚会；在爱丁堡，在1945年的欧洲胜利日时，那里和伦敦一样，街上的人群熙熙攘攘，人们通宵达旦地跳舞，而现在却极力避开这个庆典，而且洛锡安区地区委员会（Lothian Regional Council）甚至还拒绝承认5月8日是公共的节日；在卡尔顿山（Calton Hill）举行的烽火燃放仪式上（beacon-lighting ceremony），听不到风笛吹奏的声音，只有一个小小的军乐队和一小队立正站着的士兵，少量观众在旁边发出稀稀拉拉的欢呼声；而在汉普郡，（Hampshire）一个郡所举行的欧洲胜利日庆祝活动比整个苏格兰都要多，在海

① Raphael Samuel, *Island Stories: Unravelling Britain*, Verso, 1998, p. 37.

德公园的警务人员也比卡尔顿山要多。[1]

与上面形成鲜明对照的另一件事是在欧洲戛纳电影节上。电影《赤胆豪情》（*Rob Roy*）5 月 14 日在位于爱丁堡王子大街（Princes Street）的奥登剧院（Odeon cinema）公演，这成了一件轰动全国的事件。联合艺术公司（United Artists）花了一百万英镑用于该片的发行，邀请了 300 名外国客人，组织了一个凯迪拉克车队，精心策划了一台精彩的文艺演出。该片的导演迈克尔·卡顿－琼斯（Michael Caton-Jones）身着苏格兰方格呢短裙亲临现场为这次活动增色，众多国际名人随着《快乐的戈登》舞曲翩翩起舞。宣传片反复为《英雄本色》（*Brave Heart*）这部影片做广告，这是一部新发行的由爱尔兰制作的史诗般的影片，所描述的是苏格兰最伟大的烈士威廉·华莱士（William Wallace）的一生。苏格兰民族党也利用这个机会大肆招兵买马。[2]

通过人们对以上两件事的处理态度的鲜明对照可以看出，英国人的民族意识正在消失。欧洲胜利日是欧洲各民族摆脱纳粹蹂躏、重新获得独立和解放的日子。英国人在二战中遭到纳粹德国残酷的打击，付出了沉重的代价，在丘吉尔首相领导下经过艰苦卓绝的斗争才获得胜利；应该说，欧洲胜利日对英国人来说是十分重要的，是值得庆祝的，在某种程度上说，庆祝这个日子是英国人表现其民族性的一种重要途径。虽然英格兰和阿尔斯特等地对这个节日表现出极大的热情；但作为英国重要组成部分的爱尔兰和苏格兰等地却对这个日子表现冷淡，而他们对一部电影在欧洲戛纳电影节上的公演却如此关心和热衷，这表明这些地区的人们作为英国人的民族意识正在淡化。这不禁使拉斐尔·萨缪尔认识到英国正处于解体之中，与这种解体相伴随的是统一的民族认

---

① Raphael Samuel, *Island Stories: Unravelling Britain*, Verso, 1998, p. 43.

② Raphael Samuel, *Island Stories: Unravelling Britain*, Verso, 1998, p. 43.

同感的消失。因此，他不断地发出感叹说，英国（Britain）是一个未来极不稳定的词，作为一种具有象征意义的资本的源头，英国的信誉似乎已经丧失殆尽。他甚至还担心，如果联合王国继续解体的话，那么“英国”（Britain）这个词可能会像“苏联”之于1989年后的俄罗斯那样，成为一个废词。[①]

（一）两次世界大战期间英国人的民族性

拉斐尔·萨缪尔认为英国人的民族性处在变化之中，而这种变化在第二次世界大战前后表现得最明显，甚至形成极度的反差。他认为，在两次大战期间，英国人有一个统一的民族认同感，民族主义高涨。这种民族主义总的表现形式就是“光荣孤立”（splendid isolation），具体表现在政治、文化、经济、艺术等方面。

在政治上，在保守党领袖鲍德温（Baldwin）及其继任者张伯伦（Chamberlain）担任首相期间，英国流行保守党的“小英格兰主义”（Little Englandism），置身于欧洲的政治事务之外。受独裁者威胁的捷克斯洛伐克，在英国决策者们的眼中不过是“我们知之甚少的遥远的国家”，“寂静主义”（Quietism）是防范那个时期动乱和新的世界大战威胁的唯一办法。人们认为，同欧洲的动荡不安相比，英国是唯一安全的地方。1934年英国开始实行重整军备，这标志着英国更进一步退出欧洲事务，以及对国联不再抱有幻想。这时，英国人对各种各样的外国人都心存怀疑。辛普森夫人（Mrs Simpson）之所以在英国不受欢迎，原因之一是她是美国人。外国人即使不被看成是凶险的人的话，那也被看成是幼稚的民族。他们就像是1938年希契科克（Hitchcock）的电影《失踪的贵妇》（*The Lady Vanishes*）中所描述鲁里坦的

① Raphael Samuel, *Island Stories*: *Unravelling Britain*, Verso, 1998, p. 42.

农民（Ruritanean peasant）和旅店老板那样，"说话的样子可笑"。英国虽试图给他们提供保护，但他们无论是在政治上还是在智力上都没有把他们当回事，因为英国是在欧洲唯一敢笑谈希特勒愚蠢的国家。[①]

在文化上，拉斐尔·萨缪尔认为，文化民族主义是 20 世纪 30 年代文学中不可避免的潜台词，也是写作和电影纪录片运动（documentary movement）的主旨。这种文化民族主义可以从作家普里斯特利（J. B. Priestley）身上看出来。普里斯特利在其著作《英格兰之旅》（*English Journey*）中宣称，他自己也有"一点爱国心"，并希望自己能出生得更早些，以便可以成为小英格兰人。普里斯特利说："'小'这个词听起来十分亲切，我喜爱的是小英格兰。而且我认为，我自己非常不喜欢大英格兰人，在我看来，大英格兰人是红脸的、喜欢大声嚷嚷的家伙，想指挥世界上的所有人。"他还说："直到我返回英格兰后，我才发觉这个世界是疯狂的"。因此他在著作的结尾说："宁愿作为最后一个文明民族去死，也比卑贱且野蛮地活着强"。[②]

在经济上，拉斐尔·萨缪尔认为，经济民族主义是 20 世纪 30 年代英国的一个特点，它加强了英国孤立的趋势，突显了国内投资的重要性，将外国产品挡在国门之外。他指出，早在 1932 年《渥太华协定》和英国转向帝国特惠制之前，英国的海外贸易就开始变得越来越自给自足：20 世纪 30 年代从殖民地和自治领的进口翻了一番，茶被提升为民族饮料，1924 年在温布利（Wembley）举行的英帝国博览会（British Empire Exhibition）以及帝国行销董事会（Empire Marketing Board）的活动有助于形

① Raphael Samuel, *Patriotism: The Making and Unmaking of British National Identity*, Volume Ⅰ, Routledge, pp. xxii – xxiii.

② Raphael Samuel, *Patriotism: The Making and Unmaking of British National Identity*, Volume Ⅰ, Routledge, p. xxiii.

成帝国自给自足的观念。帝国的游船、在肯尼亚和罗得西亚的殖民地，男女童子军在海外的扩充，尤其是大众文学，这些都使人产生一种国内和海外的英国人紧密团结的亲切之感。这也许就预示着，当1939年世界大战爆发时，人们更关注的是英帝国的态度，而不是英国名义上的盟友欧洲的态度。[①]

拉斐尔·萨缪尔认为，“光荣孤立”是英国得以在1940年幸存下来的条件，在他看来，英国最荣耀的时期是它独自勇敢地面对法西斯侵略之时。这时，人们从不同角度表达出自己的民族情感。对具有帝国思想的温斯顿·丘吉尔（Winston Churchill）来说，这正是英国作为自由世界领导者实现其历史使命的时候，其他人则从本土主义的角度出发，将其看成是英国人取得荣誉的好时机。小说家奥威尔（Orwell）从反面赞扬英国人，他认为英国人之所以能够得到拯救，就是因为他们迟钝，这种迟钝体现在他们不能感受到危险降临，正是这种根深蒂固的迟钝，使他们优于外国人。普里斯特利（J. B. Priestley）在一次有名的广播讲话中说，敦刻尔克撤退是一次民主的即兴表演，这种表演只有从来没有失去进取心和个性的民族才能完成。它是一个办大事的民族自由创造精神的体现，纳粹分子从来就不会有自己的敦刻尔克。[②]

拉斐尔·萨缪尔认为，这时人们的爱国热情可以从电影、戏剧、文学等艺术表现形式中体现出来。从1938年的电影《失踪的贵妇》到战后的伊令工作室（Ealing Studios）制作的喜剧，再到普里斯特利和奥威尔笔下的人物形象中，都对英国人的民族性格极尽溢美之词：英国人宽宏大量、为人友善、谦虚谨慎、热爱

① Raphael Samuel, *Patriotism: The Making and Unmaking of British National Identity*, Volume Ⅰ, Routledge, p. xxiii.

② Raphael Samuel, *Patriotism: The Making and Unmaking of British National Identity*, Volume Ⅰ, Routledge, p. xxiv.

运动。他还举出了关于英国人的三种说法，这些说法给我们描述了英国人可爱形象。第一种说法最受人欢迎。这个国家生活着一群和蔼可亲的怪人，他们是“疯狗与英国人”（mad dog and Englishmen）的直系后裔，他们在中午时出门。第二种说法是这个国家本质上就是一个家庭，常常为一些无关紧要的事情争吵，但当危机来临时却能团结一致。第三种说法来自新教徒和贵族。这个国家的人是些个人主义者，他们喜欢我行我素。总之，耿直、朴素、忠诚、坦率、可靠、负责这些似乎都是英国人的品质中的精华部分。在人们的心中，英国人既是理想主义者，愿意为崇高的原则献身，同时又是非常现实、讲求实际；他们迷恋于传统，喜爱英格兰乡村的“不变的美丽”，喜欢田野旁边村舍的小巧。①

在拉斐尔·萨缪尔看来，这样的形象与英国人在第一次世界大战时期的形象形成鲜明对照。这种形象是反英雄（anti-heroic）的形象，英国民族被认为是爱好家庭生活的民族（domestic people），而不是优等民族；他们爱自己的家乡，不喜欢征服；他们的爱国主义是寂静的（quiet）；他们认为打仗是可怕的，即使是必要的时候也是如此；那种自嘲的幽默感是英国人的秘密武器，它是纳粹疯子无法理解的。按照在两次大战期间流行的说法，酷爱园艺是英国人独特的民族品质，是英国人在两次大战中形成的流行最广的休闲方式。斯特鲁布（Strube）的卡通画中的“小男人”是一个手拿剪草机的户主。奥威尔在其著作《狮子和独角兽》（*The Lion and the Unicorn*）中，将英国人描述成种花的民族，并将园艺作为这个民族喜爱私人生活典型例子进行论述。而且按照弗兰克·吉本斯（Frank Gibbons）的说法，园艺是英国人

① Raphael Samuel, *Patriotism: The Making and Unmaking of British National Identity*, Volume Ⅰ, Routledge, pp. xxiv – xxv.

的“寂静主义”的有力证据。[①]

拉斐尔·萨缪尔认为，在第二次世界大战期间，英国仍是世界上举足轻重的大国，是三巨头之一。它是欧洲沦陷区人们的希望，在其他国家屈服于纳粹的淫威或者变成其帮凶时，它勇敢地抵抗着纳粹的进攻。这时，英国人对自己国家的机构是绝对敬重的，这表现在威斯特敏斯特被看成是世界的榜样，是“议会之母”，是“法治”的圣殿，下院这个最典型的英国人的机构被认为是民族观念产生的摇篮。人们认为，白厅这个英国的最高政府机关是由国家最聪明的人运作的，这些具有“劳斯莱斯式头脑”的人们的勤奋程度也是久负盛名。伦敦，“这个英格兰以及帝国的首都”是“世界上最伟大的城市”，它是敌人主要的攻击目标，它在英国人民的心中享有特殊的地位。英国所有的党派都赞成计划经济，国家被毫无疑问地看成是大众利益的载体。大笨钟在战火中幸存，也被人们赋予了许多象征性的意义。1940 年 10 月这个纳粹德国实行闪电战最频繁的时期，英国 BBC 广播公司决定用钟声取代格林尼治报时信号，作为新闻播报的前奏。这时，BBC 广播就成了权威性的声音，它作为“标准英语”的国家级衡量尺度，比英国国教更具权威性，它是信仰和道德的守护者。这种民族的自豪感使平凡的英国人也能蔑视一切困难和强敌：防空掩体里的人们全然不顾坑道里的拥挤，冲着德国兵做出轻蔑的动作，计程车司机、女售票员和警察“照常上班”。在这种充满了民族英雄主义和乐观主义的氛围中，一切都被看成是民族勇敢的象征，连圣保罗教堂在战火之后能奇迹般地幸存下来这样的偶然的事情，也被看成是民族意志顽强的象征。[②]

---

① Raphael Samuel, *Patriotism: The Making and Unmaking of British National Identity*, Volume Ⅰ, Routledge, p. xxv.

② Raphael Samuel, *Island Stories: Unravelling Britain*, Verso, 1998, pp. 41 – 42.

拉斐尔·萨缪尔认为，英国在二战时期既是爱国主义高涨的时期，也是仇外情绪最浓的时期。外国人普遍受到怀疑和监视，犹太难民以及德国和奥地利的难民被有组织地抓捕起来接受审讯。当1940年6月意大利参战时，在英国的梭霍区（Soho）发生了针对意大利人的骚乱，在一些地区人们还对那些意大利商店扔石头。[①] 此外，令人奇怪的是，在战争以及战后的日子里，英格兰中心主义最明显的表现形式是对美国的歧视态度。在英国的中产阶级看来，美国人爱喧哗、庸俗、无知，需要英国人来进行教化。好莱坞电影、美国喜剧演员、美国歌手都被指责为腐蚀英国工人阶级的灵魂，降低他们的品位，向他们输入廉价的快乐。这种反美主义的情绪在那些进步论者、保守党人以及传统的右翼分子身上表现得也很普遍。不仅如此，高层政治领域也不乏这种反美情绪，英美之间是敌手的观念成为二战时期的副主题。[②]

拉斐尔·萨缪尔认为，在英国处于强盛时，在人们的眼中英国的一切都是美好的，英国不仅在政治、经济、军事方面在世界上处于领先地位，而且在自由、民主和法制方面也是最好的，英国被看成是其他国家效法的榜样。首先，当世界处于危险和动乱之时，英国却是安全的，警察可以不带武器执行公务；同时，它也是一个在法律统治下的稳定的、传统的社会。其次，英国议会下院是新独立的亚非国家所效仿的榜样。在保守党人看来，英帝国在国际关系方面是世界上所有国家中最成功的，英国是世界上最坚强的自由与民主的堡垒。工党的支持者则从福利国家的角度对英国进行赞颂，他们尤其称赞英国的

① Raphael Samuel, *Patriotism: The Making and Unmaking of British National Identity*, Volume Ⅰ, Routledge, p. xxvi.

② Raphael Samuel, *Patriotism: The Making and Unmaking of British National Identity*, Volume Ⅰ, Routledge, pp. xxvi – xxvii.

国民医疗服务制度。[①]

拉斐尔·萨缪尔指出，“光荣孤立”在英国从来就没有作为一个政策提出来，尽管如此，它却在20世纪30~40年代比以往任何时候都要实行得彻底；在20世纪40年代面对法西斯入侵时，则以一种非常壮观的形式表现出来。在此之前大约20年的准备时期里，英国已经在政治和经济上脱离了欧洲大陆。在他看来，造成英国“光荣孤立”现象的原因有两方面。一方面是经济上的民族主义。他指出，从1940年英国背弃欧洲大陆到20世纪70年代英国加入欧洲经济共同体这段时间里，英国政治中的常识是经济民族主义。这种经济民族主义在战争期间的经济封锁以及战后的艰苦环境中得到加强。经济民族主义还表现在文化产业上。到1950年，英国通过关税保证了国产电影的上影率达到40%，从而使英国电影成为“民族的电影”（national cinema）。外汇管制、资金匮乏给出境旅游造成极大的限制。另一方面的原因是对外国的深深的怀疑心理，直到1960年，大多数英国人宁愿在国内度假，其原因是害怕到其他地方会食物中毒。[②]

（二）英国统一民族认同的瓦解

科瑞利·巴雷特（Corelli Barrett）在著作《英国权力的衰落》（*The Collapse of British Power*）中，将英国开始衰落的年代定为1940年。因为他认为，那时英国为了打一场全面的战争，将自己的未来抵押给了美国。针对科瑞利·巴雷特的论述，拉斐尔·萨缪尔提出了自己的观点，他认为在公众心目中英国衰落的起始年代应该是20世纪70年代。因为在工党的支持者们看来，

---

① Raphael Samuel, *Patriotism: The Making and Unmaking of British National Identity*, Volume Ⅰ, Routledge, pp. xxvii – xxviii.

② Raphael Samuel, *Patriotism: The Making and Unmaking of British National Identity*, Volume Ⅰ, Routledge, p. xxviii.

直到1976年从国际货币基金组织贷款以及卡拉汉（Callaghan）政府倒台时起，英国才开始衰落。在军事方面，1940年英国的军事力量还很强，能独自抗击纳粹的进攻；在外交上，从1943年的德黑兰会议到1955年的日内瓦会议，英国作为三巨头之一都有一席之地，而且在安理会这个联合国的内阁中占据永久的席位；在政治上，直到20世纪60年代，英国都还是帝国的母国，英联邦国家的面积占地球总面积的五分之一，其人口占全球人口的四分之一；在经济上，借用1955年发行的《英国，官方手册》（*Britain*，*an Official Handbook*）的话说，生活水平是世界上最高的，英国是伟大的出口国，是工业的龙头，技术领域的开创者，是世界上的三巨头之一，1955年约有一半的世界贸易是用英镑交易的。[①]

拉斐尔·萨缪尔认为，随着英国的衰落，英国人对自己民族的看法发生了根本的改变，作为英国人不再被认为是一种优势，而更多地意味着无能；个人价值观也发生了变化，在成本效益分析的强光下，每一种职业都似乎是多余的，是国家的负担，而不是对集体福利的贡献。在整个世界范围内，人们没有了作为英国人的那种“兴奋感”，尽管左翼分子仍然号召英国成为“道德”领袖，右翼分子对展示国家的力量再次表现出了热情，但随着帝国的解体，英国人作为特选民族的观念没有继续留存下来。由于英国人不再将自己的民族与伟大、崇高等字眼联系起来，就导致了英国人“对爱国主义的逃避”（retreat from patriotism）。[②] 拉斐尔·萨缪尔认为，对爱国主义的逃避从下面的现象中反映出来。

---

① Raphael Samuel, *Patriotism: The Making and Unmaking of British National Identity*, Volume Ⅰ, Routledge, p. xxvii.

② Raphael Samuel, *Patriotism: The Making and Unmaking of British National Identity*, Volume Ⅰ, Routledge, p. xix.

第一，在戏院播放国歌时，观众们不再像1931时那样站立起来，更不用说放声歌唱了。过去在庆祝游行开幕的两星期时间里，王室会光临特鲁里街的舞台，这曾让人热泪盈眶，同时也在人群中掀起了一股爱国主义热潮。现在王室的光临仍然能博得人们的好感，然而人们赞美它并非因为它的高贵，而是因为其适应能力，吸引公众注意力的不是那些有关君主王朝之类的政治事件，而是王室家庭中的个人琐事。①

第二，国籍不再像1931年时那样被看成是理所当然的事，相反，近三个世纪以来，它成为英国政治的暴风眼，这显然与新联邦的移民与英国加入欧洲经济共同体有关。也许“英国的衰落”不再像汤姆·奈恩（Tom Nairn）在其书中所描述的那样成为一个急迫的政治日程，但是，北爱尔兰的内战已经打了近20个年头，南部和北部这“两个民族”之间的差异现在成为政治分歧的主轴。这种分歧覆盖了基于意识形态或者阶级之间的差异所造成的对立，各处少数民族的认同似乎比多数民族的认同更加彰显。左派坚持“好战的特殊神宠论”（militant particularism），右派主张私有化，但他们双方都没有主张将民族作为一个有机的整体。新的多元主义对各种集体的忠诚提出质疑。这些集体的忠诚不仅包括狂热的爱国主义，而且还有其他形式的支撑民族观念的集体归属感，如宗教从属关系、阶级忠诚、公共服务道德体系。总之，在拉斐尔·萨缪尔看来，现在的身份认同不是通过相似性表现出来，而是通过差异性来得到声张。②

第三，学校不再成为培育爱国主义的温床，在帝国纪念日（20世纪40年代更名为联邦纪念日），不再有童子军在英国国旗

---

① Raphael Samuel, *Patriotism: The Making and Unmaking of British National Identity*, Volume Ⅰ, Routledge, p. xix.

② Raphael Samuel, *Patriotism: The Making and Unmaking of British National Identity*, Volume Ⅰ, Routledge, pp. xix – xx.

前敬礼，或者穿着印度人和非洲人的服装。学校不再教授“伟大的文学”（great literature）来鼓舞人们的斗志。在学校的集会上，学生也不再齐声朗诵英雄的诗篇。在地理课上，地图上不再涂有英国的红色，粉红色代表加拿大和澳大利亚，红色代表印度以及殖民地，条纹则代表保护国。那些具有帝国观念的教师不再指着海外领土说这是“我们的”。历史课所讲授的不再是“伟大的英国人”（Great Englishmen）的故事。历史课也不再在“公民学校”（school for citizenship）的头衔下进入学校的核心课程中。在“综合研究”（integrated studies）中，历史的观念被抛弃，学校不再举行崇敬国家的仪式，在很多学校，早晨的集会也被取消了。①

第四，拉斐尔·萨缪尔认为，对民族观念构成损害的还有基督教国教会的解体。他给我们描述了50年前英国人对待宗教的态度。那时，英国还有新教的章程之类的东西存在，天主教徒在某种意义上说仍是次等公民，他们要遭受现在针对互济会会员或者“左派疯子”（loonie Lefties）那样的黑暗恐怖（Dark fear）。犹太人公开遭到仇恨和鄙视。英国国教是具有公共权威性宗教，各种显要人物都要借重它的名气：校长们在学校集会时要朗读一段《圣经》，童子军团长主持宣誓仪式，监狱牧师是法律的左膀右臂，随军牧师是军官们的代表，教会阅兵式是军队中规定的项目，牧师在人们的日常生活中无处不在。总之，教会参与了全部的权威性仪式，以至于在20世纪50年代那些“当局”把教会作为统治阶级的通用隐喻似乎是合情合理的。②

而现在英国人对宗教的态度大为不同：宗教不是被看成是超民族的东西，就是被看成是狭隘的东西；信奉罗马天主教的比信

① Raphael Samuel, *Patriotism: The Making and Unmaking of British National Identity*, Volume Ⅰ, Routledge, p. xx.

② Raphael Samuel, *Patriotism: The Making and Unmaking of British National Identity*, Volume Ⅰ, Routledge, p. xxi.

奉英国国教的人要多；此外，还有一半人信奉伊斯兰教、印度锡克教以及印度教。基督教的扩大也主要是通过脱离、独立或者圣灵降临节集会的方式实现的，其结果是在英国出现了大约200个或者300个独立的黑人教会。而在英国主要的黑人教会“上帝的新约教会”（the New Testament Church of God）的总部设在美国田纳西州（Tenessee）的克里夫兰（Cleveland）。在美国，它是一种白人复兴主义的教会，它之进入英国是一种后移民现象。另一个主要的教会“预言上帝教会”（the Church of God of Prophecy）也是这样。在20世纪60年代反文化之后，东方的宗教拥有了一批信徒，那些每年聚集在巨石阵和格拉斯顿伯瑞（Glastonbury）的自然神秘主义者们自称是异教徒。英国的国教本身也在某种程度上变成了跨国的宗教，唯世界基督教协进会（the World Council of Churches）或者美国的圣公会教派的马首是瞻。国家和教会之间没有像20世纪20年代和30年代那样抛弃歧见，相反，它们似乎更积极地寻机扩大分歧。卫理公会和苏格兰的基督教会也起而仿效。总之，在拉斐尔·萨缪尔看来，宗教似乎更表现出和国家权力的疏离，而不是将国家权力神圣化。他指出，20世纪50年代时，“政教分离”还是个热点问题，而现在却很难激起人们的议论，实际上，政教分离已经成为现实。①

拉斐尔·萨缪尔认为，英国人的爱国主义消退的第五个方面是“公共精神”（public spirit）的衰竭，这和20世纪40年代形成鲜明的对照。在他看来，就如同公共服务的伦理（public-service ethic）一样，这种“公共精神”的正面作用，是将责任、义务、牺牲以及世俗化的为了崇高事业而舍己为人的观念神圣化；其负面作用，是给那些像“性变态”（sexual pervert）那样的越轨行

① Raphael Samuel, *Patriotism: The Making and Unmaking of British National Identity*, Volume Ⅰ, Routledge, p. xxi.

为打上“反社会”（anti-social）的烙印。此外，它还可以作为一种日常生活行为的范式，因为食物对你有益处，所以你要吃食物；你要到空气“清新”（bracing）的地方去旅游，你得去乡间进行振作精神的散步；在穿着打扮上，“好的体型”（good form）比性爱更重要。这就是20世纪40年代的公共精神。然而，时过境迁，风尚迥异，现在无论是公共生活还是私人生活都是极其隐秘的，极其平常的活动也被看成是秘而不宣的隐私。“说话不小心会让人丧命”（Careless Talk Costs lives）这句战争时期情报部门熟记于心的格言，现在成为了人们公认的禁忌语。在公开场合大声说话被认为是“庸俗的”或者“粗鲁的”，守口如瓶则被视为一种礼仪。①

第六，在拉斐尔·萨缪尔看来，英国人民族情感丧失的最显著表现，是“英国人是最棒的”（British is best）观念的消失。在20世纪30年代，尽管像煤炭和棉纺这样的主要工业部门出现萎缩，但是英国生产商在国内市场上几乎占据垄断地位，且在一些领域占有世界上的绝对优势。“英国制造”的标签本身就是一种耐用、优质的象征，尤其是劳斯莱斯汽车“这种世界上最好的汽车”是完美、精致的象征。剃刀都被广告宣传为“全英国式的”，剪草机也是一样。位于斯温登（Swindon）的大西铁路工厂（GWR works）制造的火车机车是世界上最好的。轮船在“玛丽女王”号的生产地克莱德河（Clyde）下水，被看成是具有国际影响的事件。伦敦西部新的飞机厂训练的航空兵是举世无双的。位于下摄政街（lower Regent Street）的利利怀特商店（Lillywhite's）是“世界上”最大的体育用品商店。奇亚欧拉（Kia Ora）牌橘子水是“世界上最好的”橘子水。英国的消化

---

① Raphael Samuel, *Patriotism: The Making and Unmaking of British National Identity*, Volume Ⅰ, Routledge, pp. xxi – xxii.

饼干（digestive biscuit）行销全球。[①]

（三）向多元文化主义转向

拉斐尔·萨缪尔认为，随着英国统一的民族认同的瓦解，爱国主义不再是一种具有统治地位的激情，而成为一种偶然的情绪，当受到刺激时很快就会复活，但平时却处于休眠状态。它不再与伟大、服务、牺牲连在一起，也不再将准宗教的抱负作为一种神圣的义务来践行。他指出，就工业和帝国来说，在进行政府干预的年代里，英国的实力就已经衰落。在他看来，英联邦这个辽阔的帝国的遗留物不过是一种历史的纪念品，它再也不能像20世纪60年代那样成为施展虚假霸权的竞技场了。它对于英国现在的政府来说，与其说是一种力量之源，还不如说是一种麻烦。英国不再是一个贸易和工业强国，其人均收入相继被挪威、冰岛、芬兰、荷兰、比利时等国家超过。[②]

在他看来，英国从帝国的后退并没有回到以前的“光荣孤立”中去；相反，他认为，英国先后从政治和经济上背弃帝国的时期，也正好是“小英格兰主义”或者“光荣孤立”不断受到破坏的时期。在《罗马条约》限制下，英国议会的权力让渡给了欧洲经济共同体（EEC），从此，多国公司把持着经济的方向；国防交给超国家的权力负责；世界银行和国际货币基金组织在确定国家经济政策的方向上比财政部（Treasury）和伦敦城（the City）作用更大；保护性关税的降低将国内市场向外国商品开放。[③] 这

① Raphael Samuel, *Patriotism*: *The Making and Unmaking of British National Identity*, Volume Ⅰ, Routledge, 1989, p. xxii.

② Raphael Samuel, *Patriotism*: *The Making and Unmaking of British National Identity*, Volume Ⅰ, Routledge, 1989, pp. xxviii – xxix.

③ Raphael Samuel, *Patriotism*: *The Making and Unmaking of British National Identity*, Volume Ⅰ, Routledge, 1989, p. xxix.

些在瓦解英国人统一的民族认同的同时，也促使其向多元文化主义方向转移。在拉斐尔·萨缪尔看来，英国的多元文化主义主要表现在以下方面。

第一是国家的权威的衰落，当权者地位的动摇，以及以牺牲公共利益来保证私人的利益。他指出，政治上的左右两派都将“个人自由”奉为最大的善，公共开支现在被指责为财富的沉重负担。英国自从1976年从国际基金组织得到贷款后，公共开支就被看成是经济的累赘，同样，公共部门的就业被看成是对国家资源的消耗，国家干预和管制经济的观念已变得声名狼藉，公共服务的观念越来越受到人们的怀疑，与“管制”政策相反的是政府不断地宣扬减少国家经济干预的优点。总之，在拉斐尔·萨缪尔看来，这些变化累积在一起使人们对公共服务的观念产生了质疑，公共服务不再被看成是一种世俗的利人主义，而是一种隐藏的假公济私。行政事务这种曾在20世纪40年代极受公众敬重的工作，现在却受到政府自己的蔑视。①

第二是支撑民族观念的团队忠诚和组织归属感的削弱。他指出，在曾经是密不透风的行政事务领域，现在已是漏洞百出。费用支出的部门和财政部之间，政府和白厅（Whitehall）之间公开地进行你争我斗。英国广播公司（BBC）中那些曾经是隐秘的东西不断地被曝光出来，节目的主要制作人也被赋予独立的个性。信息自由或者说信息泄漏的现象现在已经泛滥到伦敦警察部队的各个部门。②

第三是民族团结的观念失去了其想象的力量。各个政治党派不再以追求“两党”或者“共识”（consensus）的政治而自豪。

---

① Raphael Samuel, *Patriotism*: *The Making and Unmaking of British National Identity*, Volume Ⅰ, Routledge, 1989, p. xxix.

② Raphael Samuel, *Patriotism*: *The Making and Unmaking of British National Identity*, Volume Ⅰ, Routledge, 1989, pp. xxix – xxx.

保守党这个传统上最具“民族性”的政党，迫不及待地寻找其他的关系来捍卫自己的政策。教会和政府似乎都在寻求时机来展现它们的分歧。公共部门在无线电波方面不再享有垄断地位，它们也不再寻求用共同的声音说话。学校也用多元文化主义建立一整套教学法。①

第四，在拉斐尔·萨缪尔看来，多元文化主义也表现在统一的“民族”（the people）观念受到质疑。他指出，劳资双方不再成为敌对的两大阵营，取而代之的是更多具体的群体之间的分野，如老年人与年轻人的对立、男性与女性的矛盾、城市中心与城市外围之间的龃龉。由于移民和定居，第三世界的人们有机会进入英国大都市的中心地区，这样就使英国人是同一民族的观念不可能站住脚。南北之间的差别成为政治分裂的主轴，这种差别掩盖或者加大了基于社会阶级的差别。少数民族的认同感比多数民族的认同感表现得更强烈。在这种情况下，英格兰的“英国人风格”（Englishness）难以找回；英格兰人的“矜持”（reserve）不再具有示范作用；同时失去的，还有曾经在20世纪40年代民族浪漫故事中被定为英格兰人的决定性特征的“绅士派头”（gentleness）的品质，以及对法规的遵从。②

第五，拉斐尔·萨缪尔认为，多元文化主义的另一突出表现是曾经作为一种国家情感的反美主义的消失。他指出，尽管有北大西洋公约组织以及英美联盟的存在，反美主义情绪在20世纪50年代仍然非常强烈，而且在苏伊士运河事件后，还曾成为保守党维护团结的纽带，成为工党左派所要求的“社会主义外交政策”（Socialist foreign policy）中的主导因素。但是，30年以后，

---

① Raphael Samuel, *Patriotism: The Making and Unmaking of British National Identity*, Volume Ⅰ, Routledge, 1989, p. xxx.

② Raphael Samuel, *Patriotism: The Making and Unmaking of British National Identity*, Volume Ⅰ, Routledge, 1989, p. xxx.

美国的文化和商业毫无阻碍地渗入英国，更有意思的是，没有任何人对此表示憎恶。“中大西洋”（Mid-Atlantic）口音在20世纪50年代首次在商业电视上出现时曾激起人们的嘲笑，现在却通俗化为流行歌曲的歌手和唱片音乐节目主持人（disc jockey）正常的语音。“不拘礼仪”（informality）已经被人们普遍接受，以至于电视节目主持人对那些政治权贵们也直呼其名。当然，政府也急不可耐地和美国保持一致，不仅在外交政策上唯美国马首是瞻，而且还在追求“企业文化”（enterprise culture）方面要与美国整齐划一。在追随美国文化方面比保守党右翼的大西洋主义（Atlanticism）做得更出格的是英国左派的美国化，尤其是20世纪60年代和70年代的“新潮”部分。很多今天看来是英国的社会主义的东西，特别是有关女权主义、反种族主义、“另类的”（alternative）的生活方式，都不过是改换了名称的源自美国的激进个人主义而已。①

第六，在拉斐尔·萨缪尔看来，多元文化主义还表现在人们的衣食住行方面。在饮食方面，民族的食品不复存在。埃利斯顿·阿伦（D. Elliston Allen）在调查报告《英国人的品味》（*British tastes*）中所说的“对鲱鱼的出奇的爱好”（curious passionfor herrings），现在似乎已荡然无存；肯德基的炸鸡比腌熏腓鱼更容易买到；在越来越多的家庭的餐桌上，“美味的英式早餐”（solid English breakfast）已经让位于大陆的果汁、牛奶什锦早餐和脆饼干。在服饰方面，多元文化主义处于上升之势。英国人自己制作的纺织品，像哈里斯粗花呢（Harris Tweed）或者设得兰套头衫（Shetland jumper）越来越因为其具有“民族”特点而值钱，并且大部分被游客买走；而英国人自己无论是出于款式

---

① Raphael Samuel, *Patriotism: The Making and Unmaking of British National Identity*, Volume Ⅰ, Routledge, 1989, pp. xxx – xxxi.

或者廉价的原因，都以穿国外的服装为时髦。今天，英国的男士不戴圆顶硬礼帽了；英国妇女们的“那些寒酸的衣服”（those frumpish garment）开襟羊毛衫已经让位于垫肩、紧身窄裙（pencil skirt）以及像“王朝”（Dynasty）、“达拉斯”（Dallas）这样的外国品牌的高跟鞋；运动服也学欧洲电视网的样子，而不是从温布尔登（Wimbledon）或者上院（Lords）的样子，也已经完全国际化了；“阿迪达斯”（Adidas）的巨大的德意志帝国几乎垄断了整个箱包市场。在澡堂里，芬兰或者日本式样的毛巾浴衣正在取代英国的晨衣。在海滩上，性感的绸缎短裤取代了用卡其布（Khaki drill）织成的短裤。室内设施方面也受外国的影响，安装在英国大多数家庭中的中央取暖设备取代了“深深的英国的……气流调节装置”，使房间里适合摆放各种热带的奇花异草。①

此外，拉斐尔·萨缪尔认为，英国在向多元文化主义转变的同时，英国的资本主义像其他西方国家的资本主义一样变得更加游牧式了；也就是说，资本主义更具有国际性。他们经营跨国公司，甚至还制定了自己的外交政策。制造商将他们的产品欧化，在国内和国外同时推销他们的产品。农场主生产的产品也是为了满足欧洲市场上定额的需要，像汉森托拉斯（Hanson trust）这样的控股公司，实行的是洲际间的经营模式。英国当时的三大支柱产业——石油、金融和旅游都是跨洲经营的，并允许外商投资经营。首都伦敦也国际化为世界上两大金融中心之一，它抛弃了英镑，将自己变成东京和纽约之间的中转站。②

---

① Raphael Samuel, *Patriotism: The Making and Unmaking of British National Identity*, Volume Ⅰ, Routledge, 1989, pp. xxxi - xxxii.

② Raphael Samuel, *Patriotism: The Making and Unmaking of British National Identity*, Volume Ⅰ, Routledge, 1989, p. xxxi.

（四）向私人生活回归或者崇拜平凡

拉斐尔·萨缪尔指出，不管民族的观念如何不确定，它都深深地扎根于无意识的政治之中，当危机到来时，它又恢复生机，以证明其持续性的力量。民族再生的幻想仍旧是政治上花言巧语的惯常内容，“我们受到威胁的价值观”也仍旧是报刊社论以及专家们喜欢谈论的主题。这就是说，尽管英国统一的民族认同已经解体，但民族和民族主义仍旧阴魂不散，并被统治者所利用成为其推行内外政策的工具。

首先，民族和民族主义往往成为政府应对危机的手段。拉斐尔·萨缪尔指出，政党领袖不管他们是什么样的人品，也不管他们是何性别，常常以民族品格的代表自居，他们被其支持者赞誉为当代英国人的化身。1588 年西班牙无敌舰队覆灭的时间和 1940 英国独自抗击独裁者的时间，都被定为民族日历中神奇的日子。只要国家出现危机，不管这种危机是经济方面的还是国防方面的，也不管危机所威胁的对象是国王的臣民，还是那些在其他时候被称为贱民的海洛因毒犯和足球流氓，民族的幽灵就会再次被政客们呼唤出来以应对危机。在拉斐尔·萨缪尔看来，撒切尔夫人当政期间，英国和阿根廷之间的福克兰之战就是一例。撒切尔夫人就是以“亲戚和朋友”（kith and kin）的名义，派远征舰队攻入远在大西洋南部的马尔维纳斯群岛（福克兰群岛）。[①]在撒切尔夫人及其幕僚的眼中，将 500 名拉丁美洲水手淹死是民族的胜利，英国士兵的牺牲是民族的伟大复兴。[②]

其次，政府还利用民族和民族主义实行盲目排外的政策。当

---

① Raphael Samuel, *Patriotism*: *The Making and Unmaking of British National Identity*, Volume Ⅰ, Routledge, 1989, p. xxxiii.

② Raphael Samuel, *Patriotism*: *The Making and Unmaking of British National Identity*, Volume Ⅰ, Routledge, 1989, p. x.

国家处于道德的困境，或者当贩毒、“恐怖录像片”以及艾滋病这样的威胁公共健康的事情发生时，政客们照例将这些归咎于外国的影响以推卸自己的责任，实行排外主义政策。在科学幻想小说中，外国人被描述成居住在外层空间的凶险的动物；在侦探小说中，他们是危险的特务；在电视剧里，他们就像斯塔夫罗斯（Starvros）这个“富得流油的”希腊人那样，是滑稽可笑的人。作为动员口号的反美主义虽然已经消失了，但是美国仍然被描述成腐败的源头。政府所任命的电视监察员的主要任务是将美国影片排斥在外。尽管英国的报刊喜欢在欧洲甚至在世界上刺探隐私，但对隐私的侵犯仍被认为是不符合英国风格的。甚至在排外政策的指引下，城市暴动这个民族生活中古老的传统，现在也被诬蔑为外来的。[①]

再次，民族和民族主义还成为政府推行种族主义政策的工具。在新联邦移民的影响下，英国人是海岛民族的观念又死灰复燃。这通过英国政府制定的一系列移民法反映出来，这些法律对移民实行严格的限制，使移民英国比历史上任何时期都要难。在这些移民法的基础上，1971 年希思政府又增加了一些限制条款，这些条款郑重地宣布了血统上纯正的英国人才是英国的合法居民。这样，种族成为民族的最根本的象征，尽管在大多数情况下，这只是一种非官方的象征；也就是说，政府没有明确宣布实行种族主义，然而在实际上，种族成为衡量社会差别的尺度，在衡量社会差别时，肤色优比阶级更重要。不仅如此，种族也成为经常出现的城市空间的争夺、生活和工作上的竞争以及操场和街道上对垒的一条界限，成为获得新生的英国民族主义的核心。拉斐尔·萨缪尔认为，这种种族的民族主义可能会借用白人优越论

---

① Raphael Samuel, *Patriotism: The Making and Unmaking of British National Identity*, Volume Ⅰ, Routledge, 1989, p. xxxiii.

的话语，然而，它不是帝国情结的残留物，而是一种防御性的歇斯底里症，像鲍威尔主义（Powellism）那样，这种歇斯底里症的症状是将本地人描述成濒临灭绝的种族。拉斐尔·萨缪尔还指出，英国民族阵线成员的不合时宜的服装标志，如靴子、吊带裤、无领衬衫以及罪犯模样的发型，不是一种优等民族的架势的显露，而是迷失了的工人阶级阳刚之气的另一种表达方式。他认为，当今那些英国民族主义的捍卫者——飞行足球迷们的标志也属于这种情况。①

拉斐尔·萨缪尔认为，英国政府不仅利用民族观念对外推行扩张政策，而且还将民族这股力量引向国家内部，用来镇压下层民众的反抗以维护其统治。在他看来，民族观念的不确定性使它恢复了其在民众心目中的魅力，尽管恢复了生机的民族主义只具有防守性，而不具有进攻性，但它仍然受到人们的喜爱，尤其是受到保守主义者的青睐。在撒切尔夫人想象中的道德舞台上，罢工纠察队员、社会福利的领取者、吸毒人员、破坏公物分子、“拦路抢劫犯”、“游手好闲的人”都是民族的敌人，社会要永远和这些敌人做斗争。和其他人一样，撒切尔夫人把“英国人的特性”说成是集体的品质，把“英国人的本能”当成是永恒不变的。在拉斐尔·萨缪尔看来，撒切尔夫人话语中的“英国人的特性”不过是给那些处于威胁中的品质正名，而她的整个政治纲领也正是基于这样一种理念，即这些品质正濒临消失，曾经“整洁而有序的”英国正在被“肮脏”、“凌乱”以及“每日的粗鲁”所笼罩。② 可以看出，拉斐尔·萨缪尔对撒切尔政府是持批评态度的，而他的批评也是具有针对性的。也许在一般人看来，撒切

---

① Raphael Samuel, *Patriotism: The Making and Unmaking of British National Identity*, Volume Ⅰ, Routledge, 1989, pp. xxxiii – xxxiv.

② Raphael Samuel, *Patriotism: The Making and Unmaking of British National Identity*, Volume Ⅰ, Routledge, 1989, p. xxxiv.

尔夫人是一个精明强干的女人，是“铁娘子”；她当政时期的一系列政策扭转了英国经济的颓势，医治了“英国病”，改变了英国的“欧洲病夫”的形象。然而在实际上，她的政策造成了两极分化以及普通百姓生活的困窘，从而引发了多次工人罢工。撒切尔政府把工人罢工看成是比外敌入侵更难对付的“内部存在的敌人”，“是对自由更大的威胁”，[①] 从而进行残酷镇压。作为一名工人阶级的史学家，拉斐尔·萨缪尔当然是站在工人阶级的立场上，他对工人的罢工斗争给予了同情，对撒切尔政府所推行的“道德经济”政策、尤其是撒切尔提出的“维多尼利亚价值观”进行了无情的抨击。他在《海岛的故事：解体中的英国》中指出：撒切尔夫人鼓吹“维多利亚价值观”不过是为了唤回失去的天真；她将过去的英国描述成父亲严格、子女懂礼貌以及流氓闻所未闻的社会，是为了对付 1981 年因失业和贫困问题酿成席卷托斯特斯（Toxteth）和布里克斯顿（Brixton）的城市大暴动；她复兴统一的民族神话，是为了对付多元文化主义。[②]

拉斐尔·萨缪尔认为，英国人虽然丧失了对统一的民族国家的认同，但仍有一些认同保留了下来，并获得新生。这主要表现在以下几个方面。

首先，拉斐尔·萨缪尔认为，随和、包容、善于妥协这些作为一个“开放”社会的特点，仍然留存在英国人对自己民族的看法中。他以最近 30 年来流行的新的艺术形式肥皂剧为例说明人们比以前更具有包容心。这些肥皂剧提供了大量的像狄更斯小说中的“人物”那样的人们所熟悉的社会和道德的典型，并将它们以连续剧的形式播放出来，以此来复兴古老的观念。这种观念用一句谚语说就是：“林子大了什么鸟都有”（it takes all sorts

① 李柏槐：《英国首相撒切尔夫人》，四川人民出版社，1998，第 207 页。

② Raphael Samuel, *Island Stories: Unravelling Britain*, Verso, 1998, p. 337.

to make a world）。比如，电视剧《东区居民》（*East Enders*）中，同性恋者是当然的“社区”成员，亚裔的店主被提升为浪漫主义的领袖，相比之下，阿尔伯特广场（Albert Square）上的那个孤独的种族主义者被看成是无赖。为了能继续看下去，观众必须要有包容心，要看到婚姻纷争中的两面性，以此来证明自己在面对具有叛逆性格的年轻人时的豁达胸襟。它促使人们对那些一向令人无法忍受的行为给予同情，去为现实生活中的丑闻辩解，重视那些情有可原的因素，不进行评价，而是给予同情。这样，即使那些固执的、自命不凡的观众也很乐意成为公正的人，自由主义者也被邀请来扮演不切实际的治疗专家。①

其次，保留下来的是英国人对自己的国家是“仁慈的”社会以及英国人是“世界上善良的人”的观念认同。拉斐尔·萨缪尔指出，由于英国人在民族生活中对自愿原则的尊崇，因此，20 世纪 40 年代以贝弗里奇报告（Beveridge Report）以及国民医疗服务制度形式所确立的英国是“仁慈的”社会，以及英国人是“世界上最善良的人”的观念，今天更加为人们所认可。残疾人就业机会的扩大，热线服务电话的增加，以及像撒马利坦会（Samaritans）和戒酒无名会（Alcoholics Anonymous）这样的战后基金会的长盛不衰等，都证明了这一点。这些自愿组织的协会以世俗的方式将人们组织在一起，承担了以前属于宗教范围的事务。在拉斐尔·萨缪尔看来，尤其重要的是，这种慈善形式能安然无恙地躲过撒切尔政府对慈善事业的削减，成为幸存下来的几个“世俗化的英国国教”形式之一。慈善事业在 20 世纪 60 年代迅速发展，到 80 年代达到高峰，注册登记的慈善企业的营业额在六年内增长了 75%，从 1981 年的 72.9 亿英镑增长到 1987 年

① Raphael Samuel, *Patriotism: The Making and Unmaking of British National Identity*, Volume Ⅰ, Routledge, 1989, pp. xxxiv – xxxv.

的 126.5 亿英镑。拉斐尔·萨缪尔更赞赏非官方的层面的慈善行为，即在工厂、街区以及酒吧以买彩票、募捐以及筹资形式进行的慈善活动，这种慈善活动是工人阶级进行社交的基本形式，实际上是一种在非常不利的环境下发展起来的“友好福利”(friendly benefit) 形式。他认为，这种在普通民众中开展的慈善活动的象征意义大于其实际达到的目标，它表明：即使人们对民族团结心存疑虑，但人道主义的冲动仍在“社区”中存在。①

在拉斐尔·萨缪尔看来，第三个保留下来的认同是英国人的园丁的形象。这种形象来自悠久的传统，但由于业主自用房屋制度的扩大以及人们对住房“装修”的愤怒而得到急剧的发展。拉斐尔·萨缪尔认为，这种民族爱好的产生是出于对高楼大厦的反感以及人们的自然环境保护主义的情感。他指出，英国人对园艺的狂热爱好，最初起源于 20 世纪 50 年代的自己动手运动，后来在“复兴的景色”的影响下达到高潮。像盆栽灌木这样的新技术的出现，可以使花园呈现一种瞬间的古旧感；而中央供暖设备的发明促使维多利亚时代的室内盆栽植物的再度流行，后来又促使了“维多利亚风格”温室的回归；园艺中心以及“家庭装修”的大型商场占据市郊的黄金地段；“温室区”成为主要街道的特色；“暖房里美丽的小丛林”从城市住宅地下室冒出来；吊蓝给门道增添悬垂的美感；爬满枝藤和“有趣的”叶子的“美丽的后院”变成了户外的客厅。在市郊，常春藤、紫藤、弗吉尼亚爬山虎等植物 25 年前曾被当做维多利亚恐怖加以根除，而现在再次沿着世界大战期间修建的半独立式房屋的弓形窗户蜿蜒而行。后花园以前是剪草机的活动范围，现在变成了凉亭和棚架，种上“成年的”树和根深蒂固的灌木丛则是新住宅区的特色。

---

① Raphael Samuel, *Patriotism: The Making and Unmaking of British National Identity*, Volume Ⅰ, Routledge, 1989, pp. xxxv – xxxvi.

更为普遍的是，城市的“绿化”以及举行园艺节是人们专门遏制城市衰败的措施。①

拉斐尔·萨缪尔认为，第四种得到保留并焕发生机的是英国人的一种信念：英国是个人主义的民族，是追求个性、怪癖、业余爱好以及幽默的人的乐园。他认为，这种个人主义的自负感最初是指法律和宪法所规定的私有财产和公民自由，后来在自由放任和自由贸易时代延伸到经济领域。随着自由选择的消费主义观念的盛行，以及更加个性化的生活方式的出现，这种个人主义的自负感又有施展其拳脚的场所。在他看来，二战后的英国已经变成一个以家庭为中心的社会，将以前的大众的活动都个人化和家庭化了。信用卡赋予了人们新的消费自由，将消费与收入分离开来，鼓励人们及时行乐，而不是为明天进行节俭，并将出国旅游这样的奢侈民主化。就业状况被忽略，人们更加关注的是那些时间和金钱的消费、婚姻和父母以及风格和时尚方面的信息。人们想象中的理想家庭是私人的乌托邦，是个人追求的最高目标。在这种情况下，处于变化中心位置的女性开始侵入，或者说获得了原本属于男性的特权。在女性主义以及后女性主义的鼓励下，许多女性开始将她们自己看成是个人，而不是妻子、母亲或者婚姻国家（marital state）的候选人。而国家不断增强对未婚母亲以及单亲家庭的支持，也使这样的母亲和家庭的数量增加，战后的劳动力市场也不断向这些人提供就业机会。他认为，最重要的是，在消费者民主的环境下，她们成为品味的领导者。在以消费者为导向的资本主义社会里，购物这种民族典型性的活动大多是由她们来完成的。②

---

① Raphael Samuel, *Patriotism: The Making and Unmaking of British National Identity*, Volume Ⅰ, Routledge, 1989, p. xxxvi.

② Raphael Samuel, *Patriotism: The Making and Unmaking of British National Identity*, Volume Ⅰ, Routledge, 1989, pp. xxxvii – xxxviii.

拉斐尔·萨缪尔认为，个人主义的突出表现之一是“自己动手”（Do-It-Yourself）的盛行。他告诉我们，“自己动手”的风尚兴起于20世纪50年代，它最初是工人阶级的一种爱好，然而它跨越阶级界限，为大规模的革新提供了暗示。在这种大规模的革新中，旧的建筑仅仅被当成是现代主义者以及后来的修复者施展其艺术才华的外壳。在拉斐尔·萨缪尔看来，家庭内部装潢的翻新，新出现的对健康体魄的自我陶醉等，都属于“自己动手”时尚的反映。前者表现出了一种新形式的自主，通过这种翻新，人们可以控制自己的周边环境，并用这种方式来实现自己的梦想。“具有创意”的烹饪、厨房的美化这些以前属于仆人干的活，现在被看成是田园般生活的内容；后者通过对自己身体进行控制，希望达到永葆青春的目的。自己动手的风尚还表现在工作上。对于那些工资低廉的人来说，他们普遍通过“夜间从事第二职业”来弥补薪金之不足；而对那些富裕阶层的人来说，他们则通过“弹性工作制”来补足工作时间。那么在消费主义方面，这种自己动手的时尚又有何表现呢？拉斐尔·萨缪尔认为，这种时尚在服装上有所表现，“朋客式”（punk）或者“适应都市生活”（streetwise）的时装是英国人对高档女工时装领域的重大贡献。时装的式样服从于个人的选择，而不是一味遵照社会的习俗，随便用手头上的什么材料都可以临时拼凑出一件衣服来，“胡乱应付”（muddling through）的东西也被提升到艺术的层次。①

个人主义的表现之二是圈地观念（the idea of enclosure）。这种观念所指的是个人主义的防卫性方面，尤其是指那种当前流行、以“防卫空间”为名的圈地。他认为，这种观念可以从人们对私人乌托邦这种“理想家园”的追寻，对当今流行样式的

① Raphael Samuel, *Patriotism: The Making and Unmaking of British National Identity*, Volume Ⅰ, Routledge, 1989, pp. xxxviii - xxxix.

田园生活的迷恋（比如，人们宁愿在乡村购买别居，也不喜欢空旷的山地旅游），以及对新的地方志愿军（Home Guard）和邻里监督组织（Neighbourhood Watch）的普及中反映出来。[①]

关于个人主义的盛行，拉斐尔·萨缪尔认为其原因是多方面的。商业上的促动是原因之一。商家掌握了英国人的这种心理，于是，他们的产品推销和设计都围绕着“全心全意满足你的需求”这个主题，将日常生活中最普通的物品变成时髦的玩意儿。他们以牺牲大多数人的需求为代价来迎合少数人的品位，对市场进行条块分割，在“可供选择的”时尚与爱好之间寻找最畅销的式样。他们用高科技的手段将批量生产与具有个人风格的最后精细加工结合起来。他们大量销售的“手工制造”的厨房或者是“农家”果酱和馅饼，使人感觉到英国的经济又回到了前工业化时代。在建筑环境领域，联合开发商醉心于那些离奇的、不合常规的东西，他们在村庄模样的地区建造新住宅，将那些标准化的要件隐藏在当地的以及民间的建筑风格之后。在拉斐尔·萨缪尔看来，伯克顿（Beckton）的新的巴拉特（Barratt）住宅区就是很好的例子。那里的每一幢住宅都有其与众不同的特点。他认为，个人主义的审美情趣还更多地反映在整修和装修行业中，装修行业所遵照的虽然还是精装复古的老套路，但把它提升到个人品位的崇拜偶像的程度，客厅所反映的是居住者“多方面的个性”；卧室要照顾到居住者的幻想；浴室则要满足居住者奢华的需要。[②]

在拉斐尔·萨缪尔看来，个人主义盛行的原因之二是政府的支持。他将这种现象归结于战后英国政府的经济政策，尤其是

---

① Raphael Samuel, *Patriotism*: *The Making and Unmaking of British National Identity*, Volume Ⅰ, Routledge, 1989, p. xxxix.

② Raphael Samuel, *Patriotism*: *The Making and Unmaking of British National Identity*, Volume Ⅰ, Routledge, 1989, p. xxxix

20世纪80年代撒切尔政府的私有化政策的结果。撒切尔政府曾提出建立“大众资本主义”的政治目标，建立所谓的“股东社会”，私有化不仅扩展到电力、供水等自然垄断行业，而且还应用到住房、教育甚至是国民医疗保健制度，[①] 其最终目标是“重塑英国”。[②] 撒切尔政府的政策已经对英国的政治、经济和社会产生了非凡的影响。撒切尔夫人当政时期的一系列方针政策还被人冠以“撒切尔主义”的美名。对于撒切尔主义，英国国内各派褒贬不一，就目前而言，左翼对撒切尔主义的评论是否定、批判的。[③] 拉斐尔·萨缪尔作为新左派的干将，当然对撒切尔政府的政策持批评态度。他批评这个政府的住房、企业和福利的私有化政策，认为这些政策助长了个人主义的漫延。在他看来，住宅所有权的扩大，地方政府所建住宅群的出售，以及房价的暴涨，这些都使家庭财富重新受到人们重视，从而对洛克的私有财产观念产生了新的认识。小型企业的兴起是英国后工业时代的一个特点，这使得以家庭为基础的以及家庭经营的公司数目大幅度增加，而就业的分散则是工作与家庭再度统一的标志。从意识形态上看，人们对公共精神的重视程度远远逊色于20世纪30和40年代。从政治层面上的左右两派来看，个性表现被看成是最大的善，个人权利被视为神圣不可侵犯的，个人自由的扩大或者个人自由的保护是政府政策的理想目标。政府已经订立了一整套关于个人选择的自由的纲领，着手或者试图着手将健康、保险、养老金以及学校事务统统归为个人的责任，把不干涉作为政治家的最

---

① 毛锐：《从货币主义到私有化》，《山东师范大学学报》2004年第6期，第119页。

② 毛锐：《撒切尔政府私有化政策的目标评析》，《世界历史》2004年第6期，第63页。

③ 参阅王皖强《撒切尔主义研究的几个问题》，《世界历史》1997年第1期，第90~91页。

高职责，就像首相所说的那样："这里没有社会，只有男人、女人和家庭"。[①]

拉斐尔·萨缪尔认为，个人主义的漫延引发了对英国历史的重新阐释，他为我们列举了根据个人主义观念所进行的对英国历史的各种解释。历史学家艾伦·麦克法兰（Alan Macfarlane）笔下的英国的历史，不再像帝国主义全盛时期那样被解释成民族国家胜利的历史，也不再被解释成英国宪法的"天才人物"的历史，而被解释为室内设计的历史。在野外博物馆和主题公园里，英国的历史是日常生活的罗曼史。对承担人口与社会结构史研究的剑桥研究小组来说，英国的历史就是家庭财产的记录，是对家庭与亲族关系的研究。对撒切尔夫人来说，英国的历史就是自由企业的壮丽篇章。拉斐尔·萨缪尔认为，个人主义不仅引发了对英国历史的重新解释，而且也造成了人们对社区的重新认识。在个人主义的视角下，贫民窟不再被看成是团结的场所，而被看成是敌对和竞技的场所，在这种场所里，后街企业（backstreet enterprise）是生存的条件，各家各户自己照顾自己。[②]

拉斐尔·萨缪尔认为，在个人主义的影响下，口述历史这种民族过去的新的表现形式也发生了变化。变化了的口述历史具有非政治化的特点，其所关注的中心问题是私人生活：性别关系比政治权力更受青睐，住宅的地理环境比民族或者国家的地理环境更能激发人们的兴致，立法和行政过程受到漠视，公共领域遭到冷遇，"生活经历"被视为金科玉律，善持家务和照料孩子是两大主题。[③]

---

① Raphael Samuel, *Patriotism: The Making and Unmaking of British National Identity*, Volume Ⅰ, Routledge, 1989, pp. xxxix – xl.

② Raphael Samuel, *Patriotism: The Making and Unmaking of British National Identity*, Volume Ⅰ, Routledge, 1989, p. xl.

③ Raphael Samuel, *Patriotism: The Making and Unmaking of British National Identity*, Volume Ⅰ, Routledge, 1989, pp. xl – xli.

总之，在拉斐尔·萨缪尔看来，在当前所呈现的民族生活中占统治地位的主题是对平凡的追求。这种平凡的生活首先是大众的爱好：新成立的博物馆用“普通的物品”（commonplace objects）来展示日常生活。在电视中，英国的肥皂剧绝对都是表现家庭生活的。在像吉恩·普莱迪（Jean Plaidy）所撰写的历史传奇故事中，民族历史中那些伟大人物结果都被描写成普通人。在类似《王冠上的宝石》（*Jewel in the Crown*）的古装电视剧或者《欲望城》（*White Mischief*）的电影中，帝国建设者之所以有趣，是因为他们的婚姻和奸情。也就是说，他们的趣味性在于他们是妻子和女儿、丈夫和父亲，而不在于他们是统治者；在于他们也卖弄风情和被戴绿帽子，而不在于他们是殖民者。其次，平凡的生活也是权贵们的诉求。首相撒切尔夫人首先以一个好管家的面目出现，她厉行节约，牢牢地控制国家的钱财，好像她在进行家庭预算一样。她接受妇女杂志采访时说，她是一个来自格兰瑟姆（Grantham）的杂货商的女儿，最乐意干的事就是在赛福威斯（Safeways）连锁超市推手推车，或者购买理想的房子；而不是做一名牛津大学的校友，或者是国际经理人（international executive）的妻子；也不是像她的保守党前任那样，成为首相别墅的常客。英国王室“这个最受英国人爱戴的机构”也日益呈现出本土性的特点。他们和本国人成婚，而不是像过去王朝联合时那样和外国联姻。他们的所作所为不是在增强君主制的神秘感，而是在减少其神秘感。和昔日乔治五世（George V）准备荣登王位不同的是，如今的威尔士亲王投身于“社区”建筑和替代医学（alternative medicine）之类的家庭事业中。和其他人一样，王室在婚姻方面的绯闻也常常在小报中出现。拉斐尔·萨缪尔认为，汤姆·奈恩（Tom Nairn）所说的“落后的魅力”（glamour of backwardness）在当代家庭生活的风流韵事中表现得最明显。

1940年，奥威尔（Orwell）在其著作中认为英国人生活中的“隐私”是其力量的秘诀之一。他写这部著作时，正是假日野营成为英国人流行的休闲方式之时，也是在浓厚的公共氛围中英国人忙于战争事务的时候。但在拉斐尔·萨缪尔看来，奥威尔那时所说的这番话是对英国战争生活主题的一种预见，随着集体忠诚的崩溃和消解，以及英国人的生活日益向以家庭为中心的方向转化，爱国主义成为这种变化的牺牲品。这种变化的过程就是：当爱国主义在公共领域找不到表现方式时，它就在日常生活中获得人们潜意识的支持，在过去它表现为将人们的忠诚导向其他事物，如房屋和花园、家庭和亲属、城镇和乡村；而在20世纪80年代，“私人生活”是其重构过程中至关重要的因素。[①]

---

① Raphael Samuel, *Patriotism: The Making and Unmaking of British National Identity*, Volume Ⅰ, Routledge, 1989, pp. xli – xlii.

结 语

正如笔者在引言部分所论述的那样，拉斐尔·萨缪尔的史学思想既是他所生活的那个时代的政治环境的产物，也是当时的学术背景塑造下的结果。具体来说，在史学方法论上，他受史学从经济—社会史向新文化史转向的影响较大。因为，这种学术转向所发生的时期正好是拉斐尔·萨缪尔的青年时期，这个时期是人一生中思想最活跃、接受能力最强的时期。应该说，这种学术转型不可能不对他的学术思想的形成产生影响，从他的著作和文章中我们可以看到社会史向新文化史转型的痕迹。他在早年的文章中所关注的是社会史的内容，所采用的基本上是政治经济的分析方法。比如，在发表于《大学与左派评论》1957 年第 2 期的一篇题为“左派笔记之二：城市计划的政治”中，他所论述的是贫民窟、城市土地的公共所有权、劳工政策的内容；[①] 在另一篇发表于同一刊物 1959 年第 6 期的题目为“阶级与无阶级”的文章中，他所探讨的是维多利亚时期的资本主义、“开放社会”、战后英国的阶级、社会流动、工人与工业等问题。[②] 他在 70 年代以后发表的作品虽然也时常有社会史的内容，但从中我们可以明显感受到新文化史的气息。比如，他发表于《历史工场杂志》

---

① Raphael Samuel, “Aleft notebook-two: Politics of town planning”, *Universities and Left Review*, No. 2, 1957, p. 77.

② Raphael Samuel, “Class and Classlessness”, *Universities and Left Review*, No. 6, 1959, pp. 44 - 50.

1978 年第 6 期的题为"艺术、政治与意识形态"的文章，[①] 连载于《历史工场杂志》1991 年第 32 期和 1992 年第 33 期题为"阅读符号"的文章，[②] 发表于《历史工场杂志》1996 年第 41 期题为"艺术与权力"的文章，[③] 以及以后分别出版于 1996 年和 1998 年以《记忆的戏台》为大标题的两种专著——《当代文化中的过去与现在》和《海岛的故事：解构中的英国》，这些文章和著作单从标题上看就具有新文化史的特征。此外，拉斐尔·萨缪尔在其主编的《历史工场杂志》第 10 期的开篇社论中表示："不是像在我们所熟悉的马克思主义版本中所说的那样，社会存在决定社会意识，因为这两个术语都是有问题的，而是我们应该将所有的社会现象看成是一种通过语言体系来建构和限制的意义和符号体系"。[④] 在这里，拉斐尔·萨缪尔所说的是语言学的转向。这种语言学的转向，被学术界看成是新文化史兴起的重要标志。这在一定程度上说明，拉斐尔·萨缪尔受到新文化史运动的影响并融入这种史学变革运动中去了。不过，除了受学术转型的大背景的影响之外，对拉斐尔·萨缪尔产生最直接的熏陶还是 E. P. 汤普森。早年的拉斐尔·萨缪尔和 E. P. 汤普森曾经是同属于共产主义史学家小组的成员，而"在 1956 年以前，拉斐尔·萨缪尔曾是马克思主义史学家小组中最年轻的成员之一"，[⑤] 作为同一学术团体的成员，他们的思想不可能不发生交会。正如林·亨特

---

① Raphael Samuel, "Art, Politics, and Ideology, Editorial Introduction", *History Workshop Journal*, No. 6, 1978, pp. 101 - 106.

② Raphael Samuel, "Reading the Signs", *History Workshop Journal*, No. 32, 1991, p. 88 - 109; No. 33, 1992, pp. 220 - 251.

③ Raphael Samuel, Aliison Light, "Art and Power", *History Workshop Journal*, No. 41. 1996, pp. 251 - 253.

④ Editorial, "Language and History", *History Workshop Journal*, No. 10, 1980, p. 1

⑤ 徐浩、侯建新：《当代西方史学流派》，中国人民大学出版社，1996，第 287 页。

引自崔姆博格（Trimberger）的话：汤普森的《英国工人阶级的形成》虽然在马克思主义者之间引起了极大的争议，但在年轻的历史学家之间仍有相当大的权威性。[①] 后来，拉斐尔·萨缪尔自己也承认："我们是在值得尊敬的前辈——希尔、霍布斯鲍姆尤其是汤普森的影响下成长起来的"。[②] 如果 E. P. 汤普森被人们尊为英国新文化史学的先驱的话，那么拉斐尔·萨缪尔则可以被看成是英国新文化史学的重要的成员。综合起来，笔者认为拉斐尔·萨缪尔的史学思想有如下的风格和特点。

首先是大众的史学观。大众史学观是拉斐尔·萨缪尔史学思想的核心，也是他从经济—社会史研究转向新文化史研究的重要原因和纽带，因为经济—社会史的理论不能给他的大众史学观提供足够的智力和方法论的支持。拉斐尔·萨缪尔的大众史学观主要表现在两个方面。第一个方面是历史研究客体的大众化。应该说，这种史学观是拉斐尔·萨缪尔继承了英国的马克思主义史学传统的结果。英国的马克思主义史学的一个突出特点就是"从下向上看"。拉斐尔·萨缪尔秉承了这个光荣的传统，同 E. P. 汤普森以及其他英国的马克思主义史学家一样，他所关注的焦点是下层民众，尤其关注那些不引人注意的或者说通常被历史学家所忽视的人群以及他们生活的方方面面；他所要突出表现的是"人民的历史"，人民的历史是他的著作中的主题词。《乡村的生活与劳动》（*Village Life and Labour*）就是他所主编的反映人民的历史的著作之一。他在这部书的前言中指出：该书的目的就是要"以例证来说明什么是'人民的历史'，或者'人民的历史'可能包含些什么内容，并就怎样拉近历史的边缘与人民生活的边缘

---

① 林·亨特：《新文化史》，麦田出版社，2002，第 26 页。

② Raphael Samuel, *People's History and Socialist Theory*, Routledge & Kegan Paul Ltd, p. 414.

提供一些途径”。[1] 在这部总共四章的著作中，他本人写了两章。在第一章“乡村的劳动”（Village Labour）中，他对19世纪英国一些地区的乡村的劳动，以及男人、妇女、儿童、外来者在这些劳动中的作用进行了考察，生动地再现了农村劳动人民生活的状况；其所涉及的行业或者工作有偷猎、拾麦、养猪、割蕨、剥树皮、拔芜菁等。这些工作往往被历史学家所忽略，“要么是因为它们太具地方性而不能在国家的统计数据中显现……要么就是因为它们的时间太短暂以至根本不能称为行业”。[2] 在该书第四章“‘采石场的暴徒’：海丁顿采石场，1860～1920，一篇口述史的文章”（‘Quarry roughs’: life and labour in Headington Quarry, 1860－1920. An essay in oral history）中，他对一个臭名昭著的名为“海丁顿采石场”的村庄里人们的工作和生活状况进行了考察，特别是对工作辛苦却又地位低下的从事制砖、打井、挖土、挖石头、排水、猎兔、洗衣等行业的人群给予了高度关注。[3]

拉斐尔·萨缪尔史学大众化观点的另一表现是历史研究主体的大众化。拉斐尔·萨缪尔反对专业史学家对历史知识的垄断，尤其反感历史学家在历史研究领域的条块分割，把历史著作写成无人能读懂的“天书”。他倡导史学研究的民主化，以他为主所发动的历史工场运动可以说是一场史学研究民主化的运动，它为大众接近历史知识并积极参与历史的讨论与研究提供了一个广阔的舞台。他在腊斯金学院执教期间，鼓励工人、学生自己动手写自己的历史，这在当时很多学者看来是不可思议的。应该说，他

---

① Raphael Samuel, *Village Life and Labour*, Routledge & Kegan Paul Ltd, 1975, p. xix.

② Raphael Samuel, *Village Life and Labour*, Routledge & Kegan Paul Ltd, 1975, p. 3.

③ Raphael Samuel, *Village Life and Labour*, Routledge & Kegan Paul Ltd, 1975, pp. 163－183.

的这种方法在一定程度上获得了成功。历史工场运动中的那些小册子有相当一部分是腊斯金学院的学生写的，比如《乡村的生活与劳动》另两章的作者都是该学院的学生。其中，第二章的作者大卫·莫根（David Morgan）于1967年进入腊斯金学院学习前曾当了20年的牛仔；第三章的作者詹妮·凯特琳汉姆（Jennie Kitteringham）在1968年成为腊斯金学院的学生之前曾在多塞特郡（Dorset）和沃里克郡（Warwickshire）的农场里生活。[①] 历史工场运动以及鼓励腊斯金学院的成人学生自己撰写历史是他史学大众化的具体实践。实际上，在他的著作中，他几乎将各行各业的人都纳入历史工作者的行列，在他的心目中，正是各行各业的人群奠定了历史研究的基石。在笔者看来，拉斐尔·萨缪尔的这种鼓励文化程度不高的成人学生自己写历史，以及将各行各业的人群纳入历史研究的队伍的观念和作法，在历史学家中间即使不是绝无仅有，那也是十分少见的。

拉斐尔·萨缪尔史学思想的第二个特点是鲜明的无产阶级政治倾向。拉斐尔·萨缪尔早年就是共产主义的信仰者，是英国共产党组织中的活跃分子。尽管他在1956年脱离了英国共产党，但是他的那种无产阶级情结以及对共产主义的信仰始终没有磨灭。作为一个从事学术研究的历史学家，他反对兰克史学以及社会科学史学对于历史的“超然”态度，公开申明历史工场的主张：“真理是有党派性偏见的，我们决不打算隐藏我们的信仰，或者宣称我们的信仰不存在。我们更倾向公开地宣布它们，并将我们的工作尽可能地与劳工运动、女权主义以及团结友爱的社会主义团体联系起来……历史工场是高度政治的场合”。他还表示：在历史工场的早期，“民主的主要矛头首先是对准占统治地位的

① Raymond G. Cowherd, “Review”, *The Journal of Economic History*, Vol. 36, No. 2, p. 503.

资产阶级历史编撰模式的”。[①] 正因为此，《历史工场杂志》一创刊，他将这个杂志的副标题定名为“社会主义历史学家的杂志”，以表明这个杂志的政治立场；后来在1982年，在“社会主义历史学家”后面又加上“女权主义者”字样，以表示对妇女人群的重视。他所撰写的著作、文章以及所编辑的书籍，大部分都是对劳苦大众的工作和生活的研究。在工人与资本家的斗争中，他总是站在工人阶级的立场上说话的。撒切尔政府曾将参与1984～1985年煤矿罢工斗争的工人说成是“内部的敌人”。他主编的、反映这场罢工斗争的著作《内部的敌人》就是驳斥对英国首相撒切尔夫人对工人的这种污蔑。在他看来，“矿工们尽管被污蔑为‘内部的敌人’，但他们实际上恰好在捍卫‘旧时的’价值观——维多利亚价值观。这种价值观就是首相在其他场合所要捍卫的纲领：工作的高尚、家庭的神圣以及‘根’”。[②] 拉斐尔·萨缪尔还对英国的爱国主义和民族认同进行分析和研究，目的就是要戳穿撒切尔政府利用爱国主义与民族认同来对外策划和发动侵略战争，对内推行所谓的新自由化政策的把戏。

第三，在史学方法论上，拉斐尔·萨缪尔的著作中表现出新文化史的若干特征。首先，在史学本体论上，新文化史与以往的兰克史学以及社会科学史学不同，它受后现代思潮的影响较大。而后现代主义在史学上的表现就是对历史真实性的怀疑态度，比如前述的海登·怀特就是一个典型。在拉斐尔·萨缪尔晚期的史学思想中，我们可以看到后现代之风吹过的痕迹。他对档案文献持怀疑态度，反感兰克式的考据以及社会科学史学的统计分析方法。他提出“历史是混杂的”观点，列举了大量的事例证明史

① Raphael Samuel, *People's History and Socialist Theory*, Routledge & Kegan Paul Ltd, 1981, p. 415.

② Raphael Samuel, Barbara Bloomfield, Guy Boanas, *The Enemy Within*, Routledge & Kegan Paul Ltd, 1986, p. 5.

料的虚假成分，并强调史学的艺术性。他这样做的目的和结果是将历史学“去魅化”，取消自古以来被奉为神圣的精英历史的独尊地位，为大众历史，或者说为“自下至上的”历史腾出舞台，这无疑是具有积极意义的。然而，矫枉往往容易过正。他为了强调大众的历史而将属于精英的政治、军事、外交的历史完全抛弃，则是走向了另一个极端，这是有失公允的，毕竟，政治、军事、外交的历史也是历史大厦的重要组成部分。此外，拉斐尔·萨缪尔虽然没有像海登·怀特那样明确否认真实历史的存在，但他置史料客观真实的一面于不顾，过分强调其虚假的一面，强调史学的艺术性，这虽然在一定程度上有助于史料的批判；但由于他并没有对如何甄别和去除史料中的虚假成分提出可行性建议，而是放弃了对历史真相的追求和对客观历史规律的探索，把史学变成了供大众消遣娱乐的工具，这对于一个职业历史学家来说，无异于自毁长城。

其次，新文化史所采用的史料与以往的史学不同。彼得·伯克在描述新文化史在史料使用上的特点时指出，新文化史是“对新史料、特藏文献和可视图像的挖掘，而不是如以前的史学家那样偏重政府文书；或者他们以一种新的方式解读政府文书，注意其中流露出的偏见及其修辞的微妙”。[①] 我们从拉斐尔·萨缪尔身上同样可以看到这样的特点。他所重视和使用的史料是那些一般不被传统史学纳入史料范围的视觉图像、神话、口述记忆、地方志、民谣等他称为非官方知识的东西，而不是政府档案和官方文件。在他那里，视觉图像是社会生活的基本组成部分，神话是历史的力量；最值得一提的是他对口述史资料的重视，他的早期口述史著作《东端的黑社会》（*East End Underworld*）就是用花

① 彼得·伯克：《西方新社会文化史》，《历史教学问题》2000 年第 4 期，第 26 页。

了六年多时间才录制而成的口述记忆资料写成的。这部著作为我们展现了伦敦东端人们生活的主要方面——后街小巷的营生、家庭工业、政治以及大众文化。我们从中可以了解到黑社会与当地工人社区的关系，流氓与警察之间的默契，街头赌博犯罪化的影响，以及犹太人、非犹太人和书中的主人公哈丁（Harding）所称的“半犹太人”（half-Jew）之间的关系。[①] 在进入腊斯金学院后，他更是积极投身于口述史工作，以他为主发动的历史工场运动的一部分工作就是录制口述史资料。他还和英国著名口述史学家保罗·汤普森（Paul Thompson）一道于 1987 年在牛津大学共同主持召开了第六届世界口述史大会，共同主编了论文集《我们赖以生活的神话》。在他看来，口述证据有很多优点，它可以弥补文献记载的不足，可以填补空白，可以重新确定地方史的内容；和商业文件相比，它能使人们更加真切地理解资本主义企业。[②]

再次，新文化史学在研究方法上与以往史学不同。新文化史学注重跨学科研究，不过新文化史学并不是像经济—社会史学那样从政治学、经济学等社会科学中吸取方法论的资源，也不是像传统史学那样求助于考古学、文献校勘学，而是从人类学、文学批评理论、符号学、心理学、民俗学等学科中摄取研究方法。其中，人类学和文学批评理论对新文化史学的影响最大。[③] 新文化史学不再相信历史学的科学性，它所追求的不是历史的真理和客观规律，而是历史的意义以及人们对历史的理解，因此，新文化

---

① Raphael Samuel, *East End Underworld*: *Chapters in the Life of Arthur Harding*, Routledge & Kegan Paul Ltd, 1981, p. viii.

② Raphael Samuel, "Local History and Oral History", *History Workshop Journal*, No. 1, 1976, pp. 199 – 201.

③ 刘为：《当代西方史学转向文化史的最新趋势》，《史学理论研究》1992 年第 1 期，第 158 页。

史家的著作往往设计成开放性的文本。新文化史的这些特点在拉斐尔·萨缪尔的著作中都有所体现。正如他自我表白的那样，他的《记忆的戏台》就是一个开放的文本，不同的读者可以用不同的方法进行解读并用于不同的目的。[①] 为了让读者更深刻地理解历史，他在著作中经常使用“深描”（thick description）这种人类学的方法。他的夫人艾莉森·莱特（Alison Light）曾指出，“深描”这种方法是他在其巨著《记忆的戏台》中所采用的至关重要的方法。[②] 他的夫人说得一点也没错，翻开《记忆的戏台》，我们可以发现大量“深描”的例子。笔者这里只略举一两例加以说明。比如，在这部著作的第一卷中，他不惜笔墨对人们日常生活中的“式样翻新”（retrofitting）和“精装复古”（retrochic）这两种现象进行了深入细致的描述，以表现人们的怀旧心理。[③] 他在其他的文章中，“深描”的例子也不鲜见。比如，在“世界工场：维多利亚中期的蒸汽动力与手工技术”一文中，为了反映英国工业革命给人们带来的苦难，驳斥资产阶级史学家对英国工业革命成果的夸大其词，他详细地描述了工业革命给人们的工作和生活所带来的种种不便。[④] 文学批评理论是拉斐尔·萨缪尔在历史研究中常用的另一种方法。在对史学本体论的研究中，他运用文学批评理论对史料进行审视，发现了其中存在的大量虚构的内容，从而得出历史学家是历史的伪造者的论断。[⑤] 符号学的方

---

① Raphael Samuel, *Theatres of Memory*, *Volume* 1: *Past and Present in Contemporary Culture*, Verso, 1994, p. x.

② Raphael Samuel, *The Lost World of British Communism*, Verso, 2006, p. viii.

③ Raphael Samuel, *Theatres of Memory*, *Volume* 1: *Past and Present in Contemporary Culture*, Verso, 1994, pp. 51 - 114.

④ Raphael Samuel, "Workshop Of The World: Steam Power and Hand Technology in mid-Victorian Britain", *History Workshop Journal*, No. 3, 1977, pp. 6 - 60.

⑤ Raphael Samuel, *Theatres of Memory*, *Volume* 1: *Past and Present in Contemporary Culture*, Verso, 1994, pp. 429 - 434.

法是拉斐尔·萨缪尔十分推崇的研究方法，他认为，“相比证实主义者对事实的痴迷来说，‘对符号的诠释’提供了更为多面地看待事物的途径，它使我们把社会看成一种景观，这种景观中的表象是双重编码的，其意义是隐藏的，形象是不透明的。它提出了一种三重关系，以取代证据和推断之间的一一对应关系（这是功能分析和经验式研究的正常程序的基础）。在这种三重关系中，‘能指’任意摆布着‘所指’，而客观事实（即普通的‘指示对象’）却不安分地潜伏在背景之中，它像幽灵似地在宴会中出现，在桌子上跳来跳去，它是一个不速之客，拒绝说话。从现象学的角度来说，‘对符号的诠释’揭穿了自然的伪装进行隐藏的伎俩”。[①] 在这里，拉斐尔·萨缪尔为我们展示了历史事件与历史真相之间的距离。历史事件和现象都只是一种表象，而深层的含义却隐藏在事实和现象的背后，只有通过对符号的诠释才能将深层的、真实的含义挖掘出来。因此，在拉斐尔·萨缪尔看来，符号诠释学的方法对历史研究是十分有用的：“通过‘对符号的诠释’，历史学家能够认真对待人类文化中起作用的因素以及社会生活中那些荒唐可笑的特点。它有助于创作出一种全新的有关社会交往的作品，将人们的注意力集中到巴黎咖啡协会以及普罗旺斯的饮酒仪式上，而早一代的学者们所关注的是租金、价格以及工资率”。[②] 不仅如此，“‘对符号的诠释’也设法探寻无意识的秘密，其所采取的方式是从文本的缺失和未提及中攫取意义，而不是通过弗洛伊德或者拉康式的精神分析方式……‘对符号的诠释’为社会主义或者激进主义的传统提供了一种途径，避免或者掩饰了对历史进行经济解释的失败……对于‘从下向上看的历

① Samuel, Raphael, “Reading the Signs”, *History Workshop Journal*, No. 32, 1991, pp. 88 – 89.

② Samuel, Raphael, “Reading the Signs”, *History Workshop Journal*, No. 32, 1991, pp. 90.

史’来说，在其履行自命的为被征服者辩护、将穷人从后代‘巨大的屈尊’中拯救出来的使命时，‘对符号的诠释’提供了更加广泛的领域供其开拓”。[①] 拉斐尔·萨缪尔不仅倡导符号学的方法，而且在历史研究中使用这种方法。比如，在论述英国统一的民族认同解体时，他不是像有些学者那样用各种空洞的民族主义理论来进行论述，而是重点描述了人们在过去与现在对英国国名、英国之声——BBC、英国下院、伦敦等标志性的事物的不同态度。在他看来，这种态度的变化，其实就是一种符号，代表着英国统一民族性的瓦解。[②] 他之所以主张将视觉图像以及神话等纳入历史研究的范围，其中重要的原因是因为这些东西本身就是符号，从这些象征性的符号中，历史学家可以挖掘出其背后的深层意义。此外，拉斐尔·萨缪尔对民俗学、心理学等学科的方法也比较重视。在对神话的研究中，他就主张采用人类学、民俗学以及心理分析的方法进行研究。

总之，在拉斐尔·萨缪尔的心目中，人民大众是第一位的，他们是历史发展的动力，是历史研究的主题。围绕着人民大众这个历史主题，旧的史学方法无论是在方法论还是学术思想上都无法提供足够的智力支持，只有寻找新的角度、新的材料、新的方法才能解决这个问题，这个新的事物就是文化。在拉斐尔·萨缪尔看来，只有文化才是全面深刻地解读人民的历史的金钥匙。需要指出的是，拉斐尔·萨缪尔心目中的人民，既不是帝王将相，也不是豪门贵族，而是广大的无产阶级劳苦大众。

---

① Samuel, Raphael, "Reading the Signs: Ⅱ. Fact-grubbers and mind-readers", *History Workshop Journal*, No. 33, 1992, pp. 227.

② Raphael Samuel, *Island Stories: Unravelling Britain*, Verso, 1998, pp. 41 - 44.

参考文献

第一部分　原始资料

一　著作

[1] White, Jerry, *Rothschild Buildings: Life in an East End Tenement Block 1887 - 1920*, Routledge & Kegan Paul, London, Boston and Henley, 1980.

[2] Obelkevich, Jim, Lyndal Poper, Raphael Samuel, *Disciplines of faith: studies in religion, politics and patriarchy*, Routledge & Kegan Paul, London and New York, 1987.

[3] Raphael Samuel, *Tributes And Appreciations.*

[4] Samuel, Raphael and Gareth Stedman Jones, *Culture, Ideology, and Politics: Essays for Eric Hobsbawm*, Routledge & Kegan Paul, London, Boston, Melbourne and Henley, 1982.

[5] Samuel, Raphael and Paul Thompson, *The Myths We live by*, Routledge, 1990.

[6] Samuel, Raphael *East End Underworld: Chapters in the Life of Arthur Harding*, Routledge & Kegan, 1981.

[7] Samuel, Raphael, Barbara Bloomfield, Guy Boanas, *The Enemy Within Pit Villages and the Miners' Strike of 1984 - 1985*, Routledge & Kegan Paul Ltd, 1986.

[8] Samuel, Raphael, Ewan MacColl, Stuart Cosgrove, *Theatres of the left 1880 - 1935: Workers' Theatre Movements in Britain and America*, London, Routledge & Kegan Paul plc, 1985.

[9] Samuel, Raphael, *History Workshop 1967 - 1991: A Collectanea and Souvenir volume*, History Workshop 25, 1991.

[10] Samuel, Raphael, *Island Stories: Unravelling Britain*, Verso, 1998.

[11] Samuel, Raphael, *Miners, Quarrymen and Saltworkers*, Routledge & Kegan Paul, London, Henley and Boston, 1977.

[12] Samuel, Raphael, *Patriotism*, *The Making and Unmaking of British National Identity*, Volume Ⅱ: *Minorities and Outsiders*, Routledge, London and New York, 1989.

[13] Samuel, Raphael, *Patriotism: The Making and Unmaking of British National Identity*, Volume Ⅰ: *History and Politics*, Routledge, London and New York, 1989.

[14] Samuel, Raphael, *Patriotism: The Making and Unmaking of British National Identity*, Volume Ⅲ: *National Fictions*, Routledge, London and New York, 1989.

[15] Samuel, Raphael, *People's History and Socialist Theory*, Routledge & Kegan Paul Ltd, 1981.

[16] Samuel, Raphael, *The Lost World of British Communism*, Verso, 2006.

[17] Samuel, Raphael, *Theatres of Memory*, Volume Ⅰ: *Past and present in Contemporary Culture*, Verso, 1994.

[18] Samuel, Raphael, *Village Life and Labour*, Routledge & Kegan Paul Ltd, 1975.

二 论文

[1] Driver, Felix and Raphael Samuel, "Rethinking the Idea of Place", *History Workshop Journal*, No. 39, 1995.

[2] Potts, Alex and Raphael Samuel, "Hannah Mitchell (1936 - 1994)", *History Workshop Journal*, No. 39, 1995.

[3] Samuel, Raphael and Alison Light, "Art and Power", *History Workshop Journal*, No. 41, 1996.

[4] Samuel, Raphael, "'Philosophy Teaching By Example': Past and Present in Raymond Williams", *History Workshop Journal*, No. 27, 1989.

[5] Samuel, Raphael, "A left notebook-two: Politics of town planning", *ULR*, No. 2, 1957.

[6] Samuel, Raphael, "Art, Politics, and Ideology, Editorial Introduction", *History Workshop Journal*, No. 6, 1978.

[7] Samuel, Raphael, "British Dimensions: 'Four Nations History'", *History Workshop Journal*, No. 40, 1995.

[8] Samuel, Raphael, "British Marxist Historians, 1880 - 1980: Part One", *New Left Review* Ⅰ/120, March-April, 1980.

[9] Samuel, Raphael, "But Nothing Happens: the long pursuit, studies in the government's slum clearance programme", *New Left Review*, Nos. 13 - 14, 1962.

[10] Samuel, Raphael, "Class and Classlessness", *Universities and New Left Review*, No. 6, 1959.

[11] Samuel, Raphael, "Class Politics: The Lost World of British Communism (Part Ⅲ)", *New Left Review* Ⅰ/165, September-October, 1987.

[12] Samuel, Raphael, "Dr. Abrams and the End of Politics",

New Left Review, No. 5. 1960.

[13] Samuel, Raphael, "Dublin History Workshop", *History Workshop Journal*, No. 6, 1978.

[14] Samuel, Raphael, "Ewan MacColl 1915 - 1989", *History Workshop Journal*, No. 29, 1990.

[15] Samuel, Raphael, "Forum Histoire, Paris, May 1975", *History Workshop Journal*, No. 1, 1978.

[16] Samuel, Raphael, "Grand Narratives", *History Workshop Journal*, No. 29, 1990.

[17] Samuel, Raphael, "History and Television: Editorial Introduction", *History Workshop Journal*, No. 12, 1981.

[18] Samuel, Raphael, "History Workshop", *History Workshop Journal*, No. 15, 1983.

[19] Samuel, Raphael, "History, the Nation and the Schools: Introduction", *History Workshop Journal*, No. 30, 1990.

[20] Samuel, Raphael, "Jim Dyos", *History Workshop Journal*, No. 7, 1979.

[21] Samuel, Raphael, "Local History and Oral History", *History Workshop Journal*, No. 1, 1976.

[22] Samuel, Raphael, "New Authoritarianism-New Left", *Universities and New Left Review.*

[23] Samuel, Raphael, "Obituary: Raphael Miliband 1924 - 1994", *History Workshop Journal*, No. 38, 1994.

[24] Samuel, Raphael, "On the Methods of History Workshop: A Reply", *History Workshop Journal*, No. 9, 1980.

[25] Samuel, Raphael, "Reading the Signs: Ⅱ. Fact-grubbers and mind-readers", *History Workshop Journal*, No. 33, 1992.

[26] Samuel, Raphael, "Reading the Signs", *History Workshop*

Journal, No. 32, 1991.

[27] Samuel, Raphael, "Report: Stephen Yeo-or The Ruskin Election", *History Workshop Journal*, No. 28, 1989.

[28] Samuel, Raphael, "Response", *History Workshop Journal*, No. 35, 1993.

[29] Samuel, Raphael, "Scottish Dimensions: History, Literature, Politics", *History Workshop Journal*, No. 40, 1995.

[30] Samuel, Raphael, "Staying Power: The Lost World of British Communism (Part Ⅱ)", *New Left Review* Ⅰ/156, March-April, 1986.

[31] Samuel, Raphael, "Television History Workshop", *History Workshop Journal*, No. 15, 1983.

[32] Samuel, Raphael, "Ten Years After", *History Workshop Journal*, No. 20, 1985.

[33] Samuel, Raphael, "The Bishopsgate Institute", *History Workshop Journal*, No. 5, 1978.

[34] Samuel, Raphael, "The Deference Voter", *New Left Review*, No. 1, 1960.

[35] Samuel, Raphael, "The Insiders: a study of the men who rule British industry", *Universities and New Left Review*, No. 3, 1957.

[36] Samuel, Raphael, "The Lost World of British Communism: Two Texts", *New Left Review* Ⅰ/155, January-February, 1986.

[37] Samuel, Raphael, "The Lost World of British Communism", *New Left Review* Ⅰ/154, November-December, 1985.

[38] Samuel, Raphael, "The Workshop of the World: Steam Power and Hand Technology in Mid-Victorian Britain", *History Workshop Journal*, No. 3, 1977.

[39] Samuel, Raphael, "Tim Mason: a Memorial", *History*

Workshop Journal, No. 30, 1990.

[40] Samuel, Raphael, Sociology and History, *History Workshop Journal*, No. 1, 1976.

第二部分　其他资料

一　英文资料

[1] Aughey, Arthur, *Nationalism, Devolution and the Challenge to the United Kingdom State*, Pluto Press, London, Sterling, Virgina, 2001.

[2] Beard, Charles, "That Noble Dream", *The American Historical Review*, vol. 41, No. 1, Oct., 1935.

[3] Black, Jeremy, *A History of the British Isles*, Macmillan Press Ltd, 1996.

[4] Breisach, Ernst, *Historiography, Ancient, Medieval & Modern*, The University of Chicago Press, Chicago & London, 1994.

[5] Breuilly, John, *Nationalism and the State*, the University of Chicago Press, Chicago, 1982.

[6] Brocklehurst, Helen and Robert Phillips, *History, Nationhood and the Question of Britain*, Palgrave Macmillan Ltd, 2004.

[7] Chun, Lin, *The British New Left*, Edinburgh University Press, 1993.

[8] Colls, Robert, *Identity of England*, Oxford University Press, Oxford New York, 2002.

[9] Davidson, Neil, *The Origins of Scottish Nationhood*, Pluto press, London, 2000.

[10] Gran, Alexander and Keith J. Stringer, *Uniting the Kingdom?* Routledge, London, 1995.

[11] Kaye, Harvey J. , *The British Marxist Historians: An Introductory Analysis*, Polity Press, Cambridge, 1984.

[12] Kearney, Hugh, *The British Isles: A History of Four Nations*, Cambridge University Press, 1989.

[13] Kumar, Krishan, *The Making of English National Identity*, Cambridge University Press, 2003.

[14] Lichtman, Allan J. , & Valerie French, *Historians and the Living Past: The Theory and Practice of Historical Study*, Harlan Davidson, Inc, 1978.

[15] O'Mahony, Patrick and Gerard Delanty, *Rethinking Irish History: Nationalism, Identity and Ideology*, Palgrave, 1998.

[16] Pittock, Murray G. H. , *Inventing and Resisting Britain: Cultural Identities in Britain and Ireland, 1685 – 1789*, Macmillan Press Ltd, 1997.

[17] Pocock, J. G. A. , "British History: A Plea for a New Subject", *Journal of Modern History*, Vol. 47, No. 4.

[18] Pocock, J. G. A. , "Reply", *Journal of Modern History*, Vol. 47, No. 4.

[19] Powell, David, *Nationhood and Identity: the British State since 1800*, I. B. Tauris Publishers, London, New York, 2002.

[20] Taylor, A. J. P. , "Comments", *Journal of Modern History*, Vol. 47, No. 4.

[21] Thompson, E. P. , *The Making of the English Working Class*, Penguin Books Ltd, 1963.

[22] Thompson, E. P. , *The Poverty of Theory & Other Essays*, the Merlin Press Ltd, 1978.

[23] Welsh, Frank, *The Four Nations: A History of the United Kingdom*, Harper Collins Publishers, 2002.

[24] Judith R. Walkowitz, "Book Review: Raphael Samuel, Theatres of Memory. Volume 1, Past and Present in Contemporary Culture. New York: Verso. 1994", *American Historical Review*, Vol. 103, No. 1.

[25] Kenneth Lunn, "Book Reviews: Theatres of Memory, Vol. 2: Island Stories: Unravelling Britain. By Raphael Samuel, ed. by Alison Light, Sally Alexander, and Gareth Stedman Jones", *Journal of American History*, Vol. 86, No. 4.

[26] Ronald J. Grele, "Book Reviews: Island Stories: Unravelling Britain. Theatres of Memory, Volume Ⅱ by Raphael Samuel. London: Verso, 1998", *Public Historians*, Vol. 21, No. 2.

[27] Geoffrey Crossick, "Book Review: Miners, Quarrymen and Saltworkers. Edited by Raphael Samuel. History Workshop Series, number 2. London and Boston: Routledge & Kegan Paul, 1977", *Journal of Modern History*, Vol. 50, No. 4.

二 中文资料

[1]〔英〕亚当·斯密:《国富论》下卷，杨敬年译，陕西人民出版社，1999。

[2]〔英〕约翰·托什:《史学导论：现代历史学的目标、方法和新方向》，吴英译，北京大学出版社，2007。

[3]《牛津高阶英汉双解词典》(第6版)，2004。

[4]《史学理论丛书》编辑部编《当代西方史学思想的困惑》，中国社会科学出版社，1991。

[5]《新英汉词典》编写组编《新英汉词典》，上海人民出版社，1976。

[6]《中国大百科全书·民族》，中国大百科全书出版社，1986。

[7]〔德〕德罗伊森:《历史知识理论》，北京大学出版社，2006。

[8]〔美〕本尼迪克特·安德森:《想象的共同体——民族主义的起源与散布》,上海世纪出版集团,2005。

[9]〔日〕大林太良:《神话学入门》,中国民间文艺出版社,1989。

[10]〔英〕埃里克·霍布斯鲍姆:《民族与民族主义》,上海人民出版社,2000。

[11]〔英〕爱德华·吉本:《吉本自传》,三联书店,1989。

[12]〔英〕安东尼·D. 史密斯:《全球化时代的民族与民族主义》,中央编译出版社,2002。

[13]〔英〕比德:《英吉利教会史》,商务印书馆,1996。

[14]〔英〕彼得·伯克:《历史学与社会理论》,上海人民出版社,2000。

[15]〔英〕厄内斯特·盖尔纳:《民族与民族主义》,中央编译出版社,2002。

[16]〔英〕凯伦阿姆斯特朗:《神话简史》,重庆出版社,2005。

[17]〔英〕肯尼斯·哈里斯:《撒切尔首相传》,职工教育出版社,1989。

[18] A. S. Hornby:《牛津高阶英汉双解词典》,商务印书馆,2000。

[19] J. 勒高夫、P. 诺拉、R. 夏蒂埃、J. 勒韦尔:《新史学》,上海译文出版社,1989。

[20] 阿兰·邓迪斯:《西方神话学读本》,广西师范大学出版社,2006。

[21]〔英〕埃里克·霍布斯鲍姆:《史学家:历史神话的终结者》,上海人民出版社,2003。

[22] 爱·麦·伯恩斯:《当代世界政治理论》,商务印书馆,1990。

[23] 彼得·伯克:《西方新社会文化史》,《历史教学问题》2000年第4期。

[24] 陈恒、耿相新:《新史学第四辑:新文化史》,大象出版社,2005。

[25] 陈建宪:《神话解读》,湖北教育出版社,1996。
[26] 陈启能、倪为国:《书写历史》,上海三联书店,2003。
[27] 戴雪红:《西方马克思主义女权主义理论:变革还是继续?》,《福建论坛(文史哲版)》2000年第4期。
[28] 恩格斯:《家庭、私有制和国家的起源》,人民出版社,1972。
[29] 何平:《托马斯博士谈英国史学》,《史学理论》1988年第4期。
[30] 黑格尔:《法哲学原理》,商务印书馆,1979。
[31] 李柏槐:《英国首相撒切尔夫人》,四川人民出版社,1998。
[32] 李世涛主编《知识分子的立场:民族主义与转型期中国的命运》,时代文艺出版社,2000。
[33] 李勇:《鲁滨逊新史学派研究》,安徽人民出版社,2004。
[34] 梁丽娟:《从内部看英国——一个女记者的见闻》,世界知识出版社,1989。
[35] 梁实秋:《远东常用英汉辞典》,纽约:远东图书公司,1978。
[36] 林·亨特:《新文化史》,江政宽译,麦田出版社,2002。
[37] 刘德斌:《撒切尔夫人传》,黑龙江人民出版社,1995。
[38] 刘为:《当代西方史学转向文化史的最新趋势》,《史学理论研究》1992年第1期。
[39] 马克思恩格斯:《马克思恩格斯选集》第2卷,人民出版社,1972。
[40] 毛锐:《从货币主义到私有化》,《山东师范大学学报》2004年第6期。
[41] 毛锐:《撒切尔政府私有化政策的目标评析》,《世界历史》2004年第6期。
[42] 秦美珠:《困境与选择——马克思主义女性主义的走向》,《华东理工大学学报(社科版)》2002年第4期。

[43] 沈汉、黄凤祝：《反叛的一代》，甘肃人民出版社，2002。
[44] 圣奥古斯丁：《忏悔录》，时代文艺出版社，2000。
[45] 斯大林：《斯大林全集》第 11 卷，人民出版社，1955。
[46] 王联主编《世界民族主义论》，北京大学出版社，2002。
[47] 王晴佳、古伟瀛：《后现代与历史学》，山东大学出版社，2003。
[48] 王皖强：《撒切尔主义研究的几个问题》，《世界历史》1997 年第 1 期。
[49] 王涌：《战后英国移民政策透视》，《世界历史》2002 年第 3 期。
[50] 魏爱棠：《"神话"/"历史"的对立与整合》，《史学理论研究》2006 年第 1 期。
[51] 徐浩、侯建新：《当代西方史学流派》，中国人民大学出版社，1996。
[52] 许平、朱晓罕：《一场改变了一切的虚假革命：20 世纪 60 年代西方学生运动》，上海人民出版社，2004。
[53] 杨豫、李霞、舒小昀：《新文化史学的兴起》，《史学理论研究》2000 年第 1 期。
[54] 伊格尔斯：《二十世纪的历史学》，辽宁教育出版社，2003。
[55] 伊格尔斯：《欧洲史学新方向》，华夏出版社，1989。
[56] 张广智：《西方史学史》，复旦大学出版社，2000。
[57] 张其春、蔡文萦：《简明英汉词典》，商务印书馆，1977。
[58] 中国社会科学院语言研究所词典编辑室编《现代汉语词典》，1996。
[59] 周兵：《西方文化史的兴起与走向》，《河北学刊》2004 年第 6 期。

三 主要网站

[1] 拉斐尔·萨缪尔历史中心，http://www.raphael-samuel.org.uk/。

[2]《历史工场杂志》，http://hwj.oxfordjournals.org/? code = hiwork&. cgifields = code。

[3]《新左派评论》杂志，http://www.newleftreview.org/? page = login。

后　记

本书是在我的博士论文基础上稍作修改形成的。修改时，原博士论文的基本框架没有变，只是在其中添加一些材料和内容，并对已发现的错误进行了更正。

拉斐尔·萨缪尔认为，史学研究成果是众多人共同努力的结果。我的论文的完成也是与众多关心和爱护我的人的奉献分不开的，因此，在拙著即将付诸出版之际，谨把我最诚挚的谢意献给在我读博士期间曾经帮助我完成学业的师友们。

首先应该感谢的是我的恩师沈汉教授，是他将我从学术的门口引至学术的庭园，让我有机会观赏到无数的学术奇葩。在我对论文的写作感到挫折和焦虑之时，是他给了我安慰和鼓励。当我把自认为很不成器的一部分前期稿件交给他看，心中暗自准备接受暴风骤雨般的批评时，他却意外地表扬了我。我想，这不是因为我的文章写得好，也不是他对我的纵容，而是他知道，一棵幼嫩的学术之苗，太需要和风细雨的滋润和呵护了。恩师的鼓励给了我信心和勇气，助我完成了博士论文，并顺利毕业。尽管这篇论文离恩师的要求还差得远，但毕竟它说明这三年我还是有所得的。

恩师沈汉教授在学术上对我的帮助既有直接的，也有间接的。直接的帮助就是他通过面对面的教诲，或者通过电话、电子邮件等方式的指导带给我的学术熏陶；间接的帮助是他通过其在国际学界的影响和广泛的人脉所带给我的荫蔽。对我来说，这种间接的帮助意义重大且深远。众所周知，对于从事世界史研究的中国学人来说，最大的难题之一是外文原始资料的缺乏。沈汉教授和国际学术界有着广泛的交往，通过他，我认识了几位国际学术名人和友人。正是这些国际友人的帮助在很大程度上解决了我在资料方面的难题。我这里要提及三位国际友人，他们是Marion Kozak、Alison Light 和 Georg Iggers。Marion Kozak 是已故英国著名政治学家 Ralph Miliband 的遗孀，是她通过一定的途径让我得以方便地在网上浏览《历史工场杂志》和《新左派评论》这两种重要刊物的所有文章。这两种刊物对我的研究十分重要，因为拉斐尔·萨缪尔的大部分文章都发表在这两种刊物上。此外，她还给我寄来了复印资料和书籍，并给我介绍一些拉斐尔·萨缪尔生前的同事和朋友，让我和他们联系。Alison Light 是拉斐尔·萨缪尔的遗孀，她对我的研究给予热情帮助，我研究中所使用的一些最新资料都是她提供的。Georg Iggers 是美国著名的史学家，他偕妻子 Wilma 曾于 2007 年 10 月来过南京大学讲学，在此期间，我曾就我的研究课题向他请教；他回国后，还让他的对拉斐尔·萨缪尔有所了解的朋友回答我有关研究的一些问题。老人家虽然年逾八旬，但仍积极从事学术研究和参加学术活动，他对学术的执著和严谨的治学态度深深地感染了我。我至今还和他保持着联系，并就一些学术问题多次向他请教，尽管他是一位享誉国际学术界的大师，尽管他很忙，身体也不太好，但他对我这个小辈的请求仍然是有求必应，这让我十分感动。

南京大学的老师中，我还应该感谢杨豫教授、陈晓律教授、徐新教授等人，是他们在课堂上带我在学术的苍宇里遨游，他们的讲课让我有如沐春风之感。在这里，我要特别感谢南京大学历史系退休教师卢明华教授。我虽然没能有幸听他讲课，但老教授的认真态度和高深的学识在我博士论文答辩期间着实让我领略了一番。他曾是我博士论文答辩时的答辩委员会成员之一，他对我的博士论文的审读非常仔细。在答辩之后，他就我博士论文中所出现的错误和问题专门编写了好几页稿纸的勘误表交给我，这份勘误表对我后来论文的修改起了非常重要的作用。此外，我还应该提及于文杰教授和施义慧老师，这二位老师曾负责世界史专业硕士生和博士生日常生活和学习的管理工作，因此，我和他们打交道的时间较多，应该说，他们的关心和照顾，助我顺利地完成了学业。当然，在南大的学习生活中，最难忘的是同门学友在一起的日子。他们是王磊、谢济光、魏秀春、张磊等，因人数和故事太多，无法一一提及和详述。他们有的陪我度过了校园生活的美好时光，有的给我提供研究资料，还有的为我的生活提供及时的帮助，他们是我人生中的一笔宝贵财富。

最后，还应感谢的是我的家人，没有他们的支持，我根本无法踏入南大校园，更谈不上完成博士论文。家人中首先要感谢的是我的妻子，她除了上班，还要操持家务，为我的学习提供了物质和精神的支持。为了让我安心完成学业，我岳父母也放弃了他们自己的生活圈子，到我家帮助我妻子料理家务，他们的支持解却了我的后顾之忧。在我读书期间，我女儿也表现得特别的乖，这对我是一种安慰。我的生身父母也在遥远的老家为我祝福，他们给予了我厚望，他们的期望是我一生的鞭策。遗憾的是，父亲还没有看到我成功完成学业之后的喜悦就撒手而去，我和我母亲是握着他的手看着他离去的，他睁着眼分明是舍不得离开我们，但可恶的病魔强行将他与我们分隔在两个世界里。每每想到此，我心中就有一种说不出的酸楚。我的博士论文答辩的通过以及出版或许能够告慰他老人家的在天之灵。

在完成这篇博士论文以及其即将出版之时，我深感惶恐不安，我不断地问自己：一个学问高深的史学大师一生的执著追求是否真能用仅仅二十来万字的文章概括？这种概括是否准确？拉斐尔·萨缪尔之所以将他所发起的史学民主化运动定名为历史工场运动其用意就是要表明，历史的学术始终处于制作过程中，永远都没有终极的完美，因此，学者应该不懈地追求。他的这种学术态度令我十分欣赏。的确，学无止境，任何一种学术成果所代表的只是一个人对某个问题的阶段性认识，我对拉斐尔·萨缪尔史学思想的理解也是如此。因此，本书是否全面概括了拉斐尔·萨缪尔的史学思想，书中的观点能否成立，还有待学术界诸君的评判；而且，由于成书比较仓促，书中可能会有一些错误和缺憾，也一并请读者诸君批评指正。

感谢安徽财经大学为本书的出版提供资金支持。

2012 年 1 月于长沙书院路杏花园

图书在版编目（CIP）数据

新文化视野下的人民历史：拉斐尔·萨缪尔史学思想解读/贺五一著.—北京：社会科学文献出版社，2012.7
ISBN 978-7-5097-3415-5

Ⅰ.①新… Ⅱ.①贺… Ⅲ.①萨缪尔，R.（1934～1996）—史学思想—思想评论 Ⅳ.①K095.61

中国版本图书馆CIP数据核字（2011）第102933号

新文化视野下的人民历史
——拉斐尔·萨缪尔史学思想解读

著　　者／贺五一

出 版 人／谢寿光
出 版 者／社会科学文献出版社
地　　址／北京市西城区北三环中路甲29号院3号楼华龙大厦
邮政编码／100029

责任部门／人文分社（010）59367215
电子信箱／renwen@ssap.cn
项目统筹／张晓莉
责任编辑／朱希淦
责任校对／徐兵臣
责任印制／岳　阳
经　　销／社会科学文献出版社市场营销中心（010）59367081　59367089
读者服务／读者服务中心（010）59367028

印　　装／北京季蜂印刷有限公司
开　　本／880mm×1230mm　1/32
印　　张／9.625
版　　次／2012年7月第1版
字　　数／248千字
印　　次／2012年7月第1次印刷
书　　号／ISBN 978-7-5097-3415-5
定　　价／49.00元